夏照軍 編著

泰山靈軌

傳奇的山神之謎

神話、傳說與真實的異體組成

U0087270

【感受古代神話與現實組成的魔幻】

泰山，不只是山，還是歷史見證、情感寄託、神祕象徵
由泰山峰巔至深谷，為您呈現一個幕幕令人神往的靈異傳說
跟隨鄉野傳奇，揭開五嶽之首──泰山的神祕面紗

目錄

泰山的故事

傳說在很久很久以前，泰山並不像今天這樣山勢起伏，青山連綿，周圍也並沒有這麼多的山。這大山就好像是平地裡拔起來的一樣豎在那裡，直挺挺的，也像是一塊大石頭孤零零地矗立在大平原之上。別說爬，就是飛也難飛上去，往上看只能看見半山腰，雲霧繚繞，常年不開，人們根本就望不到山頂，也不知道這大山到底有多高，這才真真地叫作拔地通天。不過當地的老百姓卻常說，雲彩上面是玉皇大帝的天宮，也就怪不得你看不到頂了。

傳說，泰山腳下住著這麼一戶人家，姓岳，一家六口人，岳老漢帶著他五個兒子。老大叫岳岱山，老二叫岳華山，老三叫岳衡山，老四叫岳恆山，老五叫岳嵩山。別看老三老四名字叫起來一樣，可是字卻不同，老三是「平衡」的「衡」，老四是「恆久」的「恆」。故事就從這兄弟五個開始說了。

雖然是大山腳下，但是常年烏雲蔽日，不見太陽。這裡的土地越來越貧瘠，地裡的收成也是一年不如一年。十里八鄉的鄉親們為了尋求活路，紛紛背井離鄉，離開了這個荒涼之地。但是岳老漢卻對大山有感情，一直帶領著五個兒子在山下辛勤勞作，哪怕苦點累點，哪怕收成不好，也從沒想過離開。有一年，岳老漢因年老力衰病倒了，兄弟五個一起圍在老漢身邊，叫天天不應，叫地地不靈。十里八鄉早就沒什麼人了，更別說找郎中看病了。岳老漢看了看焦急的兒子們，歎了口氣說：「這大山的周圍其實都是風水寶地，只是那雲層太厚，太陽照不下來，所以鄉親們都離開了，地裡也打不出糧食來了。」

老大岱山忙問道：「爹，那有什麼辦法呢？難道我們也要像左鄰右舍那樣逃荒嗎？」

岳老漢搖了搖頭，指了指在牆角放著的一把寶劍和一個鑿子說道：「昨天仙人托夢給我，說家裡這兩樣東西都非凡物，一個是能斬雲化雨的『斬雲劍』，一個名叫『如意金剛鑽』。你兄弟五人只要用心，就能用這個金剛鑽在大山上鑿出一條登山的天路，等鑿到雲端，再用斬雲劍把雲彩斬開，太陽就能露

出頭來了。」說完，岳老漢便安詳地離開了人世。

從那以後，五個兄弟就開始修起路來，他們用如意金剛鑽鑿啊，鑿啊，也不知修了多少年，那雲梯才鑿了一少半。華山便犯起愁來：「哎！爹也真是，世間那麼大，上哪兒找不著個安身之地，偏讓我們受這等苦罪，成天在這兒鑿，連個老婆也娶不上，我不幹了。」說完，華山就朝西走了。

剩下的兄弟四人沒法，只能繼續幹活，幹著幹著，衡山又煩了：「哎！成天在這兒鑿，到哪一年才是個頭呢？要是到別處去，也許我早就混成個大財主了，我不幹了！」說完，他也走了。

就這樣，誰也不知道他倆出去怎麼樣，但是天天在這裡枯燥地鑿天梯，放誰身上也受不了，慢慢地，恆山和嵩山也相繼離開了大哥，各奔前程，最後就只剩下岱山自己了。

岳岱山不言不語，謹遵著父親的臨終教誨，仍然像先前那樣默默地鑿著。他鑿啊，鑿啊……也不知又過了多少年，當年的岱山，慢慢地變成滿頭白髮的老頭了，那石梯也終於修進了雲彩裡。

透過雲彩，岱山終於看到了紅彤彤的太陽，聽到了仙鶴的鳴叫，聞到了陣陣的花香。慢慢適應了刺眼的陽光，岱山這才看清楚，原來這雲彩上面正如老百姓傳說的一樣，果然是天宮，是神仙們居住的地方。遠遠就看到有一個石牌坊，上寫著「中天門」三個大字，從中天門再往上走就已經有了上山頂的臺階。

岱山越看越興奮，感覺渾身突然有了使不完的勁。他突然想到了父親的臨終遺言，要把這厚厚的雲彩斬開，讓陽光重新普照大地，造福萬民。於是岱山便用那斬雲劍向厚厚的雲層劈去。一劍斬過，那雲彩果真被劃開了一道口子，可馬上又被另一朵雲彩飄來接住了，他又連斬了幾下還是如此，眼前依然是厚厚的雲層。

岱山眼見如此，知道這樣漫無目的地斬雲看來都是徒勞。於是，他便順著雲彩飄來的地方找了過去，隱隱約約看見前面出現了一個寨子，寨門上寫著「老雲寨」三個大字。岱山心中大喜，心想：看來這斬雲的奧秘必在其中。

　　他疾步向前欲進老雲寨，可剛一到寨門，突然覺得頭頂一陣發蒙，瞬間感覺天旋地轉，眼前發黑。他心說不好，趕忙抽出斬雲劍使出全身的力氣，說時遲那時快，迎住雲頭，衝著寨門「唰」的一劍斬去。只聽「轟」的一聲，偌大的寨門從中間被斬開一條裂縫，轟然倒塌。寨門是被斬開了，但是岱山卻仰面倒在了地上，手裡還緊緊握著那把斬雲劍，只見劍鋒朝上，直沖雲頭。原來，這老雲寨的寨門正是這雲彩的源頭，源頭被岱山斬斷，那厚厚的雲層果然就被撕開了一條大口子，太陽終於照到了山下。

　　玉帝在天宮一看，世間竟然會有如此心誠志強的人，心中欽佩不已。遠遠看到一條雲梯已經從山下直通山頂，凡人憑此路也可以到達天宮，以後這裡不便再住。他當即下令，帶著一家老小和眾天官搬到天上去了。可是那些亭臺樓閣，像南天門、天街、玉皇頂等卻留了下來。

　　誰知玉帝一走，就聽「轟隆」一聲驚天動地的巨響，那山一下子沉了下來，那大山往下一沉立刻在周邊擠出了眾多的小山。山石崩塌也把岱山埋進了土裡，永遠把岱山留在了大山之中。但那把斬雲劍卻仍像以前那樣直立著插在了中天門的雲寨門前。

　　從此以後，這大山周圍慢慢從外地搬來了許多人家，他們來到這塊風水寶地，開荒種田，生兒育女，過著和平安寧的日子。

　　為了紀念岱山這種犧牲自我、造福大家的精神，人們給這座大山取名叫「岱山」。隨著年歲的增長，慢慢地它又有了一個新的名字——「泰山」。那把斬雲劍歷經萬年就變成了一塊石頭，如今還矗立在山上。聽說兄弟四人也都在別處安家了，但他們的氣勢和名氣都趕不上泰山，這泰山「五嶽獨尊」的名氣就一直被人們傳頌到了今天。

　　樸實的山民將這個美麗的傳說流傳至今，既展現了巍巍泰山直通雲霄、拔地通天的氣勢，又讚頌了勞動人民通過自己的智慧和勤勞去創造美好生活的岱山精神。岱山用自己的生命為人們換取了一條登雲破霧的天路，也讓更多的人走近了泰山，瞭解了泰山。

泰山腳下起金鑾

　　話說在泰山腳下的泰安城內，有一座富麗堂皇的宮殿皇城，真可謂是氣勢恢宏，聞名中外。古往今來，唐槐漢柏訴說著歲月的變遷，碑刻銘文記錄著歷史的滄桑，多少王侯將相、文人墨客都在此流連忘返，乾隆皇帝更是把此地作為自己在泰山的行宮，這就是泰山引以為豪的岱廟。

　　按理說，這皇城裡住的是真龍天子，但是這個宮殿裡住著的可是位山神爺。誰呢？正是老百姓常說的泰山老爺爺——東嶽泰山神。走遍名山大川，以山神爺來講，或許就泰山老爺爺住的宮殿是最豪華和氣派。不過，問題來了。這個岱廟不就是個廟嗎？憑啥一個廟就修得跟皇城似的？而且這個天貺殿直接修得跟皇上的宮殿一模一樣，還被世人稱為「中國三大殿」之一，這到底是為什麼呢？

　　相傳在很久以前，這個岱廟就是個小小的山神廟，年久失修，透風撒氣。廟裡道士十分著急，萬一哪天廟突然塌了，被砸到了怎麼辦！就算還能撐一陣子，這樣的破廟也吸引不了多少香客來燒香還願。那時候的官府又不懂什麼旅遊開發、文物保護，更別說撥款修廟了。但是著急也不是辦法，於是道士立志，就算化緣攢錢也要把廟宇翻新一遍。說幹就幹，道士走南闖北地到處化緣，真是皇天不負有心人，也不知道用了多少年的工夫，這銀子終於攢得差不多了。不過有了修廟的錢，得把它藏好，於是他把錢都藏在山神爺的神檯子底下了。

　　等到夜深人靜，道士就把錢拿出來，數了又數。畢竟這麼多的銀子也是費了老大勁才換來的，眼看這錢也夠了，自己也很激動啊！這一激動就得給山神爺爺報個喜啊，只見他虔誠地跪在神像前說：「山神爺，我給您老人家修廟的錢可算是夠了，過不了多久，你就甭擔心風吹雨淋，跟著我活受罪了。」

　　可是沒承想，這道士的舉動正好被一個路過的小偷給看見了。正所謂，賊不走空。等道士睡下以後，小偷把神檯底下的錢一文不剩地全都偷走了。第二

天一早，道士發現錢被偷了，像丟了命一樣急得直哭。抬頭一看，山神爺還依舊笑眯眯地坐在那裡，這道士可就來氣了，埋怨道：「山神爺呀山神爺，我都快急死了，您怎麼還笑得出來？您說我容易嗎，我省吃儉用一年多，好不容易攢了這些錢，您自己都看不住個家，這廟還怎麼修？」

又氣又惱，又餓又累，這道士躺在炕上，迷迷糊糊地睡著了。朦朧之中，只見山神爺笑著向他走來說：「別著急，這廟當然得修，不光要修，還得修得好一點，還不用你自己動手費力。看在你多年來為修廟日夜奔波操勞，我就點化點化你。現在京城裡皇上最心愛的公主得了重病，請了各地名醫都沒治好，我這裡有三包香灰，你拿去給她看病。到時候，廟自然就有了。」說完，山神爺從袖子裡掏出三包香灰遞給道士。道士一睜眼，原來是做了個夢，可這懷裡明明就真抱著三包香灰：「哎呀，看來真是山神老爺顯靈了。」這下可把這道士高興壞了，二話沒說，拾掇了拾掇就趕緊進城。

一到京城，只見城門前許多人都在圍著看告示，一打聽，果然是皇上最疼愛的公主生了一種怪病，臉上長滿了膿瘡，就別提多醜了。皇上心疼啊，於是就下令，誰要能治好公主的病，就滿足這個人的所有心願。道士這可高興了，這不是和夢裡山神爺描述得一模一樣嗎？只見他伸手就把告示撕下，跟著衛兵大搖大擺地進了皇宮。到了後宮，道士一看公主的病，果然和山神說得不差分毫，他喜出望外，趕緊把香灰給敷上了。就這樣，道士連敷了三天，那瘡第一天就合了口，第二天結了痂，第三天就完全好了，而且一點疤也沒落下。

卻說這皇上得知愛女的病治好了，非常高興，就把道士召進金鑾殿，要賜給他許多的金銀財寶，可是道士一概都不要。皇帝很納悶，世上竟然還有這種見了財寶不動心的人？不過轉念一想：可別是惦記上我家公主了吧？想到這裡，趕忙問這道士：「那你到底想要什麼啊？」道士就把他攢錢修廟的事如實地告訴了皇帝，只要求皇帝修座小廟。皇上一聽，徹底放寬心了：「原來就這點要求啊，修座小廟還不是小事一樁。」皇上當場就一口答應了，又問道士要修個什麼樣的。道士哪裡見過世面，他抬頭環視了一下說：「我看你這屋不錯，就修個這樣的吧。」

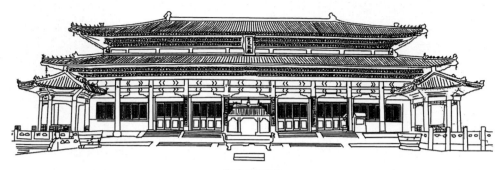

岱廟天貺殿

　　一個窮道士，怎能和皇帝住一樣的金鑾殿呢？可是皇上有言在先，要啥給啥，不能失信於民啊，就很不情願地說：「好吧，就修個這樣的，不過修好了之後可要比我的金鑾殿矮三磚才成。」矮三磚就矮三磚，道士也沒說別的，連忙向皇帝叩頭謝恩。所以，現在的天貺殿和皇帝住的金鑾殿是一樣的富麗堂皇，只不過矮了三磚而已。

　　正所謂，仁善之心感上天，泰山腳下這才蓋起了金鑾殿。岱廟從此成了登泰山的起點，由此一路向北，就開啟了登天之路。

一隻繡鞋定乾坤

歷來就有人把泰山分為人、鬼、神三界。據說，現在的泰安城財源街以南算鬼界，也就是靈山大街這個位置，而紅門路上的岱宗坊就被當作神界和人間的分界線。也就是說，過了岱宗坊可就算進了仙境了。自然，這岱宗坊也就成了泰山的山門。可為什麼要以岱宗坊作為山門呢？

話說，每座山都有自己的山神，唯獨泰山是山上住著個老奶奶，山下住著個老爺爺，他倆都是泰山神。有人可能以為他們是兩夫妻，那純粹是胡說八道。老奶奶是碧霞元君[1]，而老爺爺則是東嶽大帝黃飛虎。相傳他倆是兄妹關係，因為都相中了泰山這塊福地，所以在當時封神的時候姜子牙也犯了難。最後沒辦法，二人相約共掌泰山。一個山上，一個山下，這山上山下怎麼劃分呢？這事還得請姜太公來給當評判。

可是，這姜子牙老先生本想自己獨得泰山，沒尋思半路被這兄妹倆橫插一杠子，把泰山搶走，本來就有點著急，於是就想借機治治碧霞元君。姜子牙對她說：「元君，你若嫌地面小，我們可以再商量嘛！」碧霞元君趕緊問：「那怎麼個商量法？」姜子牙不慌不忙地說：「你可以找件東西來，往山下扔，東西落到哪裡，你就管到哪裡，你看這樣行不行？」

碧霞元君心想：就憑我的本領和力氣，扔個百八十里地是沒問題啊！便答應說：「好，就這樣辦。說話算數，決不反悔！」可是扔什麼合適呢？其實姜太公早就想好讓她扔啥了，就等老奶奶問他了。這一問，姜子牙可就發話了：「依我看，要扔你得扔個別人沒有的，只有你自己獨有的，這樣我們下山去找也好有個憑證，不會弄錯。我看你穿的這繡花鞋別人都沒有，你就扔它，不但好找，別人還不敢不認帳！」碧霞元君一聽，心想：對啊，我把一隻繡鞋扔下山，一隻拿在手中，誰敢不認帳？於是便脫下一隻繡鞋，用上全身氣力朝山下扔去。這一扔，可就中了姜子牙的計了。這繡鞋能多沉啊？這風再一刮，任你

---

[1]　編者按：關於碧霞元君的身世，歷代傳說中說法不一，為保持故事完整性，編者不做統一處理。

扔的力氣再大，那也是輕飄飄地、慢慢地落下去了。扔完繡鞋以後，姜子牙和碧霞元君以及其他各路神仙趕緊一齊趕到山腳下，找到了那隻繡鞋。只見那隻繡花鞋跟朝上、頭朝下地插在地上，形似一座小小的坊門。他們一算里程，從這地方到極頂，只不過二十來里地。這時候，碧霞元君才知中了姜子牙的計，但有言在先，又不好反悔，只好默認了。

再後來，人們便在這裡建起了一座石牌坊，取名岱宗坊，成了登泰山的起點。要不說泰山是個好地方呢，各路神仙為了搶地盤也是機關算盡。泰山還流傳著另外一個傳說，其實在爭泰山的時候，是佛爺和泰山老奶奶之間的對決，但是結果都一樣，佛爺最後失利了，以至於佛爺大動肝火，一怒之下把山頂的松樹盡數拔光，順著登山盤路一股腦扔了下來。而這松樹落地生根，也就有了今天十八盤兩側的對松山奇景。而佛爺呢，因為實在是太留戀泰山的美景，於是就在山後的玉泉寺落了戶，所以玉泉寺也叫佛爺寺。

不管傳說版本如何，總之最後的贏家都是泰山老奶奶碧霞元君，這也說明碧霞元君在老百姓心目中的地位。因為泰山人在心裡都認為自己是老奶奶的子孫，正因為有了老奶奶的庇護，泰山才會穩如磐石，天下才會國泰民安。

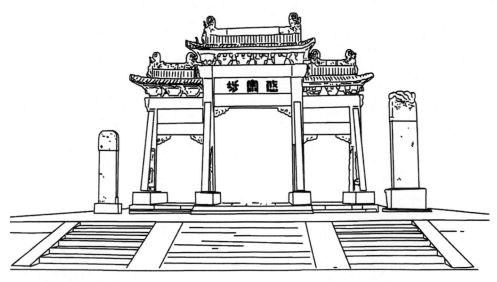

岱宗坊

白鶴泉為什麼沒有水

　　登山過了岱宗坊，往北走不遠處，在路邊有一個石牌坊，老泰安人都知道那是玉皇閣的牌坊，不過您要仔細一看啊，「玉皇閣」這三個大字下面還有三個小字——白鶴泉。

　　雖然名叫白鶴泉，但是人們卻從來沒在這個地方看到過泉水。為什麼這白鶴泉沒有水呢？傳說，這裡以前不光有泉，而且泉水是滔滔不絕，味甘清冽，四鄰八鄉的老百姓都到這裡來打水喝。這麼好的泉水，為什麼後來乾涸了，再也沒有泉水了呢？

　　話說在清朝年間，泰安城有一個姓封的秀才，做夢都想著升官發財，可就是屢試不第，年逾花甲也沒考上半個進士。這個人可就發了毒誓：「人生在世，我不能流芳千古，也得遺臭萬年。」

　　不過也是他命裡有個官運，在他六十歲這年的朝廷科舉中，這人竟然就真中了個進士，而且皇上一看這老頭這麼大年紀並且這麼有上進心，還讓他當了太子的老師。沒幾年，老皇上一駕崩，太子登基當了皇上，這封進士可就趕上好時候了，那真是要啥有啥，順風順水啊，皇上一高興還給他加封了個御史。當了大官，又有皇上做後臺，這封御史可了不得了，呼風喚雨，無惡不作。他嫉賢妒能，誣陷忠良，文武大臣對他也是敢怒不敢言。誰讓他風頭正勁，正得皇上歡心呢。老話說得好，富貴不還鄉，如錦衣夜行。這個封御史就尋思著：我得回泰安城一趟，一來可以給鄉親父老顯擺顯擺，二來這一路上還可以搜刮一大筆的錢財，這可是名利雙收的好事。於是，他就帶領著一幫人馬出了京城。這一路上，沿途的州官縣令果然對他高接遠迎，獻媚討好，還送了不少的金銀珠寶、特產名食，封御史是來者不拒，一概全收。

玉皇閣白鶴泉牌坊

卻說來到泰安城，泰安的縣官更是百般討好，大開宴席，就連準備進貢的赤鱗魚也擺上了。酒過三巡，縣官就恭維封御史道：「御史大人，您老人家發跡高升，給泰山帶來了福音。前不久，泰山腳下出了個寶泉，喝了以後能祛病強身，也是我泰安百姓之福。這真可謂是雙福臨門啊！還請大人務必前往寶泉觀賞。」縣官這麼一番話，說得封御史心裡美滋滋的，便讓縣官帶他前去觀看。

封御史來到泉邊，看過之後連連稱奇。正與眾人讚歎這大好的美景，旁邊這縣官又說話了：「御史大人，前幾日，下官來遊玩時，曾有一位白髮老人對下官說，名山名泉第一流，輩輩人才出不休。」

縣官本來是想說得神乎其神，借此奉承封御史，說他就是泰山出的人才，借此拍拍馬屁。誰尋思這個封御史可給聽反了，他心想：這要日後人才輩出，那泰安城可就顯不出我來了，那以後還有誰敬奉我啊？不行，一定得把泉子堵

死。我讓你們後輩兒孫以後誰也超不過我！想到這，他就對縣官說：「不要聽信妖人胡言，依我看來，這泉子佈滿了妖氣，如不除掉，一定會大禍臨頭」。

他這一說，那縣官猶如接了聖旨一般，趕緊派了十幾個身強力壯的小夥子運來山石灰土。可是泉水奔湧，十幾條大漢忙了半天也沒堵住，實在沒辦法，這封御史又下令抬來七七四十九口大鍋，一個套一個地蓋在泉眼上，最後終於把這白鶴泉悶死了。周圍的鄉親們早就聽聞封御史的惡名，又聽說他悶死了白鶴泉，這下他可犯了眾怒了，全都來找他算帳，要求重開白鶴泉。憤怒的老百姓也不管他什麼大官不大官了，三下五除二就把這個封御史捆了起來，揭開了四十九口大鍋。等這個泉眼一露出來，就見裡面飛出一隻白鶴，這白鶴繞泉飛旋一周，突然直奔封御史而來，啄瞎了他的兩隻賊眼，一聲長鳴，朝泰山山後飛走了。

就這樣，曾經被稱為泰山第一泉的白鶴泉從那以後就再沒噴湧過，而這個嫉賢妒能、小肚雞腸的封御史連驚帶嚇，又瞎了眼，回到京城不久就死了，至今仍遭人們唾棄。不過，這也終於實現了他「遺臭萬年」的「宏願」。

這才真是：

　　泰山腳下白鶴泉，懲惡傳說永流傳。
　　嫉賢妒能良心喪，人人唾罵臭萬年。

萬仙樓裡鎖萬仙

　　要說起這泰山上的神仙可是真多，要說有個萬兒八千的，那是一點也不誇張。您要是爬山，穿過紅門宮沒走多遠就會看見一座高大的門樓，上寫著三個大字——萬仙樓。要說起這個萬仙樓啊，可是和一位大名鼎鼎的神仙有著莫大的關係。誰啊？呂洞賓啊！老百姓都知道呂洞賓三戲白牡丹的故事，他老先生這個孽作得可真不小，不光是拈花惹草，還生了個兒子叫白氏郎。這呂洞賓惹了事就跑了，把白牡丹她娘倆留在了泰山。而這個白牡丹原來也在泰山修煉，因為出了這仙家的醜事，受不了其他仙家的冷嘲熱諷，於是就和兒子搬到泰山南邊的徂徠山去住了。

　　話說白氏郎長到八九歲，生得伶牙俐齒，十分討人喜歡。可就是因為沒有個名正言順的父親，整天在外邊被人打罵，受人欺負。這一天，正好是臘月二十三，白牡丹讓白氏郎跟村裡的小夥伴上山砍柴，自己想著在家里弄些酒菜，準備讓灶王爺吃飽喝足，去上天言好事。

　　白氏郎和夥伴們在山上玩，這領頭的一個孩子說要玩「做皇帝」的遊戲，把幾個草筐摞起來當作寶座，誰要能爬上去，誰就是皇帝，以後眾人就都聽他的，選他當頭兒。說完孩子們便把筐摞得高高的，一個個地輪著往上爬。這草筐子一個摞一個，也沒用繩子拴結實，一爬一晃，結果沒爬幾下那幾個孩子就都滾了下來。最後輪到了白氏郎，只見他穩抓草筐，輕邁雙腳，顫顫悠悠，飄飄搖搖，還真就爬了上去。本來這些孩子就都看不起白氏郎，想拿他取笑，如今他真的爬上去了，誰肯認這個私生子當頭兒啊，便把他拖下來揍了一頓一哄而散了。

　　白牡丹在家裡正為買不起酒菜而犯愁，見白氏郎從外面哭著回來，鼻子都讓人打破了，她心疼啊，當時就來了氣。沒處發火，就把這怨氣照著灶王爺撒開了：「灶王爺啊灶王爺，你都看見了吧，這還讓我們怎麼活？我兒將來要是真做了皇帝，非把那些壞孩子斬盡殺絕不可。」你說你數落上兩句出出氣也就

完了吧，可這些神仙還都有點小脾氣，就是都太任性，太有個性了。不光說，她還順手拿起根燒火棍衝著灶王爺的畫像砸，這一砸還了得嗎？正好趕上灶王爺進門剛坐下，這幾棍子打下去，不偏不斜全打在灶王爺臉上了，灶王爺沒明白怎麼回事，已經是鼻青臉腫了。

這灶王爺也不是個省油的燈啊，本來尋思著到你家吃頓好的，不但沒在白牡丹家吃好喝好，而且還挨了一頓棍棒，氣得一溜煙地跑到玉皇大帝那裡告狀去了。灶王爺一見大帝，便叩首稟報說：「可了不得了，玉帝啊，這都要打死人了啊！那泰山的白牡丹發誓，白氏郎要是做了皇帝，就要把村裡的人斬盡殺絕，這不，白牡丹連我都打了。望大帝為臣子作主，千萬可不能讓白氏郎做皇帝。」玉皇大帝聽了灶君的一面之詞，掐指這麼一算，哎喲，這白氏郎還真是個皇帝命，這要以後當了皇帝那還得了啊？當即吩咐四員天將，到來年的龍節去抽掉白氏郎的龍筋，那他就做不了皇帝了。

再說這個白氏郎。這一天，他一個人正在山上打柴，不知道從哪走來了一個白鬍子老頭兒，語重心長地對他說：「白氏郎啊，你本是真龍天子，將來是要做皇帝的，只因你娘不慎說走了嘴，讓灶王爺在玉帝面前告了一狀，玉皇大帝要在明年的龍節抽你的龍筋，如今已經沒辦法補救了。不過，即使你以後當不了皇帝，只要到時候你能咬牙挺過去，保住你的龍牙玉口，將來你還能說什麼是什麼。」話音一落，人便不知去向。

白氏郎像做了個夢，嚇得不輕。趕緊回去和母親說，白牡丹得知是自己害了兒子，腸子都悔青了，再一想到轉年龍節兒子就要遭受大難，娘倆不由抱頭痛哭。不過話說回來了，龍節是哪一天呢？過了年，二月二龍抬頭這天，以前民間又稱之為龍節。

說話間這龍節可就到了。這一天，白氏郎正在院子裡劈柴，只見幾片黑雲壓在白家的院子上頭，就聽「轟隆」一個悶雷，幾員天兵天將從天上下來，摁住白氏郎，就開始抽他的筋，疼得白氏郎咬緊牙關，握緊雙拳。要說這白氏郎畢竟不是凡夫俗子，愣是不吭一聲，不光挺過了鬼門關，更是保住了一嘴的龍牙玉口。

萬仙樓

　　打那兒以後，這白氏郎恨透了玉帝和灶王爺，也恨透了所有的神仙。你說你這麼大官的玉皇大帝，偏聽偏信，不調查清楚就亂下旨意，真是太不拿天下的子民當回事了。白氏郎發誓要把所有的神仙都扣押起來，才能解了自己的心頭之恨。可是用什麼裝呢？他這窮得連個箱子盒子都沒有。這白氏郎回頭正看見自己上山裝水用的葫蘆掛在爐子跟前，便順手拿過來，恨得咬牙切齒地說：「灶王爺啊灶王爺，虧你跑到大帝面前替我『美言』，您老人家可真是辛苦了，快到我這葫蘆裡來歇歇腳吧。」本來是句氣話，誰承想這白氏郎有一嘴的龍牙玉口，他說的話那就是聖旨，只聽「嗖」地一聲，灶王爺便化作一縷青煙鑽進了葫蘆。

　　這突如其來的變故，把白氏郎嚇了一跳：「原來我還有這個本事啊！行啊，你們這些神仙就等著吧，等著我白氏郎也給你們點顏色看看。」於是，白氏郎告別了母親，背著葫蘆走遍了全國的名山大川，見廟就進，見神就收。他尋思著收到最後就上泰山，一直收到玉皇頂，等把玉皇大帝和所有神仙都收進裡頭了，就把這些神仙全都壓到泰山底下。

　　他這一收神不要緊，可嚇壞了天上的玉皇大帝。玉帝一個勁地埋怨眾神：「當初我說斷了他的皇帝命，你們可倒好，光抽了筋就完事，留了個龍牙玉口

沒人管。現在可倒好了，他說什麼算什麼，這要收到泰山頂上，我和你們一塊倒楣受罪。眼看這白氏郎就要收到泰山了，你們說這讓朕如何是好啊？」

眼見這玉帝急得沒抓沒撓的，旁邊的泰山女神碧霞元君趕忙說道：「玉帝莫急，我倒是有個計策可保天宮無事。」玉帝趕緊詢問：「對對對，這泰山的地盤還需仰仗元君，有何妙計快快說來！」元君微微一笑：「玉帝，俗話說得好，解鈴還須系鈴人。呂洞賓犯下的冤孽，自然還得讓他自己來解決。我勸玉帝赦免呂洞賓的罪責，前來泰山救駕。為今之計，也只有白氏郎的生父可以治得了他。」

玉帝一聽，趕忙說道：「朕赦免呂洞賓罪責，速速命他來泰山救駕。但這白氏郎已到泰山腳下，只怕來不及了。」碧霞元君在一旁說道：「玉帝且放寬心，小神自有妙計。」

話說天宮開著大會，這白氏郎可就來到了泰山腳下。他的葫蘆裡裝滿了滿天的神佛，沉甸甸地背在身上，壓得白氏郎直不起腰來，這會兒已經是又累又餓。剛過紅門不遠，就餓得兩眼發暈，有點走不動道了。正在這時，就見不遠處的山上，一個老太太拎著個籃子慢慢走來。老遠就聞見了陣陣香味，可把這白氏郎饞壞了。饞得白氏郎三步並做兩步，趕緊攔住了下山的老太太：「老媽媽，求求您給我口吃的吧，我實在餓得走不動了。」

老太太一把護住籃子：「這可不行，我那兒子在山下幹活，我這是給他去送飯，給你吃了，我那兒子餓著怎麼辦？你又不是我兒子，可不行可不行。」白氏郎趕緊哀求：「老媽媽啊，我實在餓得走不動了。我要再不吃飯，恐怕就要餓死了，您就可憐可憐我吧。看您慈眉善目，就知道是好心的媽媽。救救我吧！」

誰能想到，這老太太原來是泰山老奶奶的化身，在這山間等的就是這個白氏郎，目的就是要拖住白氏郎，好讓他無法前行。白氏郎苦苦哀求，泰山老奶奶也就發了話：「孩子，我看你也不是什麼壞人，也確實餓得不行了。這麼辦吧，你只要認我當你的乾娘，叫我一聲娘，別說你吃一個饅饅，就是這一籃子全吃了，我也願意。」

白氏郎聽到這裡，是又驚又喜，趕忙跪下連磕三個響頭，一邊磕頭一邊喊

道：「娘，娘，娘啊！」老奶奶果然把一籃子饅饅送給了白氏郎。這白氏郎吃飽喝足，抹了抹嘴，慢慢尋思過來了。哎，不對啊，這荒山老林，四處也沒人煙。我乾娘下山去給孩子送飯這事兒不大對頭啊。我來的時候也沒看到山下有幹活的人啊。想到這裡就問老奶奶：「娘啊，敢問我們家在泰山哪裡啊？」

老奶奶微微一笑：「孩子啊，我們家就住在山頂碧霞祠，我就是碧霞元君你的娘啊！」

聽到這裡，白氏郎勃然大怒：「好你個碧霞元君，竟然下山糊弄於我。好，我這就把你收到我這個葫蘆裡來！」剛要拔開葫蘆的蓋，就見老奶奶大喝一聲：「住手，你這個逆子！你若收我，就是忤逆不孝，天誅地滅。」

白氏郎聽到這裡，猶如五雷轟頂，一時間沒了主意。正在猶豫的時候，就聽天空中傳來一陣爽朗的笑聲，一位鶴髮童顏的老人從天而降。白氏郎覺得似曾相識，可一時又記不起來，便喊道：「來者何人，快快通名報姓。」那老人笑嘻嘻地說道：「在下便是小仙呂洞賓。」白氏郎聞聽此言大吃一驚，再仔細一看，這不正是以前給他報信的白鬍子老頭兒，原來這竟然是自己的親生父親。

這一邊是親生父親，一邊是救命的乾娘。驚得白氏郎六神無主，一屁股坐在了地上，手裡沒抓緊，把葫蘆掉在地上摔成了兩半。這下可熱鬧了，各路的神仙可算是重見天日了，一個個連滾帶爬地向旁邊的一個大石洞裡鑽，老奶奶和呂洞賓是數也數不過來了，就把這個洞取名為「千佛洞」。後人在此又建起了樓臺亭閣，也就成了今天的「萬仙樓」。

而天宮險遭劫難，這玉帝也是慶倖不已，在碧霞元君的建議下，他對白氏郎父子的過錯也是既往不咎。此後，呂洞賓繼續做他逍遙的神仙，而白氏郎則帶著母親在徂徠山過起了安穩日子，依靠自己的神力造福了一方的百姓。白氏郎的傳說在泰山附近一直是廣為流傳，至今在泰安城南良莊鎮附近還有一個叫白廟的地方，據說那裡還有白氏郎的後人。當然傳說自然是傳說，並不可考。但正是因為有了美麗的傳說才讓一個地方、一個景致更加聞名，更加耐人尋味。

風月無邊話「蚰二」

　　但凡來泰山旅遊的人經過斗母宮的時候，都會被斗母宮門前一塊石刻所吸引，上面刻著倆字，前面這一個字「蚰」在虫的上面多加一撇，後面一個字是「二」。雖然沒人知道這帶撇的「蚰」字念啥，但是久而久之，人們叫順溜了，也就都叫它「虫二」了。可是這倆字為什麼要這樣寫？這裡面又有什麼含義呢？今天就來聊一聊泰山「蚰二」的故事。傳說在清朝乾隆年間，皇帝對祭祀泰山相當重視。乾隆爺有事沒事就到泰山來，據說他曾經來過十多次專程祭祀，即使本人來不了，在每年泰山老奶奶生日的這一天，也會派自己的欽差大臣前來為碧霞元君賀壽。自然，這個「蚰二」與乾隆爺就有分不開的關係。相傳當年乾隆爺留戀泰山美景，乾脆不下山了，夜宿泰山斗母宮。這泰山的夜色如畫，一輪皓月當空，山風引來林間松濤陣陣，流水潺潺，就像彈奏一曲《高山流水》一般。如此美景，乾隆皇帝可睡不著了，於是信步來到斗母宮外，活動活動胳膊，伸伸腿，呼吸呼吸新鮮空氣。正在漫步之中，突然抬頭看到一輪明月，在樹影當中影影綽綽，潔白無瑕。此時，宮外的松樹與皎潔的明月恰好形成一幅美麗的圖畫。再加上山風陣陣，松枝隨風擺動，竟看著月亮上彷彿嫦娥起舞，月影生動。乾隆此時心念一動，隨即讓太監取出紙筆，信手寫下「蚰二」兩字，眾人看後大眼瞪小眼，萬歲爺難道睡迷糊了？這是寫的啥啊？

　　乾隆見眾人詫異的神情，哈哈大笑，說道：「此地風清月明，真乃風月無邊也。」大家這才恍然大悟，原來「風」字和「月」字去掉邊框，正好是寫下的「蚰二」。從此「蚰二」就成了「風月無邊」的代名詞。用以形容風景秀美，美得沒有邊兒了。

　　不過這只是其中的一個傳說，還有一個傳說在當地山民中廣為流傳，同樣是發生在清朝，同樣也和乾隆爺有關，不過傳說中不光是形容風景美無邊，更增添了幾分風花雪月的意思。

　　據說在當時，斗母宮香火極盛，一些達官貴人從全國各地趕到這斗母宮來

燒香祈福。自然，這裡面也少不了一些文人秀士來此遊覽觀光。卻說這一日，有一個穿戴比較窮酸的秀才來到了斗母宮，請住持尼姑為他請香許願。這尼姑雖然是住持，但是年齡不大，只有二十五六歲，出落得十分漂亮。可有一點不好，她是個勢利眼。當時恰好有幾個財主上香，她便沒好氣地對秀才說：「你沒看我忙著嗎？這些大人我都伺候不過來，哪有閒工夫伺候你。再說你穿得如此寒磣，別衝撞了大人。過上幾天你再來，趕緊走吧，趕緊走。」這秀才話沒說一句，反倒碰了一鼻子灰，直接就被攆出去了。

　　結果沒承想，過了幾天，這個秀才又來了。這一次就和上次完全不同了，穿著也好了，架子也大了，穿金戴銀，高頭大馬，還帶了隨從。一進門就點名讓住持來伺候他，這尼姑一看秀才今天這個打扮，一改前幾日的模樣，英俊瀟灑，風流倜儻，真是天上掉下來個大帥哥啊，不由從心裡喜歡，更是不敢怠慢。泡了一壺上等的好茶，這秀才順手就給了尼姑十兩銀子，淡淡地說：「前幾天，你伺候那幾位大人可是真辛苦啊！」尼姑明知秀才存心挖苦，仍然笑著說：「哪裡哪裡，還不都是為了度日啊。你贈銀兩，貧尼自然得伺候好公子啊。」秀才一聽哈哈大笑，對尼姑說：「我看你這斗母宮也是寒酸得很啊，沒有什麼值錢的東西裝飾廳堂。我帶了塊金匾，價值三千兩銀子，不如就送給你掛在大廳之上，以此光照廳堂如何？」

　　這尼姑一聽，喜出望外，不光道謝，更是對秀才眉來眼去。秀才的隨從就把帶來的金匾懸掛在大廳正中，尼姑看上面寫著「虫二」兩個大字，不明其中意思，便問秀才此為何意。而秀才笑而不答，只說：「這塊匾額非平常之物，你要好好保管，不可賣掉。他日有緣的話，我再登門與你說這其中的含義。」說完哈哈一笑，就帶人離開了。

「風月無邊」

從那日以後，凡是來斗母宮進香的，無論是達官貴人，還是文人墨客，都對這塊金匾是好奇得不行。有些人還專門住下，天天看著，細細研究，可就算費盡心思，這些人也沒研究出個所以然來。但是這斗母宮的香火卻越來越盛，慕名前來的遊人也是越來越多。這金匾莫非是個神物，真的給寺院帶來了財氣？誰也說不清楚。話說這尼姑起初對那秀才朝思暮想，希望有一天這位秀才來解開這一段未解的謎團或是再續前緣，可無奈幾十年過去了。尼姑的念想也慢慢淡了。卻說這一年，乾隆皇上祭祀泰山，駕臨斗母宮。乾隆爺是個風流倜儻、自命不凡的主兒，而且對文學更是喜愛有加。這皇上一看「蚕二」這倆字，也傻眼了。你要說寫錯了吧，花了三千兩銀子你弄個有錯別字的金匾？再說了，這「蚕二」也不是個詞，也沒什麼含義和典故啊。要說這乾隆爺還真是個鑽牛角尖兒的人，越想越鬱悶，最後想得都急眼了，對隨從百官說：「列位愛卿，你們誰要是解開這倆字的含義，官升三級。要是沒人解得開，那從現在開始，都陪著朕別吃飯了。」這下好了，沒人敢說話了，也真都陪著皇上不吃飯了。

這官員們為了吃上口飽飯，都紛紛猜測這「蚕二」的含義。這裡面就有一個姓高的官員，也是對這倆字很好奇，既然要研究就得先搞明白當時為什麼送的這個金匾。於是，他就找到了老尼姑來問當年的情形。這老尼姑也怕吃不上飯啊，就把年輕時候的這段往事給高大人原原本本說了一遍。高大人心想，尼

姑攬走了秀才，這秀才不光沒有怪罪，反而送錢送匾，不合常理啊。他對著金匾看來看去，也是一時沒了主意。回到住處，他輾轉反側，睡不著了，就索性起床推開窗戶，清醒下頭腦繼續思索。看著皎潔的月光在樹影中若隱若現，真乃絕佳的景致啊。但是此刻哪有閒情去欣賞月色，他可一天沒吃上飯了。他心裡想著，這斗母宮的尼姑巴結權貴，狗眼看人低，遇見秀才落魄的樣子不給好臉色，看見秀才穿金戴銀，又是阿諛奉承，又是風情萬種的。如此低賤，這秀才不怪罪反而花費鉅資送匾，其中必有蹊蹺。

　　想到這裡，一陣山風吹過，高大人不禁打了個噴嚏。自言自語道：「這月色雖好，無奈風大啊。」這時，夫人也被丈夫的噴嚏聲驚醒，要說這高夫人也是一名才女，出口便是不俗。她關切地問道：「官人，這山裡風大，縱有這無邊的景致，也要注意身體，莫要著涼。」說話間，高大人突然靈光一現，醍醐灌頂。自言自語道：「風大，月圓。景致無邊......這『風』字去掉外面的框框，裡面不正是一個多一撇的『虫』字？而這『月』字去掉框框不正是個『二』字嗎？」這夫人聞言又說：「官人這是說哪裡話，好好的『風月』二字，你為什麼要去掉它們的邊框呢？」話音一落，這高大人不禁猛拍大腿說：「對啊，『風月』去掉邊框，這不就是『風月無邊』嗎？這是秀才故意敗壞這尼姑庵是風花雪月之地啊，哈哈哈哈，我終於解開了『虫二』之謎了。」

　　第二天一早，天沒亮，估計也是餓得不行了，乾隆就召集群臣來詢問這「虫二」的含義。高大人就把前因後果，如此這般給皇上一一做了彙報。乾隆聽後也是猛拍大腿：「哎呀，風月無邊，真是高才啊，朕怎麼就沒想到呢？」於是，他對這個高大人論功行賞，連升三級。老尼姑聽說這「風月無邊」的含義之後，害臊得緊，本是譏諷她的兩個大字，她竟然當寶貝似的在廳堂裡掛了幾十年，確實是感覺沒臉再見人了。

　　儘管之後在斗母宮的廟堂之中再沒有「虫二」的牌匾，但是人們卻在斗母宮外幾十公尺的一塊巨石上刻下了「虫二」兩個大字以警示後人。不過不論傳說如何，這裡的景致卻真可算是美景無邊，尤其是在月朗星稀的夜裡，在婆娑的樹影當中，靜聽松濤陣陣，真可謂悠閒愜意得很。

斗母宮外的精靈

話說在泰山南麓，拾級而上有一座廟宇，名叫「斗母宮」，以前也叫作龍泉觀，據說是明朝嘉靖年間修建的。在這個廟前不遠處有一棵古槐，樹身約有五丈多高，幹粗枝繁，樹葉茂密，這就是泰山著名的臥龍槐。

傳說在明朝末年的一天，忽然刮起一陣暴風，那風是越刮越猛，刮得天昏地暗，日夜不分，結果就把這位於風口的古槐刮倒在地。

於是，尼姑請來一名木匠，想把這棵大樹賣給他。兩人經過一陣討價還價，最後談妥了，就五吊錢賣給這個木匠。木匠倒也痛快，當時就付了錢，又約定了伐樹的日子。

話分兩頭，再說這紅門附近，有一戶人家，戶主名叫劉長庚，為人忠厚和善，是個老實人。這天夜裡，劉長庚做了一個夢，夢見一個身穿道袍的老人來到他家裡，對他說道：「老劉啊，我是以前龍泉觀的道士，我有一件要緊的事情拜託給你，明天早晨勞煩你帶上五吊錢到『斗母宮』去一趟。你到了那裡，自然就會明白了。」話音一落，道人就化作一陣清風不見了。劉長庚一覺醒來，覺得剛才這個夢有點蹊蹺，有心不管吧，但是人家夢裡囑咐了，要不去也不是個事兒。於是，第二天一早他就趕往了斗母宮。

剛到地方，就遠遠看見被風刮倒的大槐樹。過去的人都迷信，認為老槐樹是樹中精靈，是有仙氣的，見古槐傾斜在地，老劉十分惋惜。見兩名木匠在樹跟前這弄弄，那量量的，看樣子是準備幹活，便上前問道：「您二位是來伐樹的嗎？」

木匠回答說：「斗母宮的尼姑已經把這棵槐樹賣給我們了。我們這正準備弄走呢。」

劉長庚趕忙問道：「賣價多少？」木匠說：「五吊錢。」

劉長庚一聽賣價是五吊錢，當時就驚出一身冷汗，暗裡心想，昨夜的夢果然應驗了。他急忙和兩個木匠商量道：「哎呀，兩位師傅，我家中急用木材，

二位能不能把這樹轉讓給我，我除了如數給你五吊錢，另外還有酬謝。」木匠見劉長庚為人誠實，也沒難為他，便答應把槐樹轉讓給他了。既然夢裡道士有委託，他也照辦把槐樹買下，但是就讓這樹在這躺著終歸不是個辦法。

於是，這劉長庚圍著古槐仔細地尋摸了一圈，卻見這樹根還沒有完全從土中拔出來，這根須大部分還埋得好好的，便小心地給它掩土、整枝，把大樹周圍收拾得非常利索。他還不時地來給它澆水，讓它慢慢養息。沒過幾天，就見這萎黃的樹葉又露出了生機，樹幹上甚至還冒出新芽，可把劉長庚高興壞了。他心想，我這功夫可沒白下，真是皇天不負有心人啊！經過了這一番磨難，日久天長，這槐樹更顯得千姿百態，雖然不能再昂首天外，即使斜躺在那裡，猛一看也像一條斜臥的長龍，從那以後人們都稱它為「臥龍槐」。

自從救活了這棵槐樹，老劉更是悉心照顧，每天都會來看望臥龍槐，就好像老朋友，一天不見心裡就不踏實。可是好景不長，這個劉長庚突然得了噎食病，而且病情一天天加重，泰山附近的名醫全找遍了，可怎麼治療也不見效。眼看就沒幾天活頭了，可是劉長庚對生死並不在意，雖然病重，但他仍然是每天都到斗母宮去看望他用心救活的老朋友——臥龍槐。

這一天，劉長庚已經覺得病體難支，路都走不動了。他拄著拐杖，步履蹣跚地向斗母宮走去，一邊走一邊心想：恐怕這回是最後一次來看望好友了。也不知道走了多久，他終於勉強走到斗母宮外，卻見牆根底下蹲著一個賣野藥的。平時天天來，這還是頭一次見這個人，雖然說頭次見，但總覺得這人有幾分面熟。於是他上前隨便地問了一句：「你有治我這噎食病的藥嗎？」

賣野藥的微微一笑，說道：「我這槐角萬靈丹就能治好你的病，可是藥價很貴啊。」

劉長庚一聽，不覺眼前一亮，趕忙問：「要多少錢？」

賣野藥的打量了一下劉長庚，說：「我見你這人心地不壞，不多要你的，五吊錢就中。」

劉長庚一尋思，倒是也不貴，但是又有點為難了，怎麼說呢？忘帶錢了。光尋思來看樹了，哪想到會遇見買藥這事啊。他有點不大好意思地說：「我沒

帶錢怎麼辦？」

賣野藥的倒也痛快，哈哈一笑，說：「你先拿去吃，病好了再給也不晚。」劉長庚心想：這可是遇見好人了，別管這藥管事不管事吧，死馬也當活馬醫了。他拿了藥立刻回到家中，煎好了藥，沒想到只服了一次，果然是藥到病除。這大病一好，他可是沒忘了還錢的事。他每天都到斗母宮前去等那賣野藥的，一連等了幾個月都沒等到。唉？你說邪門吧，說好了給他送錢，怎麼不見人影呢？再說怎麼這個人越想越面熟呢。正想著呢，突然間靈光一現，這賣藥的不正是當年給自己托夢的那個道士嗎？想到這裡，他也悟到那賣野藥的必是這臥龍槐的精靈。當年自己救了古槐一命，現在祂是來救我一命的。想到這裡，劉長庚恭恭敬敬地向臥龍槐作了三個揖。

回家後，他又請來一個有名的石匠，在這古槐旁邊的巨石上刻了三個大字——臥龍槐，留作了傳世的紀念。

都說這古樹參天有精靈，在泰山周圍的老百姓對老槐樹的崇拜之情也是隨處可見，在很多有古槐的景點、古巷，甚至是街頭，許多的老槐樹都是腰纏紅帶，寄託了百姓的信仰和對美好生活的祈盼。臥龍槐就是眾多古槐的代表之一。

斗母宮

迴馬嶺前馬不前

　　人常說，無論做什麼事情都不能半途而廢。就拿爬山來說，爬到半山腰就算是再苦再累，也得要堅持到達頂峰，這就是登泰山精神。但是，在泰山傳說裡，卻有一位大名鼎鼎的皇帝爬泰山就來了一次半途而廢。誰呢？就是在我們傳說中多次提到的乾隆皇帝。據說當年乾隆爺爬到泰山一半的時候沒奈何，撥馬而回，還留下了一處勝景——迴馬嶺。究竟是遇到了什麼無可奈何的事，為什麼只爬到一半就下山了呢？老百姓都能輕鬆上去的地方，而皇帝的龍車鳳輦，高頭大馬的竟然上不去，還走到一半就回來了，那這泰山的一半又在哪裡，怎麼這迴馬嶺就是泰山的一半呢？

　　話說爬山過了經石峪，再過四槐樹，就能遠遠看到高處一座宏偉的門樓，規模是一點不比萬仙樓小。但見閣樓門口刻著一副對聯：「登此山一半已是壺天，造極頂千重尚多福地。」門洞之上鑲石匾額「壺天閣」，正是乾隆皇帝登泰山時所題。壺天閣海拔約八百公尺，大致就是泰山高度的一半。而門洞兩旁更是有兩棵柏樹從這牆裡「長」了出來，東西對峙，盤旋而上，堪稱奇景。卻說在當年，乾隆當政，國泰民安。乾隆爺也自感文治武功，是千古一帝。於是就發下宏願，要來泰山祭祀，並且一路上要廣施錢糧，讓老百姓感到皇威浩蕩。卻說這大隊人馬來到之後，乾隆爺就迫不及待地要上山。不過皇上上山怎麼也得準備準備，於是，掌事官員就讓縣知事抓緊做好皇上上山準備。而這個縣知事早就知道皇上來，哪敢怠慢啊，一早就預備好了上山的車馬用具。準備是準備好了，但仍然面露難色。乾隆多聰明啊，一眼就看出來這縣官犯難了，於是就問：「怎麼了？上山還有什麼難處？車馬還沒準備好嗎？」縣知事也是個老實人，既然你皇上直接問了，那就說吧：「啟稟聖上，車馬用具全部都準備好了。只是這泰山上要飯的乞丐太多，聖上真要是一路施捨小錢，微臣恐怕這錢不夠開支啊。」乾隆一聽這話，鼻子都差點氣歪了。

迴馬嶺

　　心想：我堂堂大清皇帝，國庫充盈，天下太平。難道幾個乞丐還能難住
我？這不是杞人憂天嗎？心裡雖然生氣，但是面子上還得過去，就對縣官說：
「這麼辦吧，你就裝上幾麻袋的銀錢，我倒要看看泰山能有多少乞丐。」話說
一切準備妥當，第二天，乾隆皇帝出了城，到了岱宗坊，向北一望，只見這
路兩旁黑壓壓的一片，全是乞丐，真是無邊無際。無論如何也得一邊走一邊舍
錢，好幾十口人硬是忙活不過來。沒一會工夫，所帶的銀錢就都舍光了，怎麼
辦呢？再去城裡拉啊，就這麼一邊施捨一邊運，不管怎麼運，總是不夠舍的。
這上山的大隊人馬也就到了壺天閣，泰山一半的地方，實在是供應不上銀錢
了，縣知事也只好報告給皇帝。乾隆聽了，再往北一望，路邊的乞丐一個挨一
個，真是寸步難行。只好歎了一口氣，撥馬而回。乾隆爺也覺得很奇怪，為什
麼今天乞丐這麼多呀？他挺納悶，一夜未睡。天剛亮，皇帝就命人跑去查訪。
到了北山坡這麼一看，但見一棵草上頂著一個銅錢。卻不見一個乞丐。這個時
候，乾隆皇帝才明白，這是泰山老奶奶嫌他高傲自大，讓泰山上的草都變成了
乞丐沿途乞討，到底看看你這皇帝有多大本事。你本事再大哪能比上泰山老奶
奶的本事啊。從此以後，乾隆皇帝得到神靈的點化，就更加勤勉，也就形成了
歷史上有名的康乾盛世。而乾隆爺也多次上泰山祈福，從這也能充分看出這位
皇帝對泰山的崇敬之情。而乾隆被迫撥馬而回的這個地方，就留下了一處勝

景——迴馬嶺。

不過可不光乾隆一位皇帝在此下馬，據另外一個傳說版本，說是當年來封禪泰山的唐玄宗也在此下過馬，不得不徒步前行。怎麼回事呢？原來這唐玄宗有個怪脾氣，上山不坐轎，一定要騎馬。為了登泰山，唐玄宗在長安還真選了十匹寶馬良駒帶來泰山供他登山騎乘。一路走來，皇上走一段換一匹，封禪隊伍浩浩蕩蕩好不熱鬧。可誰曾想，這不凡的陣仗驚動了泰山上一位大神。誰啊？碧霞元君座下鎮邪保駕官王靈官。王靈官可不是個好脾氣，一有點看不順眼的就像炸藥桶一樣，必須要發作出來。結果他老人家遠遠看到唐玄宗騎著高頭大馬趾高氣揚的樣子，氣就不打一處來。心想：你既然誠心來泰山封禪，就該一步一步地登山才對，你怎能如此大膽，一人騎十匹馬上山，這是對泰山的不尊，對碧霞元君的不敬。他越想越生氣，竟然拿起九節連環鞭左一匹、右一匹地一連打死了九匹馬。剩下的一匹馬可非凡馬，乃是五尾雙頭駒子，是神龍寶馬。雖然沒被打死，卻也是被鞭子抽打得半死不活了。牠一個勁地向王靈官求饒，但是王靈官並不理牠，仍然抽打不停。一直把神馬抽打過了壺天閣，這馬已經是寸步難行。於是，牠哀求王靈官道：「別打我了，不就是死嗎，我死就是了。不過我得回回頭，看看我隨行的夥伴們。」只見寶馬把頭高高地抬起來，回頭這麼一看，發現隨行的九匹寶馬一個也不見了，知道他們已經上了黃泉路，絕望地長嘶一聲，倒在路上再也沒有起來。唐明皇驚訝地看著死去的神龍寶馬，再想想自己如此驕橫的陣仗，心想必定是天神怪罪自己，於是就向山頂的方向拜了三拜，表示了自己的虔誠，然後吩咐隨行眾人，一律輕車簡從，徒步上山。唐玄宗看到死去的寶馬，不免心傷，就給此地命名為「迴馬嶺」。

關於這迴馬嶺的傳說可以說是充滿了神話色彩，但是都跟帝王有著密不可分的關係。這也說明無論是誰，帝王也好，百姓也罷，在泰山的面前都沒有特權，大家都要一步一個腳印地攀上極頂，只有這樣，才真正能體會到那種一覽眾山小的豪情。

三起三落步天橋

　　話說穿過壺天閣，走過迴馬嶺，直通中天門有一段登山盤道曲折盤旋，山勢陡險，素有「小十八盤」之稱。盤道一側的石壁上鐫刻著「峰迴路轉」四個大字更是恰如其分地形容了攀登這段盤道的艱辛和不易。就在這小十八盤的中間，卻有一座橫跨兩座山崖的石橋，名叫「步天橋」。步天橋這個名字，一聽就有一步登天的祥瑞之意，在這段漫長的盤道當中也是遊人難得的休憩之地。雖然很多人到了這裡已經是氣喘吁吁，對它並不是特別留意，但它卻有三起三落、三次建修、三次易名的動人傳說。

　　相傳，在很久以前，在中天門附近住著一個勤勞、善良、淳樸的青年，這個青年叫什麼名字，在山裡住了多少年月，誰也不知道，人們見他吃住在山裡，便都叫他「山民」。山民靠打柴、挖藥為生，生活十分艱難。山民自幼出入山澗，練出了兩條鐵腿、一身攀岩越嶺的本領。他每次來到中天門下面這兩座山崖峭壁的時候，經常看到上山下山的行人十分吃力，一不小心就滾到溝底，輕者摔傷，重者性命難保，特別到了夏天山洪暴發、冬季冰天雪地的時候，行人常常被隔在兩崖，一籌莫展。於是，山民下決心要為人們修橋行個方便。

　　說幹就幹，山民用打柴、挖藥換來的錢，買了鐵錘和修橋的工具，每天打完柴，挖完藥，就備石備料，鋪基砌墩。他白天幹，晚上借著月光也幹，就是颱風下雨也從沒間斷。就這樣，一連幾個冬春，在這懸崖深谷上終於砌起了一座無名橋。橋修好了，可是山民卻積勞成疾，不久就離開了人世。

　　無名橋雖不宏偉壯觀，它卻給人帶來了方便，人們再不用冒險攀山爬崖了。人們感激山民，懷念山民，山民的聲譽也是越來越高，越傳越廣了。一天，不知出於何人之手，無名橋刻上了「便民橋」三個大字，從此，無名橋有了個新名字。

步天橋

　　卻說這一年，泰安城來了個新任縣官，他聽到人們這樣崇敬山民，心想，這便民橋一定是工程宏偉，規模非凡。這天，他遊興大發，乘了山轎，要親眼看看便民橋什麼樣。當他來到便民橋時，一夥打柴、挖藥的人正在橋上歇息，回憶當年山民修橋的情景。縣官一看那便民橋只不過是幾塊石頭相架而成，便趾高氣揚地對周圍的人說：「哼！小小石橋，有什麼值得稱道，等我給你們修座好的！」

　　第二天，縣衙真就貼出告示來了，要在泰山修建大橋。隨著便民橋的拆毀，縣令一道道修橋告示像雪花一樣飄到了四鄉八鎮，衙役、保長四處跑，不是派役就是要糧要錢，若有怠慢，輕者加罰，重者押監，弄得民不聊生。可是官吏們卻乘機層層扒皮加碼，這修橋修的，讓這些貪官污吏一個個變得頭圓腰肥。幾經折騰，大橋總算修建起來了，也確實比便民橋高大好看。在竣工那天，縣官心裡樂滋滋的，穿上一身新官袍，坐上山轎，長號短笛，吹吹打打，前擁後呼，上山要來為大橋題名，以便流芳百世。一幫文人墨客為了討好縣官，有的提名叫「雪花橋」，有的提名叫「謝恩橋」。經過一番爭議，縣官便把

大橋定名為「雪花橋」，另刻為縣官歌功頌德的石碑──「謝恩碑」立於橋邊。縣官滿意地想：「有了這雪花橋，便民橋在人們心中就會煙消雲散，我要大加慶賀。」

大橋落成，縣官不僅沒有聽到人們對他的讚賞，反而看到人們更加懷念山民。他心裡很納悶，就派人四鄉探聽消息。原來，人們因建橋有的傾家蕩產，有的無法生活投井懸樑，早已是怨聲載道了，人們聽說又要搜刮民財大加慶賀，更是義憤填膺，一氣之下，幾個人便偷偷把「雪花橋」這三個字改成了「血淚橋」，把「謝恩碑」直接就推到山溝裡。就在這一年夏天，一陣雷雨、一場山洪，雪花橋也被沖得一乾二淨了。

便民橋被拆毀了，雪花橋又被山洪沖沒了，這深谷險崖又給上下山的人帶來了困難。這時，人們更加懷念山民，山民無私奉獻的精神早在人們心中紮了根。於是，泰山上的人們都學山民、做山民，有錢的出錢，有力的出力，主動上山修橋。不久，一座新橋又落成了，這就是我們今天看到的「步天橋」。顧名思義，這座橋連天接地，從這裡就可以登極覽勝，一步登天了。

玉液泉水泡香茶

　　泰山有三美：白菜、豆腐、水。就因為這水好，才種出了好白菜，做出了好豆腐。要說這泰山上的水哪裡最好？最好最美的當屬中天門北邊「玉液泉」的泉水。

　　玉液泉在懸崖峭壁之下，石洞深穴之中，一年四季不乾不枯，而且冬溫夏涼，水質清澈晶瑩，如瓊漿玉液一般，故名「玉液泉」。據老輩泰山人說玉液泉水煮茶，常飲能益壽延年，返老還童。返老還童有點誇張，但延年益壽卻是有可能的。

　　說起玉液泉水，在泰山一直流傳著這麼一個膾炙人口的故事。據說當年馮玉祥隱居泰山的時候，他隨身的一個連長喝茶很講究：

　　紅銅燒壺裝水，再由柏樹枝子文火慢慢細燒，用紫色的泥壺沏茶，用白玉透亮的茶碗飲茶。他喝的都是從南方買來的上等名茶。春天喝碧螺春，夏天喝西湖龍井，秋天喝高級茉莉，冬天喝福建烏龍。他每天早晚兩壺，飯可不吃，而茶是不可不飲。要說這連長喝茶是夠講究了吧？更講究的是此人每每飲茶過後，還非得在泰山腳下散步，呼吸下大自然的清新空氣。人常說，飯後百步走，活到九十九。這連長真是茶後繞山行，越活越年輕。

　　這連長平日裡在山中散步，發現天外村附近一位砍柴的老人，經常出沒在普照寺和黑龍潭附近的松壑密林之中，只見他精神矍鑠，鶴髮童顏，步伐矯健，上山下山都輕鬆自如，有時候挑著擔子顫悠悠的，嘴裡還哼著小曲兒，好像渾身都有使不完的勁。連長經常遇見這老人，雖未交流，但是卻慢慢對他產生了興趣。

　　有一天，這連長又見老人從山上挑著柴草走來，便上前施禮問道：「老人家，你砍那麼多柴，是自己燒，還是賣呢？」

　　「燒不完就賣，不過那也是為了喝茶。」老人笑了笑說。

　　「喝茶？」聽說此言，這連長感到同老人有了共同語言，便湊上去問道：

「請問老先生，你喝的是什麼茶？」

老人家把擔子放下，慢條斯理地反問道：「你問這個幹什麼？」

「老人家，不瞞你說，我也有喝茶的嗜好。雖然您老年壽到此，不過要說起我喝的茶，恐怕你聽都沒聽說過。」

「哦？」老人收斂了笑容，上下打量著這連長，見他那副得意的樣子，彷彿只有他自己會喝茶似的。連長見老人不語，便又主動說道：「老人家，請到寒舍一坐。嘗嘗我的茶怎麼樣？」

老人輕輕地一笑，說道：「你那茶啊，不值一喝！」說完連連地搖頭。連長一聽這話，非常生氣，他心想：就連馮玉祥將軍都佩服我喝茶講究，你一個窮鄉僻壤的老頭兒，井底之蛙，如何敢口出狂言？可是轉念一想，馮將軍一直教導我們做人要謙虛。剛才自己的確有點狂妄，更何況自己是個晚輩，確實不該對老翁無理，便耐著性子問道：「你還沒喝，怎能知道我的茶不好？」接著便把自己如何喝茶仔仔細細地說了一遍，本來以為這麼一說，會博得老人的稱讚，誰知老人家還是淡淡地一笑。

連長一看，心想：給你臺階你還不下，反而任性起來。你越不給我面子，我越得讓你心悅誠服。為了讓老翁折服，說什麼也要讓他去品嘗一下。沒辦法，三讓兩讓，老人家只好跟這連長去了。

連長將沏好的茶遞給老人，只等他道出一個「好」字。沒想到老人家只喝了一口，便抹著滿嘴的鬍鬚說：「茶葉吧，倒還可以，只是……只是這水不好，沒有醇味兒。」

「什麼？水不好？都是泰山上的水，怎麼會是水不好呢？」老人家笑而不答，擔起樹枝就走。剛走出幾步，又回過頭來對連長說：

「如不嫌棄，有時間到我家去，嘗嘗我的茶是什麼味。」那連長本來就看不起這老人，面對老人的挑戰，更是不服氣，便一口答應了。他心想：我就不信你一山中老頭兒，沒見過世面，你能拿得出什麼好茶？好茶孬茶，我們嘗後再做計較。

無巧不成書，沒過幾天，這連長又在山下遇見老翁，便隨他到家中品茶。

二人來到家裡，只見一位老太太正用柏樹枝子燒水。二人這邊閒談，那邊老太太已經用燒好的水在沏茶。不一會，只聞得清香撲鼻，連長便迫不及待地問老人這是什麼茶。

老人家不動聲色地說：「茶是一樣的，不過水要好，燒的時候還要掌握住火候。」老人家只是說笑，卻不讓客人品茶，等到老伴兒又把一壺水燒開，才不慌不忙地把茶獻上。連長接過茶杯，立刻芳香四溢，不禁開口贊道：「好茶！好茶！老人家，我喝了十幾年的茶，卻從沒喝過這樣的好茶，佩服！佩服！如此看來，上次您老說我這水不好，確實啊，確實不是一樣的水。但不知老人家用的哪裡的水？」

事已至此，老人家只好將這個泰山泉水的秘密告訴了連長。原來，在中天門北邊不遠的路邊，有一個並不引人注意的小泉叫玉液泉，他每次上山砍柴，都不惜翻山越嶺去提上一罐兒，他每天喝的正是玉液泉的泉水。老人家如今雖八十有五，看上去才好像五十出頭。而這連長每每經過此泉，卻從來沒去留意，聞聽此言之後，更是連叫慚愧。

劈雲斬霧石中劍

　　說起爬泰山可真是不容易，每次爬到山頂南天門都有一種筋疲力盡的感覺，用一句泰安方言來講那就叫：「快使舍咧。」但不管是對第一次爬山的，還是經常爬山的人來說，有一個地方那是絕對會給你留下深刻印象的，因為不管你爬得多累，有多邁不動腿，只要一到這個地方，立刻就感覺輕鬆了很多，是腰不酸了，腿不疼了，關鍵是空氣清新，也喘上氣來了。這是哪兒啊，這麼神奇？估計很多徒步攀登過泰山的朋友都猜上來了，我說的就是快活三里。這是中天門到南天門這段登山路一開始的一段緩坡，這段路坦途一片，沒太高太陡的臺階，一路上鳥語花香、微風陣陣，真可謂是輕鬆快活。當然，在這「快活三里」，有一個景觀更是不得不說，那就是「斬雲劍」。

　　這個斬雲劍在泰山雲步橋南側。所謂的「劍」，不過是一塊長形的山石而已，但是它猶如一把利劍，劍指天空，巍然聳立，氣勢凌雲。很多老泰安人都知道，如果雲彩在斬雲劍的上空，那麼泰安城裡就是晴天。反過來，要是雲彩在斬雲劍的下方，雲霧密佈遊人腳下，那泰安城裡必定是要下雨了。為什麼叫「斬雲」呢？原來，斬雲劍處在一個特殊的地形上。此處上有高山，下有深谷。向上看，四面環山，就是西南邊開有個小口；往下來，下臨深谷，唯在東北邊有一個狹道。山上的雲霧沿山谷而下，受到下邊氣流的逆沖，行至斬雲劍這個地方即渦流返折；下邊山谷的雲霧則沿狹道而上，受上邊氣流的阻擋，行至斬雲劍也折而複回。獨特的地理位置造就了這個奇妙的自然現象。但是古代人沒現在的科學知識，在古老山民的心裡，斬雲劍可不是這麼來的，而是有一個英雄的傳說。

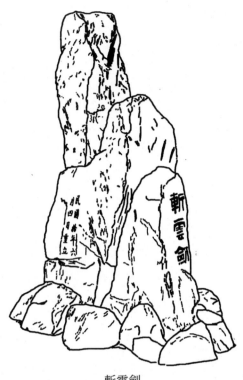

斬雲劍

　　相傳，在很久以前，泰山上有一夥人在山間跋山涉險，專以採藥為生。要說起這個泰山的藥材，那可了不得，據說有令人返老還童的何首烏，百病皆治的靈芝草，使人起死回生的萬年茯苓，還有那能填精補髓、使人行走如飛的泰山黃精。這可都是泰山上的寶藥，拿到市面上都能換來大把的銀錢，所以，很多山民不怕風險地來到山上採藥。有一天，他們又上山採藥，當他們來到斬雲劍下邊，攀緣在懸崖峭壁的時候，天上突然雲霧翻騰，籠罩了整個山間。好好的天突然就變得伸手不見五指，地形又是如此險惡，一不小心就會落下深淵。眾人萬分焦急，他們互相告誡，互相攙扶，力圖擺脫這艱難的困境，能平安地回到家中。

　　正在危急之際，只見一名青年漢子挺身而出，他首先告誡大家不要慌亂，互相照應，在原地等待。然後，只見他躍身而起，人已站在斜坡的巨石之上，只聽這漢子大吼一聲，震得山搖地動，他不停地揮動著雙臂，再看那茫茫的雲

海，迷迷的霧氣，慢慢地斂消四散。頃刻間，天空湛藍，紅日當頭。眾人一見，都忘情地歡呼起來。

可是，當大家回過神來，再去尋找那個勇敢的青年時，卻不見了他的蹤影。大家四處尋覓著，呼喊著，尋遍了高山，找遍了深谷，還是沒有他的形影。這時候，不知道是誰說，估計青年是摔下了山崖。於是，大家都懷著沉痛的心情，又回到青年驅雲趕霧的地方。這時，一個人忽然發現，本來空無一物的一片空地上竟挺立著一塊長條巨石，彷彿就是那青年的化身。在他的指點下，大家肅立石前，向青年致敬，表示懷念之情。

從此，這裡再沒有出現那翻雲滾霧的天氣，上來的雲，下來的霧，到此都自然分開。人們為了紀念這位撥雲驅霧的青年，便把這長石取名為「斬雲劍」。也有人說，這是泰山石敢當見眾人遇險，化為巨石前來搭救大夥，本來石敢當就是個泰山石頭人啊。但是不管是哪位英雄，一直到現在遊人至此，也都肅然起敬，讚歎這塊巨石鬼斧神工的同時，也默默崇慕著這位英武高尚的泰山英雄。

泰山石在泰山上有很多膾炙人口的傳說，斬雲劍就是其中有代表意義的一個。這也與人們對泰山石文化的崇拜有很大的關係。長久以來，石敢當和泰山石的傳說就一直在泰山周邊廣為流傳，尤其是有著「泰山石頭人」之稱的石敢當更是泰山上著名的大神。

雲木成橋助元君

　　經過了攀登中天門的小試牛刀之後，真正的攀登這才剛剛開始。大家都知道泰山十八盤的險峻，但是在「快活三里」、「斬雲劍」這裡，很多遊人暫時忘記了疲憊，一路上歡聲笑語。走不多時，但見迎面就是一座別致的小橋，名叫「雲步橋」。

　　這個橋全是由青色的花崗岩砌成。石橋凌駕於絕壁之上，庇護於群松之下。瀑布掛前，雲湧在後，松聲雲氣，似虎嘯山澗，如龍吟大海。卻說這個橋的來歷可不一般，在神話傳說中，它對泰山神爭奪戰最終的歸屬可是起到了決定性的作用。

　　傳說當年，碧霞元君和他哥哥黃飛虎就為了爭坐泰山寶座互不相讓，這兄妹倆爭到最後也沒爭出個結果，最後經過姜子牙從中調停當裁判，決定誰先爬上山頂，誰就在泰山極頂居住，掌管泰山。這登山日期就定在了三月十五日。

　　碧霞元君是女人，要論爬山肯定不是她哥的對手，但是女人就是心細。為了能贏得比賽就提前走訪調查，適應場地，還找到了一條通往山頂的捷徑。

　　比賽日期一到，元君便按事先調查好的路線，翻山越嶺，過溝爬坡，來到了「快活三里」。元君走得正起勁，忽見前面一道萬丈深淵攔住了去路，只見周圍都是懸崖絕壁，就是長上翅膀也飛不過去，這下可把元君給難住了。元君急得火燒火燎，都快哭了。

　　就在元君左右為難、猶豫不定的時候，只聽得山澗之中傳來「轟隆隆」一聲巨響，只見山上一棵松樹不知何時被伐倒滾落，不偏不斜，這伐倒的大樹樹幹正好就架在了兩個山頭的中間，無形之中成了一座小橋。元君眼見絕處逢生，轉悲為喜，不禁歡道：「真是天助我也！」說著就要舉步上橋。可是，獨木橋難行，再說橋下一眼望不到底，看一眼都令人頭暈目眩，元君雖然是神仙，但是女人畢竟膽子小，嚇得又把腳縮了回來。不禁歡道：「老天啊！你為何這樣捉弄於我啊？」元君這時候也顧不上什麼神仙禮儀了，傷心欲絕，淚流

不止。就在這時，忽見一片白雲，從山頂飄然而下，浮在橋底鋪平了山澗。這一鋪上雲彩，再往下看，就再也見不到無底的深淵了。於是，元君也不哭了，膽子也大了，穩穩當當過了橋，捷足先登，爬上泰山頂。

再說這個黃飛虎也真是個老實人，按著規定的路線往上爬，圍著泰山轉來轉去到了中午才爬上山頂，這個時候碧霞元君早就等候多時了。黃飛虎枉費了一頓辛苦，也沒能住在泰山上，氣得面紅耳赤，只好在山下的岱廟安了家。

事後，人們為了紀念這個有特殊意義的日子，更是把三月十五日元君登山的這一天，作為泰山老奶奶的生日，每年都有許多人給她進香祝壽。那座松樹架起的小橋，人們給它取名為「雲木橋」。以後幾經修復，改成了石橋，名字也改成了更富有詩意的「雲步橋」。

關於泰山老奶奶的生日，民間的說法是三月十五日，這三月十五的生日確實是老百姓給老奶奶定的，但在歷史上卻不是因為這次登山比賽。碧霞元君的生日實際是四月十八日，只因為在清朝乾隆年間，乾隆爺每年不是親自來就是派欽差大臣前來為泰山老奶奶賀壽。所以，在四月十八日前後半個月，泰山四周要封山一個月，普通老百姓想為老奶奶賀壽卻無法進山。因為在泰安當地有為老人提前賀壽的說法，所以呢，民間在清代以後就確定每年的三月十五日為泰山老奶奶的生日了。

碧霞元君雲中漫步，巧渡雲步橋，也正應了一句老話：車到山前必有路。在攀登十八盤前，也提醒著每一個登山的人，不畏艱險，勇敢向前，奇跡總會出現的。

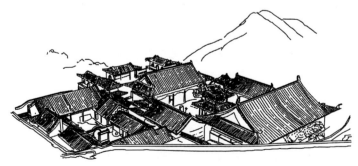

碧霞祠

挑山工與望人松

　　傳說，在很久很久以前，在泰山朝陽洞附近住著一對年輕的夫妻，女的在家紡織，男的挑個扁擔，上山下山地運送物資。他們日出而作，日落而息，相親相愛，樂善好施。

　　話說有一天，一個外地的花匠到泰山來採集花草，一不小心失足掉下了山崖，被這對夫妻救回家中。夫妻倆悉心照顧，端飯送藥，花匠也因此很快恢復了健康。花匠為了感謝他們的救命之恩，拿出了許多奇花異草的種子送給他們，說是這些種子要是撒在山間，來年這泰山將會是漫山花香，分外妖嬈。夫妻倆照他的話做了，第二年泰山上果然是花繁草茂，到處是奇花異草，越發美麗起來。原來這花匠乃是百花仙子的化身，因為來泰山瑤池參加蟠桃盛會，有心試煉一下泰山人是否真如西王母所說如此好客，於是就設了一個局，沒想到這夫妻倆果然不負眾望，心生感動，就把奇花異草的種子借這對夫妻之手灑遍了泰山。

　　過了一段時間，又有一個石匠路過他們家避雨，夫妻倆又是傾其所有，熱情款待，石匠非常感激，連連稱讚泰山人熱情好客。但是誰承想啊，這又是一位大神，是家喻戶曉的神匠魯班爺。魯班身居泰山極頂的魯班洞，眼見這百花仙子為泰山灑遍奇花異草，但美中不足，這登山的羊腸小路實在難行，要是趕上雨天更是切斷了山上山下的通路，也讓很多人無緣這泰山的大好美景。

　　於是，魯班爺也借感謝夫妻二人盛情款待的情誼，一夜之間鑿通了上山下山的所有盤道，讓山路變得更加通暢。從此，泰山也引來了大批的外地遊人。這猛然間一見這麼多人來爬泰山，夫妻倆那是又驚又喜，驚的是從遊客嘴裡得知了山外世界的形形色色，喜的是這大泰山從此以後越來越熱鬧，再也不寂寞了。

　　但是這眼界寬了，心也就大了。丈夫聽說山外有山，人外有人，也覺得自己這點本事不大夠用的了。為了能把泰山打扮得更美麗，他決心到外面學習技

藝，於是就對妻子說：「世界這麼大，我想出去看看。」妻子也非常贊同丈夫的想法。但是兩個人畢竟廝守的時間長了，一時是難捨難分。為了滿足丈夫的願望，妻子一邊寬慰丈夫不要想家，一邊約定等丈夫學成歸來之日，她一定會在山坡上等待他。於是，丈夫就拿著扁擔下山去了。

望人松

　　話說這丈夫走了一年、兩年、三年，卻遲遲沒有消息，從春到夏，從秋到冬，年輕的妻子每日站在山坡上焦急地望著，執著地期待著丈夫的歸來。冬天這漫天的大雪覆蓋了妻子的身體，她也依然站在那裡望著遠方，似乎馬上就能看到丈夫的身影了。有一年的春天，冰雪消融，萬物復蘇。可人們卻發現這年輕的妻子不見了，在她站著等待丈夫的山坡上長出了一棵亭亭玉立的松樹，就好像一位少婦深情地眺望遠方，彷彿是在企盼著丈夫的歸來。

　　有一天，她的丈夫終於回來了，發現自己的妻子竟然變成了一棵松樹，悲痛異常。從此以後，為了紀念他美麗的妻子，也為了還他建設大美泰山的願望，他便在樹下築了一間石屋，日夜守護著他的妻子。他挑著扁擔為山上山下

運送著物資，年復一年，日復一日，任勞任怨。慢慢地，很多年輕人加入了他的隊伍，他們遇山開路，遇水架橋，埋頭苦幹，奮勇向前，他們辛勤地裝扮泰山，建設泰山，為來泰山遊玩的人們做了許多的好事。

　　這個故事就是泰山上望人松的一段傳說，而這群人就是泰山上最樸實的一群人——泰山挑山工。

震懾君王飛來石

　　話說自雲步橋往上，走不了多遠的地方，有一塊大石頭巍然屹立在盤道的一邊，著實吸引了不少遊人的眼球。卻說這塊巨石，危如累卵，搖搖欲傾。別看這塊巨石經歷了千年的風霜雪雨，立在此地卻從來沒動過地方，真得贊歎這大自然的鬼斧神工啊！不過話說回來了，雖然一直在盤道邊沒動過，可它的名字卻叫「飛來石」。敢情這傢伙還是天外飛來的？那麼問題來了，為什麼這麼一塊粗老笨重的石頭會叫飛來石呢？

　　相傳，當年宋真宗帶領著千軍萬馬浩浩蕩蕩地來泰山封禪。要知道，這歷史上但凡來泰山封禪的都是英明神武的皇帝，不光要國泰民安，文治武功，而且世間還得有祥瑞出現，這樣的皇上才夠資格前來泰山封禪。但是宋真宗呢，說實話是各方面都不夠格，但是這個皇帝又是個貪慕虛榮的人，一心地想封禪泰山，滿足自己的虛榮心。於是，他手底下一個叫王欽若的大臣迎合聖意，想方設法地要幫皇上圓夢。沒條件封禪，創造條件也得封禪；沒祥瑞出現，製造祥瑞也得上山。於是，這位帝王就順理成章、滿心滿意地來到了泰山。

　　卻說大隊人馬來到雲步橋上，可就走不動了。只見山清水秀，鳥語花香。你看那青松蒼翠，白雲壓首；再看那泉水悠悠，瀑布飛瀉。可把宋真宗給看美了，本來一路走來就很辛苦，累得皇上垂頭喪氣，可一到這個地方，立刻就被美景吸引，直接拔不動腿了。他在那皇宮大內養尊處優，哪見過這麼好的景色啊，宋真宗如醉如癡，心潮澎湃，當即下令讓大隊人馬停轎。隨行士兵馬上在這山崖上一處石坪紮起了營帳，鋪好了龍床。要說這皇上的生活是真夠享受的，宋真宗斜躺在床上，翹著個二郎腿，一邊吃東西，一邊是欣賞歌舞美女。這上有松濤陣陣，下有流水潺潺，那還真是逍遙自在，賽過神仙啊！這文武大臣也借機跑前跑後，溜鬚拍馬，使出渾身解數地伺候皇上。

　　說來也巧，正好這個時候泰山神黃飛虎巡遊從此地經過。聽到山中歌舞升平，撥開雲霧這麼一看，正好看到真宗荒淫無度的那個樣子，可把這泰山老爺

爺給氣壞了！黃飛虎心想：你這個無能的昏君，說是到我這裡來封禪，祭天拜地，原來你是到這來遊山玩水，胡鬧來了。黃飛虎當時就對旁邊的山神說：「我看此人封禪之心不真，祭地之意不誠。來呀，給這無德的昏君一點顏色看看。」山神領命，施展法術將身邊一塊大石頭搬起來，照著這個真宗就砸了過去。

且說這真宗玩著正高興呢，忽然聽得耳邊如雷貫耳的轟鳴聲，回頭一看，不好！只見一塊巨石壓頂而來，他當時嚇得魂飛魄散，六神無主。皇上也顧不上什麼王宮禮儀了，大喊一聲：「哎呀，我的個媽啊，爾等趕緊地救駕啊！」這時候哪還有人啊，一看大禍臨頭，旁邊的人都跑得比兔子還快呢。只有這封禪使王欽若嚇得渾身哆嗦，雙腿發軟，鑽到了龍床底下。

不過，宋真宗畢竟是人間天子，泰山神即使生氣也就只能嚇唬嚇唬他，還能真砸死他嗎？眼見這大石頭快到龍床前，就聽「嘎吱」一聲，突然停在大樹底下不動了。這封禪使王欽若一聽沒了動靜，哆哆嗦嗦地從床底下探出頭來這麼一看，頓時來了勁，大喊一聲：「萬歲，不要怕啊！這石頭仙君乃是泰山神派來接駕的啊！」真宗一聽這話，再看大石聳立，真像是在給自己施禮，剛才還嚇得六神無主，這會兒也壯起了膽子，板板正正地坐在龍床上，重新招呼文武百官，一本正經地說道：「一群沒用的東西，一塊石頭就把你們嚇成這個樣子，成何體統？朕乃真龍天子，這巨石仙君分明是泰山神派來迎接朕的，有何可怕？」

話雖然說得底氣十足，但也是後怕連連。宋真宗心想這泰山果然是神聖之山，不可造次。於是再不敢繼續尋歡作樂了，命令左右，一本正經地起駕上山了。這封禪使王欽若為了討好皇上，便將這個大石頭取了個像模像樣的名——接駕石，而皇上休息過的石坪就取名為「御帳坪」。但老百姓可不買這個賬，什麼就是接駕石啊？因為這個石頭是從天而降，人們還是習慣叫它「飛來石」。

遮雨松受封五大夫

　　泰山歷來有「五嶽獨尊」之稱，先不說這古往今來，帝王將相的登頂封禪何等氣派，也不說這文人墨客在泰山上留下多少碑刻銘文。單說這泰山的自然風景那也是無限壯麗。重疊的山勢，厚重的山體，蒼松巨石的烘托，雲煙的變化，使它在雄渾中兼有明麗，靜穆中透著神奇。尤其泰山的蒼松翠柏那更是大自然鬼斧神工的傑作。在泰山上有名的松樹太多了，每棵名樹的背後都有一個神奇的傳說，今天就先來說說這個「五大夫松」。

　　話說這棵「五大夫松」斜依「攔住山」，背靠五松亭，在這裡可遙望十八盤、南天門。往上看只見兩山對峙，萬仞之中山道百折，雲霧繚繞，耳目迷離；松濤陣陣，聲傳千谷，萬壑不絕。下望雲步橋，只見水流潺潺，陡然入澗，瀑水懸流，濺花瀉珠，風景之秀麗、溝壑之清幽真是難以言表。

　　傳說，當年秦始皇迷信術士和長生不老術。有一天，他手下的星象使發現東南方向有天子氣，於是秦始皇就帶了大隊人馬，從京都咸陽出發，浩浩蕩蕩來到泰山封禪，一是想借這個機會將功業上報天地，更重要的是向天下人炫耀一下他的威風，以便懾服天下，壓住這股帝王之氣。

　　登山的這一天，正值豔陽高照，晴空萬里，這秦始皇爬到半山腰，雖騎馬乘轎，卻也早已累得汗流滿面。忽然，天氣驟變，烏雲從山頭滾下，頓時天昏地暗，風雨雷電一齊襲來。秦始皇措手不及，見前面有一棵松樹，高達數丈，枝葉繁茂，樹冠如棚，風雨不透，便急忙躲到樹下避雨。隨行人員早就亂了套，鑽洞的鑽洞，爬崖的爬崖。不一會兒，風飄雲散，雨過天晴，始皇帝因躲在樹下，一點雨也沒淋著，保全了尊嚴，為賞賜松樹遮雨之功，始皇當即封它為「五大夫」。

　　誰知這聖旨剛下，就聽到半空中有人說話了：「天下一統，你不以社稷為重，大興土木，修阿房宮，築驪山墓，大增賦稅，亂派徭役，無德無仁無禮，妄受帝命，憑什麼亂封左右？」原來正逢泰山神巡遊泰山，正好看到剛才荒誕

無稽的一幕，於是駐足雲頭，小小地警示了一下這個千古一帝。

　　始皇帝一聽這個話，嚇了一大跳，左右上下尋找了半天也沒看到半個人影，又想起剛才忽遇大雨，感到實在晦氣，也擔心真有神人怪罪，心裡很不踏實，這封禪最後也弄了個草草收場。

　　但是俗話說：君無戲言。秦始皇的聖旨可是下了，把大樹封為「五大夫」，以後人們便將此樹稱為「五大夫松」，再後來傳來傳去傳成了五棵松樹，其實在當年就是一棵大松樹而已。五大夫在秦朝是個官名，並不是五棵松樹。

　　據說，在明代萬曆三十年，泰山上山洪暴發，當年護駕的秦松被水沖走，我們今天看到的不是秦松，而是清代康熙年間補種的。而且當年的秦松是在泰山山後，而現在的五大夫松卻栽種在了山前的十八盤下。

五大夫松和飛來石

攔住山的愛情故事

　　話說在泰山雲步橋西南，有座山名叫「攔住山」。相傳，在這裡曾經住過一對年輕的戀人。他們同生死共患難，艱難地從死亡的邊緣掙脫出來，最後建立了幸福美滿的家庭，也給泰山留下了一段可歌可泣的愛情故事。

　　這男的叫梁秋，女的叫陽春，他兩家同住在泰安城的一條街上。這個女方家裡很有錢，而男方家裡卻是窮苦老百姓。梁秋和陽春自幼就青梅竹馬，情投意合，自然而然播下了愛情的種子。

　　光陰似箭，日月如梭。不知不覺，梁秋長成了個聰明健壯的小夥子，陽春也變成了個俊俏活潑的大閨女，也到了男大當婚、女大當嫁的年紀了。於是，兩人分別向自己家的老人吐露了心聲，希望老人能成全他們的婚事。在古代講究的就是門當戶對，梁秋家窮成這個樣，還想娶有錢人家的閨女，那真是「癩蛤蟆想吃天鵝肉」。陽春她爹娘是一萬個不願意，堅決不同意。雖然老人不同意，但是梁秋和陽春卻沒因為這個在感情上產生動搖，反而更加堅定，並且向天發誓，如果不讓他們結親，一個就至死不嫁，另一個就終身不娶。

　　可是沒承想，沒過多久，梁秋的父母因為家裡沒錢看病，相繼去世了。俗話說：黃鼠狼單咬病鴨子。梁秋正悲痛萬分，沒想到自己又遇到了天大的不幸，竟得了連親人都不敢靠近的麻風病。這可真是屋漏偏逢連陰雨啊！但是這陽春的父母聽說這個事，高興得不得了，以為這下可好了，終於可以擺脫這個窮小子了。難道自己的寶貝閨女還願意嫁給一個有今天沒明天的病人嗎？為防萬一，他們又花錢勾結官府，把梁秋送到了泰山雲步橋西南的山上，不准他下山，徹底與世隔絕了，並且給這個山取了個名叫「攔住山」，想從此把梁秋和陽春攔住。但是，「攔住山」可攔不住這對青年堅貞的愛情。陽春得知梁秋被逼移居的消息後，心急如焚。在一個浮雲遮月的夜晚，陽春悄悄地離開了家，一個人向山上摸去。一路上夜色漆黑，山路崎嶇，偶爾聽到幾聲貓頭鷹的啼叫，那場面真是又驚險又恐怖。她一個小姑娘嚇得頭皮發麻，但一想到受難的

梁秋，陽春就鼓起了勇氣。她翻山越嶺，歷盡艱辛，終於摸到了攔住山，在一間簡陋的小草房裡找到了日夜思念的梁秋。

她叫開了梁秋的門，一頭撲進了他的懷裡。梁秋一看是又驚又喜啊。但是很快地推開了她，說：「不，不，我有病，會害了你的。」陽春可不管那些，滔滔不絕地向他傾訴著離別後的痛苦和對未來的憧憬。兩人纏纏綿綿，說了大半夜才和衣睡去。在酣夢中，陽春彷彿覺得，她身邊的梁秋變成了善良淳樸的牛郎，自己則成了賢慧多情的織女。他們手拉著手，在雲繞霧漫中步上鵲橋，仰望天宮那五彩繽紛的綺麗景色……突然，一聲巨響，橋從中間折斷了。陽春驚叫一聲醒來，緊緊地抓住梁秋，梁秋也被喊聲驚醒了。只聽百鳥在枝頭高唱，笛聲在空中飛揚，陽光從視窗照進了草房，天已經亮了。

突然，陽春詫異地驚叫一聲，她來的時候是半夜，現在陽光一照進來，她這才看清了梁秋的面孔。這哪裡還像個人！只見梁秋的眉毛、頭髮全脫落了，眼睛深深地陷在眼窩裡，手指頭像雞爪那樣皮包骨，臉上身上斑斑點點的，沒有一塊好肉。陽春見梁秋病成這個樣子，心裡像刀割一樣難受，她簡直不敢相信自己的眼睛，聲嘶力竭地抱住梁秋問道：「你怎麼變成了這個樣子？」

陽春看到梁秋被病魔折磨得一副半人半鬼的樣子，驚訝不已。哭天喊地，恨老天不公。梁秋羞愧難當，不敢正視陽春，痛苦而無奈地說：「陽春，好妹妹，你能來看看我，我就是現在死了，也心滿意足了，我在九泉之下也會感激你的。現在我已是這半人半鬼的模樣，你還是快走吧！」陽春眼裡噙著淚水，急忙說：「梁秋哥，你別誤會，我不是嫌棄你，你就是變成了鬼，我也要跟你一輩子。」

就這樣，陽春最終還是在草房裡留了下來，她除了侍候梁秋外，二人還在下邊山坡上開了個小菜園。陽春的父母得知女兒上山，急得火急火燎，母親更是親自上山勸她回去，但是陽春心意已定，堅決不回，把母親推出了草房。

過了不久，陽春竟也染上了麻風病，頭髮眉毛開始脫落，沒過多久就和梁秋一樣了。可歎他們哪裡還是一對情人，簡直是一對情鬼啊！陽春的母親聽說，又恨又痛地歎道：「冤孽啊，冤孽啊，這都是不聽勸告的報應啊。」眼看就到中秋佳節了，二人的病情越來越嚴重，他們心想，這樣活著也是受罪，還

不如趁早以身殉情。二人定下必死的決心，走出草房，坐在房前的巨石之上，向四處眺望，尋找可以跳崖的地方。二人在巡望中，忽見下面山坡上的小菜園裡，出現了一對小白兔，雪白的絨毛，鮮紅的眼睛，十分討人喜歡。只見兩隻小兔蹦蹦跳跳，又活潑又親昵，彷彿一對戀人在追逐嬉戲。梁秋、陽春看得眼都直了。就在這時，只見兩隻小白兔往高處一跳，「叭」地一聲落地就不見了。

梁秋和陽春覺得奇怪，急忙走下坡來，找了半天也沒找到，於是就在小白兔入地的地方挖了起來。挖著挖著，挖出了兩個水靈靈的大蘿蔔。他們二人非常納悶，自己沒在菜園種蘿蔔，怎麼會挖出蘿蔔來呢？莫非是什麼毒物？不管它了，反正要死的人了，就算是吃了毒物，一命交天，也比跳崖摔死強。吃！於是，兩人便把蘿蔔一人一個分著吃了。好傢伙，這到底是什麼蘿蔔呀？剛剛吃下去，肚子裡就像著火一樣，渾身發燒，大汗淋漓，折騰了足夠一個時辰，方才熱退汗消，周身清涼。說也奇怪，自從吃完蘿蔔，他倆眼看著身上爛得一塊一塊的地方結了痂慢慢脫落，有些地方竟然還長出了新肉。沒過幾天，這小倆口眉毛頭髮也慢慢長出來，身板也挺直了，竟然康復如初。梁秋變得比以前還要健壯，而陽春也是越來越漂亮了。

大病神奇地痊癒，這陽春、梁秋也回到了泰安城。陽春的父母見此情景又驚又喜，街坊鄰居也紛紛傳說他們的愛情感動了泰山的神靈，這當爹媽的自然也就不再阻攔他們了，當晚就讓他們洞房花燭，結成了夫妻，這才正是有情人終成眷屬。

這對年輕人歸家探親之後，謝絕了父母的挽留，又返回了攔住山，自種自食，恩愛無比。直到現在，很多老泰安人還時常提起這對情侶，稱讚他們堅貞的愛情。

這才真是：

攔住山啊攔住山，真心相伴感上天。

民間佳話傳千古，恩愛深情比山堅！

一鞭子抽出來的十八盤

　　登泰山，最難最險最累的一段莫過於十八盤。走過對松山沒多遠，遠遠就能看到一條「登天玉帶」直通南天門，就好像從山頂往下垂了一條天梯一樣。此處共有石階 1827 階，是泰山的主要標誌之一。自對松山至龍門為「慢十八」，再至升仙坊為「不緊不慢又十八」，又至南天門為「緊十八」。「緊十八」西崖有巨岩懸空，側影好像佛頭側枕，高鼻禿頂，慈顏微笑，名為迎客佛。十八盤岩層陡立，傾角 70 ～ 80 度，在不足 1 公里的距離內竟然升高 400 公尺。正所謂，論泰山之壯美，全在徒步登攀；歎泰山之俊美，盡在十八盤！

　　這麼險峻的登山盤道是出自誰手？又是哪位能工巧匠設計建造的呢？年代久遠，現在確實也說不出個所以然來。但是要說起傳說，這十八盤可和泰山上一位大神有著很大的關係。

　　在泰山一帶，民間一直流傳著一句「上山不上山，先拜王靈官」的俗語。王靈官是泰山神——碧霞元君身邊的一名武將，手持一條火雷金鞭。據說啊，南天門下的十八盤通道，就是他一鞭子抽出來的。

　　怎麼回事呢？原來，自打碧霞元君當上泰山神主以後，泰山周圍是年年風調雨順，五穀豐登，百姓們安居樂業。為了感謝泰山神的恩典，每日裡進山朝拜燒香的人終年不斷。

　　可這泰山自上古以來，南天門上下山只有一條羊腸小徑曲曲彎彎，險峻陡峭，一般人上泰山簡直和登天一樣。中間還有一個石橋，一旦遇到山洪暴發，洪水沒了橋，上下山更是難上加難。不知道有多少善男信女為了登山祈福，在這魔鬼一樣的山道上葬送了性命。日久天長，山下的人一提到上山無不膽戰心驚。

　　眼見此情此景，碧霞元君非常著急，茶不思飯不想，天天尋思對策。這一切可都讓王靈官看到了眼裡，老王是個急脾氣，眼看著這麼大的山，上山的通道既狹小又險峻，遠遠看去就好像一條石縫一樣。左看右看，怎麼看怎麼不順

眼，只見王靈官手持火雷金鞭就來到南天門下，單臂一揮，金鞭一甩，只聽「哼嚓——」一聲巨響，霎時間石崩山裂，這麼大的一座山峰「吱吱呀呀」地愣是裂開了一條縫隙，在南天門正下方立刻就出現了一條丈八寬的山口，就好像一掛天梯直接垂到了對松山前。

聞訊趕到的碧霞元君看到這掛天梯，又驚又喜。喜的是憑空多出來一條天路，驚的是這滿山遍野的石頭卻讓登山之路更加艱難。只見那被鞭子抽碎的白花花的巨石，塊塊大如磨盤。這些石頭若用肩抬人運，還不知道要哪年哪月才能搬淨呢。

碧霞元君眉頭一皺，計上心來。心系萬民的老奶奶駕起祥雲，飄悠悠地來到天宮，奏請玉皇大帝派兵援助修山道。玉皇大帝當即派了三條巨龍來到泰山。沒半天工夫，就把滿山的石頭都運到了山後。至今泰山後石塢的山溝裡，還擺著滿滿一山谷白花花的大石頭呢。這樣，修上山的路就省勁了。不到兩個月，十八盤就修成了。為了感謝三條龍助修山路的功績，老百姓就把南天門東的一座山峰叫作飛龍岩，並在南天門上修起了一座三龍殿，這就是十八盤的來歷。

這才是：

　　緊十八來慢十八，不緊不慢又十八。
　　靈官一怒抽天路，登天祈福保萬家。

十八盤

無緣怎過仙人橋

在我很小的時候，老人就對我說，在泰山的山頂上有個仙人橋，只要凡人往橋上一站，就可以度化成仙。說得神乎其神，當年老夏也是聽得如癡如醉啊。誰小時候不做夢，不幻想啊？於是我小時候最大的願望就是登上泰山山頂看看這個能成仙的仙人橋。雖然我並不相信仙人橋可以度化凡人成仙，可是真等我第一次上了山頂，看到大自然創造的奇跡之後，依然被這幾塊神石所震撼。三塊大石頭在兩個峭壁之間緊緊相連，雖然距離不長，但腳下就是數丈懸崖，大風一吹，還真是站立不住。所以一直到現在，不知道去看過多少回了，我卻一次也沒上去過，一個是真沒勇氣，一個是老夏可能真和這成仙無緣啊。

仙人橋的名字因何而來？這裡面其實有一個關於呂洞賓的故事。相傳，呂洞賓因為三戲白牡丹觸怒了玉皇大帝，惹著老天爺那可不是鬧著玩的，玉帝當即傳令，某日午時三刻就要斬首，呂洞賓整天逍遙自在慣了，這樣就把自己交代了，自然不會善罷甘休，得想個辦法躲過這一劫啊。呂洞賓想來想去，想到了一個叫梁灝的人。梁灝是文曲星下凡，按說他考個狀元什麼的應該是很輕鬆的事情，沒想到卻是屢試不第，一大把年紀了還不曾中得半個秀才。梁灝有一根尺把粗的筆管，從來不被人注意，倒是個藏身的好地方，於是，呂洞賓便急急忙忙去找梁灝。

呂洞賓找到梁灝，說明來意，向梁灝說道：「求文曲星君救我一命，他日，我保你科場高中。」說完深深地作了個揖。梁灝見是大仙呂洞賓，不免有點驚慌失措，又見神仙開口求自己，一時間也是六神無主，趕忙問道：「你是神仙，我是凡人，你叫我如何相救啊？」呂洞賓說道：「星君莫慌，你只要到了斬首那天，不管是風狂雷緊，還是鬼哭狼嚎，只管握緊筆管不停地寫，千萬不要鬆手。否則，我們今生今世就再難相見了。」

仙人橋

　　梁灝聽完後，覺得也不過如此，就是隨便寫寫字那還不是小事一樁，於是就答應了。到了呂洞賓說的那一天，但見晴空萬里，和風麗日，哪裡有什麼風呀雷的，梁灝以為呂洞賓耍什麼鬼把戲騙人。誰知不一會兒，天空滾雲翻墨，狂風大作，地動山搖，電閃雷鳴，這梁灝果然按照呂洞賓之言，緊握筆管大書特書。午時三刻已過，梁灝還在奮筆疾書。這時候，就聽背後有人說道：「謝梁兄救命之恩，容當後報。」梁灝抬頭，才發現窗外已經風住雷止，麗日當空了，呂洞賓見他洋洋灑灑寫了幾十頁，忙道：「憑梁兄這般才華，明年我保你中頭名狀元。」說完便飄然而去。

　　第二年，梁灝半信半疑地進京趕考，果然中了狀元。皇帝見他年事已高便賜給他許多金銀財物，讓他衣錦還鄉了。當年梁灝有言在先，如果今生中得狀元，就給碧霞元君掛袍進香。這天梁灝在山頂還完願，聽到遠處有人叫他的名字，定睛一看，原來是呂洞賓正微笑著看著他呢。梁灝趕忙上前施禮，問道：「仙師為何端坐在此？」呂洞賓道：「我已在此等你多時了，你如今已經功成名就，我想帶你離開凡塵，度你成仙，以報答你的救命之恩。只要你跟我從橋上走過就行了。」梁灝一大把年紀，一看這懸崖峭壁就嚇得哆嗦，別說爬不

上去，就是爬上去，還不摔到穀底碎屍萬段啊。於是，任憑呂洞賓怎麼好言相勸，這梁灝是執意不肯上橋。見此情形，呂洞賓也只好一聲歎息，獨自從橋上飛走了。於是，梁灝也失去了立地成仙的機會。

這才真是：

人人都說天上好，神仙自在又逍遙。

不歷磨難怎飛天？無緣難過仙人橋。

有情有義望夫山

　　話說在碧霞祠的東南、瞻魯台的西側有一座望夫山。遊客每次看日出都會從這裡經過，但是卻沒人知道這座山名字的來歷。有人說了，這個望夫山還不簡單啊？旺夫，這肯定是老婆為老公祈求富貴的地方，要不怎麼叫「旺夫」呢？人家不還常說有什麼旺夫相嗎？不過大家都想錯了，這個「望」可不是興旺發達的「旺」，而是登高望遠的「望」。這也不是什麼求財的故事，而是一個忠貞不渝的愛情故事。

　　傳說，在很久以前，當時的泰安可不叫泰安，那個時候叫東嶽神州。這東嶽神州一年一度的東嶽廟會，更是聞名全國。四大名著《水滸傳》裡描述的「燕青打擂」說的就是在東嶽廟會。所以說，那時候的東嶽廟會是人來人往，熱鬧非凡。說是有一年的東嶽廟會上，有一對剛結婚的小倆口來泰山進香，祈求婚後能豐衣足食，來年生個大胖小子。來泰山是為了又求子來又求福，這可是個大好事，小倆口有說有笑，卿卿我我。用現在的話說，這就是來泰山度蜜月啊，自然是幸福快樂、甜甜蜜蜜。

　　逛完了廟會，就要上山求神祈福。一邊是沿途美麗的風景，一邊是新婚燕爾的甜蜜溫馨，不知不覺兩個人就來到了對松山的盤道上，這可就離著山頂不遠了。正當他們小倆口興沖沖地攀登十八盤的時候，可就來了禍事。

　　原來有這麼一夥兒人也在爬山，但見他們前呼後擁地用一頂轎子抬著一個公子哥兒。一個個吊兒郎當，吆五喝六，一看就不是什麼好人。這轎子上的公子哥兒老遠就看見前面爬山的小倆口了，看可是看，他可光看那人家的老婆。一看這個新娘子長得別提多漂亮了，那真是水靈秀氣，十分標緻啊。於是這公子哥就生了貪婪之心，心想：這女人要是跟了我，那我得多快活啊！一邊想一邊衝著隨從說：「快，快，趕緊攆上去。」

　　這真是色心一朝起，惡向膽邊生啊。這些人身高馬大，抬著轎子跑得也是快，沒幾步就追上了前面的小倆口。只見這個惡少向兩邊隨從使了個眼色，隨

從早就心領神會，立刻就上來把這新娘子團團圍住。小倆口一見這個陣勢，嚇得不得了。只見這個公子哥兒慢悠悠地從轎子上下來，直勾勾地看著新娘子，滿臉淫笑地上前就想動手動腳。

丈夫一見有人調戲自己老婆，那還了得，一個箭步衝上去就要保護自己的妻子。但是，這身單力薄的新郎官，又哪裡是這些彪悍的隨從們的對手啊？幾個狗腿子一起動手，一陣拳打腳踢，一會兒就把這個新郎官打得渾身是血，不省人事。這還不算完，歹毒的惡少最後竟然命令這群狗腿子把遍體鱗傷的男子推下山溝摔死了。

新娘子悲痛至極，發瘋似的要為丈夫報仇。但一個小婦人又如何是一群惡漢的對手？幾個狗腿子三下兩下就摁住了女子。一個狗腿子嬉皮笑臉地說：「我們公子看上你，那是你的福分，以後有你享不盡的榮華富貴。」女子想掙扎，但是根本動彈不了，被這些人連拉帶扯地帶上了山頂。

這個惡少遊山玩水，又得了美人，心裡就跟抹了蜜似的。他喜笑顏開、手舞足蹈地來到山頂，對隨從們說：「這泰山是歷代皇帝老兒祭天祭地的地方，我若與小娘子在這裡拜天地，結為夫妻也是一段人間佳話啊。」說著就要與那女子成親拜堂。而這個新娘子這時候早就已經萬念俱灰，欲哭無淚，心裡是滿滿的仇恨。只見她不卑不亢地說：「要成親也可以，只是剛才慌亂之中，我連句話都沒來得及對我那苦命的夫君說，他就葬身山谷了，請公子高抬貴手，讓我再望他一眼，就當最後一別吧。」

公子哥兒聽她這麼一說，還以為那娘子同意與他成親，就答應了她，兩邊隨從也就鬆開了女子，只見那女子從容地整理了一下頭上的亂髮，不慌不忙地走上山頭，凝視著她丈夫葬身的地方，趁身邊的隨從們不注意，對著山谷大喊一聲：「夫君，等一等，我隨你來了。」說著便縱身跳下懸崖，以身殉情。後人為了紀念這個忠貞節烈的女子，便把她眺望丈夫、捨生取義的那座山峰取名叫「望夫山」。

好一座情比金堅的望夫山，這真是：

　　　　貞潔烈女感天地，淒美故事代代傳。

黑虎神和探海石

　　話說泰山日出聞名中外，可謂岱頂的奇觀之一，也是泰山的重要標誌景觀。要說起這看日出啊，那最好還是得等到每年農曆的八月份，秋高氣爽的時候來泰山看最好。人們聚集在探海石跟前，看著新的一輪紅日噴薄而出，那氣勢，那感覺，絕對是令人終生難忘啊！有人問了，這探海石是什麼？為什麼看日出都要聚集到這裡呢？原來這探海石又叫拱北石，是泰山的標誌景觀之一，矗立在泰山之巔，探海石下面就是萬丈深淵，如果趕上雲海，這探海石就像是探入大海的一根神柱一樣，人們攀上探海石眺望東方，會覺得這新出的太陽更近，更暖和。在古代，很多人認為這是最接近天界的地方，雲海在腳下翻滾，頗有一種踏雲而去的衝動。關於這探海石的來歷，接下來我就要說說這段神奇的傳說。

　　話說在很久很久以前，在中天門有座二虎廟，二虎廟裡供奉著一位黑虎神，這個黑老虎本身就是百獸之王，後來又幸得碧霞元君的點化成仙得道，於是就侍奉在泰山老奶奶身邊，成了泰山的守山大神。祂每日奉碧霞元君之命在山上山下來回巡視，兢兢業業。哪有猛獸作怪，妖孽興風，祂就到哪裡去懲治，保衛著泰山的安寧。

　　有一年春天，春暖花開，遊人如織，天街上更是人來人往，熱鬧非凡，可在這東海龍宮那裡卻是冷冷清清。這時給龍宮守門的海妖是個愛鬧事的性格，從龍宮門口手往泰山這邊一望，羨慕得了不得。

　　海妖一開始是羨慕，後來就成了嫉妒，再到後來就剩下恨了。於是祂竟然偷偷地跑到泰山頂上施放妖氣。剎那間，山頂那如詩如畫的雲海、仙霧繚繞的天街，頃刻變得烏煙瘴氣。山上遊玩的人群見此情景，知道是有妖怪來搗亂，一個個嚇得四處逃竄，哭爹喊娘的，這泰山頂上可真是亂成一鍋粥了。這海妖一看山上大亂，不禁大喜，幸災樂禍地放聲大笑。

　　話說此刻，這二虎廟裡的黑虎神正在山下巡視，一抬頭，突然見烏雲蔽

日，一團妖氣籠罩住山頂，便知定有妖孽作怪，便提上碧霞元君賜給祂的鎮山之寶——擎天神棍直奔山頂。黑虎神老遠就看見那妖孽在山頂作法，狂聲大笑，怒嗆：「我泰山神聖之地，豈容你妖孽作怪！來來來，吃你黑虎爺爺一棍！」話音剛落，飛起身上來，一棍可就掄過去了。那海妖只覺身後一陣冷風襲來，知道大事不好，心知是黑虎神駕到，急忙化作一縷青煙奪路而逃，山頂這才又出現了一派仙山瓊閣的美景。但是，黑虎神由於用力過猛，那擎天神棍打在石頭上，只打得火光迸現，地動山搖。等一片火光散後，神棍斷為兩截，那斷掉的一截霎時間化作一塊巨石，直指東海，氣勢磅礴，怒目而視。

　　黑虎神雖然懊惱壞了自家的寶貝，但想到有此神棍在此，想那妖孽以後再也不敢胡作非為，也算為山上的太平做出了貢獻，心中也就不再留戀自家的寶貝。從此，那東海妖孽遠遠看見擎天神棍立在山頂，果然再也不敢到泰山作孽了。

探海石

為啥管岳父叫泰山

　　每個地方都有每個地方的風俗習慣。大年初二，按我們泰安人的風俗就是回娘家，女婿要買上大大小小四重禮，帶著老婆回去看看老丈人。說到這個老丈人啊，泰安人一般叫「丈母爹」，文化點的叫「岳父」，還有叫「老泰山」的。說到這個「老泰山」了，很多外地的朋友就問我了，怎麼老丈人還叫「老泰山」呢？岳父和泰山是啥關係啊？今天老夏就和您聊聊這個老丈人和泰山的關係。

　　話說在玉皇頂的西北邊，有一座大石頭，遠看就像個老頭，這就是泰山上的丈人峰。傳說當年唐玄宗要來泰山封禪，這個封禪大典可了不得，這是皇帝詔告天下，受命於天的一個盛大儀式。有資格來封禪的皇帝一般也都是名垂千古、英明神武的大帝。唐玄宗覺得自己當年文治武功，天下太平，絕對夠格了，於是就派一個叫張說的人來當封禪使，提前來泰山做些準備工作，現在話說叫打個前站。

　　說實話，這可是個肥差啊，不光是地方官百般巴結，而且又是採購，又是修路蓋行宮什麼的，是要多少錢給多少錢，要多大權給多大權。很多人都看過現在泰山封禪大典的演出，你們看看那排場，就知道當年是個什麼樣子了，那可真是黃金萬兩，聲色犬馬，吃喝玩樂啊。這裡邊的油水大了，而且辦好這個事，還有額外的賞賜和提拔。

　　當然這個張說呢，早就盤算好怎麼利用這個大好機會大撈一把了。這個事能便宜外人嗎？於是他就把他那女婿給拉上了。沒想到，這爺倆幹得還是真不錯。唐玄宗封禪後，心裡高興，大赦天下，大賞群臣，隨行的官員基本都是晉升一級，顯示皇恩浩蕩。

　　這個張說的女婿呢，本來就是個九品芝麻官，結果就因為有他老丈人當後臺，再加上自己立了點小功勞，一步登天，直接連升了四級，搖身一變成了五品大員。這下真是威風八面，趾高氣揚。可這種一步登天的做法，能沒人眼紅嗎？

　　結果還真有人把這個事報告給皇上了，皇上一聽：「哎喲，這沾光沾得也太厲害了，如此不正之風，任人唯親，這還了得？不行，朕得問問。」於是就召集百官上朝，問問張說到底是怎麼回事。張說一聽，大驚失色。沒想到竟然都驚動了皇上了，嚇得跪在金鑾寶殿哆哆嗦嗦，直接不敢說話了。就在唐玄宗正要發作的時候，突然站出來一個姓黃的官員，估計平時和張說的關係不錯，對皇上畢恭畢敬地說了一句話：「萬歲，此乃泰山之力也！」那意思就是你也別問這問那了，這都是泰山的功勞，這是上天的安排啊。結果沒想到皇上一聽這話，不光沒有發怒，反而是轉怒為喜，果然就不再過問了。

　　結果，這個事慢慢就傳開了，慢慢就成了笑話了。明明是老丈人的功勞，現在倒成了泰山之力了，那好吧，以後老百姓就管老丈人叫「老泰山」了。這個山頂祭壇旁邊的那個大石頭也被取名叫「丈人峰」了。因為泰山又被稱為東嶽，所以人們也把老丈人稱作「岳父」。

　　正所謂：丈人好比老泰山，無比尊敬在心窩。泰山的所謂神力成就了自己的女婿，那自然女婿對岳父的敬仰之情就不用言說了。

貞烈姊妹松

姊妹松在泰山後石塢青雲庵西北角的半山崖上，鬱鬱蔥蔥，枝繁葉茂，距今已有六百多年的歷史了，在滄桑歲月中櫛風沐雨，笑傲群芳。這兩棵松樹又有怎樣的傳奇故事呢？接下來，我就給大家說說關於姊妹松的傳說。

從前，泰山山後的馬家莊有個馬員外，他勾結官府，霸佔周圍的山林田地，肆意欺壓百姓，壞事做絕，莊裡的人都恨透了他。因為他姓馬，又如此狠毒，所以人們都叫他「大馬蜂」。

卻說，大馬蜂的佃戶馬老大有一對黃花閨女，大的十八，小的十六。姊妹倆雖說生在窮人家，又自幼喪母，卻長得濃眉大眼，如花似玉，莊裡的人都稱讚馬老大家裡養了兩隻金鳳凰。

大馬蜂雖年過花甲，但他對馬家姊妹卻早就看在眼裡，喜在心上，他恨不得一把將她們搶過來。這一天，大馬蜂把馬老大叫到堂下說：「老馬，你家兩個閨女我看也老大不小了，該找個婆家了。這門親戚我早就給你看好了，那人是家財萬貫，她們嫁過去有吃不盡的雞鴨魚肉，穿不完的綾羅綢緞，享不盡的榮華富貴。馬老大，你看如何呢？」

馬老大早就看出他心懷鬼胎，黃鼠狼給雞拜年——沒安好心，就連忙說：「謝謝您老人家的好意，我早就把閨女許給人家了。」

大馬蜂吃了個閉門羹，一聽就來了氣，向馬老大吼道：「我就沒見過你這種不知好歹的人！活該受窮一輩子。說穿了吧，你這倆閨女我要定了，給也得給，不給也得給，除非是今晚她們一命歸天，要不然明天早晨就拜堂成親。」

姊妹松

馬老大聽到這裡，好似晴天霹靂，女兒是他的命根子，怎能把她們往火坑裡推，便向大馬蜂乞求道：「員外爺，我家貧寒清苦，女兒貌醜，怎能配得上您老人家。請高抬貴手，饒了我們吧。」

「哼！你不要不識抬舉，這是聘禮，趕快回家準備吧。」說完，他就把馬老大趕出了門外。馬老大回到家裡，只恨上天無路，下地無門，只好把事情告訴了女兒，說完父女三人抱頭痛哭起來。姊妹倆非要以死相對，馬老大沉思片刻說：「天無絕人之路。看來只有到後石塢青雲庵出家了。你們莫怪我心狠，這也是你爹沒有辦法的辦法。」到了晚上，父女三人就直奔青雲庵。

他們來到庵裡拜見了庵主，說明了來意。庵主慢條斯理地說：「佛門敞開，善者進來。此乃佛門淨地，佛祖當家，佛祖保佑，阿彌陀佛！」馬老大安置好女兒，這才放心辭謝庵主連夜趕回鄉里。

第二天清早，馬老大正準備下地，結果又被大馬蜂召去。大馬蜂冷笑道：「老馬，青雲庵可是個好地方。這山上的一草一木都是我的耳目，你想從我的

手裡逃走？沒門！」原來這個庵主也不是什麼好東西，早就和大馬蜂串通，馬家姊妹出家的事，庵主當夜便派人報告了大馬蜂。馬老大哪裡知道這些，聞聽此言是大驚失色，頓時感覺頭暈目眩，絕望地癱倒在地上。大馬蜂得意揚揚地吩咐左右，坐上山轎，押上馬老大，一隊人馬向青雲庵奔去。

還沒到山門，那庵主早就滿臉堆笑地迎了出來，大馬蜂說道：「庵主，弟子想借你這佛門寶地拜堂成親，不知庵主意下如何？」庵主連忙恭維道：「托您老人家洪福，那可真是本庵的榮耀。我已傳下話，讓馬家姊妹梳洗打扮，請員外爺稍等。」說完便和大馬蜂眉來眼去地笑起來。

這大馬蜂和庵主正做好夢，只見一個小尼姑跑來喊道：「大事不好了！庵主，馬家姊妹跳崖了。」馬老大剛才看到庵主和大馬蜂有說有笑，心裡早涼了半截，現在聽說女兒跳崖，更是痛不欲生，頃刻間，萬念俱灰，一頭朝香案撞去，碰死在了菩薩面前。

卻說馬家姊妹，原來幫她們梳妝的幾個尼姑得知她們的身世後，都很同情，便讓她們偷偷從後門逃了出來，不巧被大馬蜂的家丁發現。看著這茫茫山林，哪有路可逃啊，姊妹倆跑著跑著，突然前面出現了一道萬丈深淵，眼看後面的人就要追上來，馬家姊妹對視一眼，便拉起手，跳下了懸崖。後來，在她們跳崖的地方，並排長出來兩棵松樹，枝枝連理，葉葉交通，好像手挽著手一樣。為了紀念這一對寧死不屈的好姐妹，人們便給它取了個很形象的名字叫「姊妹松」。

這才是：

> 泰山一對好姐妹，縱身跳崖不後悔。
> 面對邪惡不低頭，貞潔烈女留豐碑。

兄妹比賽爭泰山

但凡來爬泰山的人，多數都要去拜見泰山老奶奶——碧霞元君。據說，碧霞元君能為眾生賜福，消病去災，所以泰山的香火至今繚繞不絕。在泰山上，要說供奉老奶奶的廟宇就更多了，市區內靈山大街的靈應宮就是下廟，紅門宮的「小泰山」是中廟，而山頂碧霞祠則是老奶奶的上廟。所以，說泰山就必須得說說泰山上的第一女神。關於泰山老奶奶的傳說也是有很多說法，有的說是一個叫石玉葉的姑娘在徂徠山凡人修仙得道；有的說是天帝的女兒，泰山玉女；還有的說是岱廟裡泰山神黃飛虎的妹妹黃飛燕。這麼多說法就不一一介紹了，今天就給大家講講其中的一個傳說。

話說姜子牙輔佐周武王建立了周氏王朝之後，天下統一。周武王認為大臣們開國有功，應該開壇封神，重賞群臣。於是，武王便把封神大權交給了軍師姜子牙，讓他上封天神，下封諸侯。

卻說這個姜子牙哪裡都好，就是有點小心眼。封神的時候，他留了個心眼，他早就看准了泰山氣勢雄偉，風景秀麗，是個好地方，就準備把泰山留給自己。可沒承想惦記泰山的可不光他自己，武王身邊的護駕大將黃飛虎早就看准泰山了，主動找上門，非要姜子牙把泰山封給他不可。姜太公這個人好面子，一看是武王身邊的紅人，自己臉皮又薄，算了，這泰山就給你吧。可沒想到這根本就不算完，二人正說著話，這黃飛虎的妹妹黃飛燕也找來了，也要跟姜太公要泰山，這還真是：不是一家人不進一家門，爭來爭去沒外人啊。

姜子牙一看，行啊，我撈不著坐泰山啊，我也不能讓你倆坐得這麼輕快。想到這裡，姜太公就對黃飛虎兄妹說：「好了二位，你們兄妹倆誰也別爭，誰也別搶，要想坐泰山，那得憑個人的本事才行。依老夫之見，定個日子，你們兄妹倆比賽登泰山，誰也別借助神力，誰先登到山頂，這泰山就是誰的。你們看如何啊？」

黃飛虎一聽，高興得不得了。他心想：我一個老爺們，一身力氣，要是大

家都不用神力，就憑妹妹這一弱女子，怎麼是我的對手啊？而飛燕呢，也是巾幗不讓鬚眉，沒半點懼色，衝著黃飛虎說道：「比賽就比賽，願賭服輸。」這也算是大泰山上最早的登山節比賽了。

一回到住處，黃飛虎這心眼可就動起來了。「我這個妹妹一向是足智多謀，看她今天沒有半點害怕的意思，可能背地裡得使絕招。這麼辦，還是我黃飛虎先下手為強！」怎麼辦呢？只見這黃飛虎駕起雲頭直上泰山山頂，找了個空曠的地方，挖了一個土坑，然後把隨身的一條玉腰帶埋在了坑裡，又填上了土，站在上面使勁地踩了幾腳。狡猾地說道：「這下我是有憑有據，就不怕你到時候再耍花樣了。」想到這裡便哈哈大笑。

他這一笑可不要緊，老話說了，沒有不透風的牆。正好這黃飛燕就在附近登山鍛煉，準備比賽，他這一笑可就把黃飛燕給引來了。黃飛虎前腳剛走，飛燕就趕緊走到埋玉帶的地方，幾下就挖到了剛埋好的玉帶。黃飛燕見此是又氣又惱，哭笑不得。你說說，兄妹倆，你一個老爺們和妹妹耍的什麼心眼呢？好吧，你會耍，我比你更會耍。想到這裡，飛燕就在這個坑裡繼續往下挖深了三尺，將自己的繡花鞋埋在了裡面，填土填到一半，再把黃飛虎的玉帶埋在上面，最後平了平土，踩了兩腳，也下山去了。

卻說到了比賽這天，黃飛燕一早就直奔泰山。而這個黃飛虎因為覺得自己提前做好了準備，等到日上三竿了，才慢騰騰地騎牛出門向泰山出發，等這黃飛虎氣喘吁吁地爬到山頂的時候，這黃飛燕和姜太公早就在南天門等他了。勝敗分明，姜太公正要宣佈飛燕獲勝，這黃飛虎大喝一聲：「慢！」這一聲差點閃了姜子牙一個趔趄，心說這是怎麼了？比賽輸了這是要急眼嗎？趕緊問道：「黃將軍，這是何意？」

「何意？我早就上了山頂，那時候你二人還沒到山頂，於是我就下山去找你們，結果沒承想，等我回來，你們卻在這裡等候，這不是戲弄我嗎？」

姜子牙一聽，趕忙問：「黃將軍，你說你先到的山頂，有何憑證？」

「我就防著你們賴帳，我一早就在山上留了個信物，你們隨我去看。」黃飛虎說完就帶眾人趕往埋玉帶的地方，而黃飛燕更是胸有成竹，一聲不吭，跟著就去了。

　　到了地方，沒挖幾下，黃飛虎就把玉腰帶挖了出來，轉手交給姜子牙：「丞相請看，是我先到，還是她先到啊？」

　　姜子牙一看有憑有據，忙點頭稱是。這次輪到飛燕不幹了。「太公，你這樣就是有失公允了。你敢不敢讓他再往下深挖三尺呢？」

　　沒等姜子牙說話，黃飛虎哈哈大笑：「哎呀，妹妹，知道你比賽輸了心裡難受，我就賣賣力氣，再挖三尺。」

　　這一挖三尺，可就把繡花鞋給挖出來了，這一次輪到黃飛虎傻眼了。到底誰先誰後已經不用解釋了。黃飛虎又氣又惱，連說妹妹耍滑頭。這黃飛燕一看哥哥急了眼，就做出無可奈何的樣子對兄長說：「我們兄妹二人，本該是你敬我讓，不分你我才是。這樣吧，我住山上，你住山下，我們共管泰山總可以了吧？」話都說到這個份上了，儘管把黃飛虎氣得直翻白眼，可也沒有辦法，誰讓她是自己的妹妹呢，只好就答應了。

　　姜子牙雖然在一邊看著，但是心裡和明鏡似的，一看就知道黃飛虎上了妹妹的當。可是他見黃氏兄妹都商量好了，也不好再把事情說破，只好將計就計，就把黃飛虎封為泰山神，把黃飛燕封為碧霞元君，一個在山下天貺殿，一個就住在了山頂碧霞祠。

　　這就叫：

　　　　兄妹二人爭泰山，山上山下都不偏。

　　　　賜福天下救眾生，碧霞傳說留詩篇！

秋千盪出泰山神

　　在泰山東南方向有一座名山，名叫徂徠山。山上有兩位赫赫有名的大神，一位是驅邪降魔的石敢當，另一位就是萬人景仰的泰山老奶奶碧霞元君。石敢當自不必說，可是這泰山老奶奶明明是泰山上的主位正神，她怎麼會和徂徠山又扯上關係呢？難不成她也和石敢當一樣，是土生土長的徂徠山人？其實，在當地的傳說中，徂徠山還真就是碧霞元君的娘家。她是土生土長的徂徠山人，此地也是老奶奶當年修煉成仙的地方，當地的山民還傳說老奶奶成仙前其實是一位勇敢善良的村姑，名叫石玉葉。

　　話說這石玉葉打小就出落得眉清目秀，十分漂亮，而且聰明伶俐，心地善良。她自幼在這徂徠山上採集草藥，為老百姓祛病強身，救苦救難。這徂徠山附近百姓沒有不知道她的，真是人見人誇，人人都說她是菩薩轉世。

　　卻說這一天，玉葉正在山上採藥，正好遇見了一個老婆婆。老人家上下打量著玉葉，不禁暗暗點頭。老婆婆拉住玉葉，對她說：「好孩子，你果然是那仙女下凡。你看這徂徠山都被你壓下去了三尺，這山頂都被壓平了，這座山可盛不下你啊。」這一說可把石玉葉給說糊塗了，正要開口，只見老婆婆繼續說道：「由此向西北三十里，有一座更高更好的泰山。眼下，姜子牙正在泰山封神，你若能及時趕去或許能坐上泰山之主的位子。」

　　石玉葉聞聽此言趕忙問道：「老人家，請問您是？」

　　老婆婆微微一笑：「孩子啊，現在黃飛虎他們那些神仙已經齊聚泰山腳下，你就算是快馬加鞭恐怕也趕不過去了。這樣，你就在秋千架這裡，一秋千盪到泰山上去吧！」石玉葉畢竟是通靈的神仙下凡，立刻心領神會，手抓秋千，如天外飛仙一般，一個秋千就盪到了泰山上，從而上演了一齣與黃飛虎爭當泰山之主的好戲。這個碧霞元君盪秋千上泰山的山崖從此也就留下了「秋千架」這處勝跡，而點化石玉葉的老婆婆原來是救苦救難的觀音菩薩，她就是為了幫碧霞元君修成正果專程趕到徂徠山的。碧霞元君盪秋千的時候因為用力過猛，在

西北方向一塊巨石上還留下了一道石縫，到現在還清晰可見。卻說，碧霞元君來到泰山，與黃飛虎鬥智鬥勇，提前將自己的繡花鞋埋在了泰山上，然後在比賽中又借山林松木助力，巧過雲步橋，最後輕鬆戰勝了黃飛虎。姜子牙等眾神仙無不心服口服，最後判定碧霞元君才是泰山的第一位神主，與黃飛虎一個山上，一個山下共掌泰山。黃飛虎怎麼也沒想到，自己堂堂的大將軍最後竟然和一個黃毛丫頭混了個平起平坐，還撈不著住山頂，只能在岱廟接受香火，這急火攻心，一氣之下竟然就病倒了。姜子牙知道此事以後，也有心埋怨碧霞元君以小欺大，耍小聰明，索性就讓碧霞元君想辦法給黃飛虎治病。這碧霞元君自幼在徂徠山行醫救人，對徂徠山的各種靈丹妙藥也是無所不知。她知道在徂徠山中有一條金魚藏在一個石匣之中，吃了能治百病。於是，便重回徂徠山，找到了藏金魚的石匣，用頭上的金簪將石頭一劃為二，撈起了這條救命的金魚。

這金魚已經修煉成精，得知了事情的來龍去脈，嚇得渾身顫抖，哭著喊著求碧霞元君饒自己一命。但碧霞元君有命在身，也是身不由己，任這金魚如何苦苦哀求，硬是不為所動。這金魚的淚水掉落到了徂徠山的溪水之中，便幻化成了黑螭霖魚。見泰山老奶奶無動於衷，這魚走一路，哭一路。當來到泰山之後，金魚的淚水早就變成了血水，血水掉到了泰山的黑龍潭裡，就變成了紅螭霖魚。

黃飛虎見碧霞元君誠心誠意為自己治病，又見這金魚哭得實在是淒慘，也動了惻隱之心，慢慢地消了氣，病也就轉好了。

這就叫：

碧霞本是凡人身，救苦救難性情真。
徂徠山上盪秋千，一盪盪出泰山神。

泰山極頂的仙泉

「會當凌絕頂，一覽眾山小。」每次說到泰山，作為泰山人的老夏心裡都有無限的自豪感。用再好的詞彙也沒法形容這大泰山的美啊！你看這大美泰山，氣勢雄偉，拔地通天。再看那層層疊疊的山峰，就像是一把把鋒利的寶劍，高聳入雲，直刺藍天。那漫山遍野的蒼松翠柏和繚繞不盡的輕雲薄霧，更增加了泰山的秀美啊！讓您說，山再美，要是沒有水會怎麼樣呢？那真要是沒有水，就好像人沒了眼睛，不光少了靈性，也少了風韻，就真談不上美了。

泰山好就好在，不光山美，這水是更美。有一種說法就是，泰山山有多高，水就有多高。泰山上不僅有水，到處的泉水更是泰山人的驕傲。就算乾旱少雨，泰山上的泉水一樣是四季不斷。有句老話說得好：白鶴泉飛出仙鶴，憋出了濟南七十二名泉。今天就給您說一個關於仙泉的傳說。

俗話說：山多高，水多長，泰山高度都能量。山上這麼多泉水，到底是從哪兒來的呢？恐怕沒人能說上來，更是從來沒有人追尋過泰山的水源到底在哪裡。不過老百姓的傳說裡可是說了，泰山無論大小山泉，東溪西溪，水源都是出自泰山老奶奶——碧霞元君的懷裡，也就是碧霞祠前面的小泉——仙泉。

一個小泉子竟然能讓泰山四季山清水秀，的確讓人驚訝。其實這裡面還流傳著一個美麗的傳說。相傳泰山老奶奶，也就是碧霞元君，一輩子膝下無兒，卻有十八個閨女。個個都是聰明伶俐，文靜善良，十分討人喜愛。老奶奶這十八個女兒也不是一般人，每個人都身懷絕技，要是聽說哪裡有災有難了，老奶奶就派一個去滅災降福。由於老奶奶的仁慈善心，再加上這些閨女們的盡心盡力造福一方百姓，因而深得人們的敬仰。

別看老奶奶是神仙，姑娘們是仙姑，但是他們也和老百姓一樣，就是一個大家庭，有老有小，也有凡人的情感，多少就有點偏向。老奶奶最疼的還真就有這麼一個寶貝，那就是最小的閨女仙泉。這個仙泉，論模樣算是姐妹們當中最漂亮的，一雙大眼睛，就好像兩潭汪汪的秋水，清澈照人，兩個嘴角上一天

到晚始終掛著一絲微笑。更可愛的是她那永遠抹不掉的一對小酒窩，惹得姐妹們既有幾分嫉妒，又有幾分喜歡，因為她畢竟是自己的親妹妹啊。所以，但凡有點差事，這些姐姐們也都不讓這仙泉去下力受苦。

雖然是嬌生慣養長大的，但是這個小仙泉卻和那些印象裡的嬌娃娃可不一樣。別看人小，這小嘴卻特別甜，特別會說話。那雙水靈靈的大眼睛，更有眼力見兒。你要說老奶奶這有點什麼心事，都逃不過仙泉的眼睛。要是老奶奶愁眉不展，不大高興了，她就過去給母親寬心，排憂解難，直到把母親逗開心了才算完。要是趕上母親高興了，她更是像個長不大的娃娃，任性撒嬌，纏著不放。她可算是碧霞元君的心頭肉，捧在手裡怕掉了，含在嘴裡怕化了，天天得把她摟在懷裡才行。

話說有這麼一年，在東嶽神州鬧了場大旱災，一連幾個月一滴雨也沒下，這下老百姓可熬不住了。旱成這樣，地裡的莊稼顆粒無收，老百姓打不出糧食來，沒東西吃了，就都跑到山上找那些野果子吃，要不就挖野菜吃。但是也架不住這人多菜少啊，沒幾天，山上山下的野菜就都被吃乾淨了。逼得沒辦法了，只好吃那些樹葉青草，吃光了樹葉子青草，就漫山遍野地扒樹皮吃。最後，人們把樹皮也都吃乾淨，再吃樹根草根。這個吃法還得了嗎？幾個月過去了，竟然把大泰山吃了個山上山下光禿禿。實在沒吃的了，人可就靠不住了，很多人都被活活餓死了。一時間泰山附近死屍無人管，白骨無人收。整個山哀聲遍野，死氣沉沉。

有人說了，出了這麼大的事，這老奶奶該顯顯靈救苦救難啊。其實啊，老奶奶看在眼裡，苦在心裡，可是她又有苦衷。怎麼回事呢？原來，碧霞元君因為成全了龍王之女碧蓮公主和山民海蘭的婚事，得罪了東海龍王。這個老龍王一氣之下便下令，泰山附近三年不下雨。老奶奶是個心地善良的人，眼看著黎民百姓死的死，亡的亡，她這心也和刀割了一樣。可是她自己又要強，拉不下這個臉皮，去低聲下氣地求龍王。所以啊，元君整天鬱鬱寡歡、悶悶不樂。

老奶奶的心事，仙泉早已看在眼裡，記在心上。這天，仙泉又見母親一個人靜坐，唉聲歎氣，便湊上前去問道：「母親愁眉不展，不知有何心事？」元君看了看女兒那張天真的臉，心想你個孩子能解決什麼問題？可她越這樣，這

仙泉就纏得越緊。最後元君還是不得不告訴了女兒：「孩子，母親有難處啊。」接著就把事情的原委，細細地告訴了仙泉，說是現在姐姐們都已派往他鄉，希望仙泉能擔當此任。元君望瞭望山下受苦挨餓的百姓，含著眼淚對閨女說：「仙泉啊，你年紀幼小，從沒自己出過門，不是母親心狠，我作為一山之主，眼看著百姓遇難，我不能見死不救，可是我現在又是身不由己啊。」仙泉聽了母親的話，堅定地說：「請母親放心，我一定當此重任。只是女兒不在身邊，還望母親多多保重。」說完，便眼含熱淚，依依不捨地辭別了元君。

從此，仙泉姑娘不知疲倦地苦幹，沒日沒夜山前山後地奔波，漫山遍野地栽花種樹，插秧插苗，一個多月過去了，樹也種上了，草也變綠了，泰山上又佈滿了綠色。

仙泉姑娘看著這一切，也長舒了一口氣。小閨女畢竟記掛著母親，忙完這一切之後，便急急忙忙趕回母親身邊。元君看到外出歸來的小寶貝忙活了一個多月，人也變黑了，臉也變瘦了，手上也起了老繭了，忍不住流下了難過的淚水。等仙泉把前前後後忙碌的事情這麼一說，母親的臉又耷拉下來了。為什麼呢？原來，這仙泉雖然把樹木花草都種上了，可還是沒有解決水源的問題，這時間一長，天不下雨，老百姓吃不上飯，還得把山上山下吃個精光。想到這裡，元君又一陣唉聲歎氣。但是這次，仙泉終於知道了母親在擔心什麼，她給母親磕了個頭，說：「要想母親不發愁，泰山四季水長流。請您恕女兒不孝。」

還沒等元君明白過來，但見這仙泉縱身一躍，就在碧霞祠的前面化作了一股山泉。瞬間，這清凌凌的泉水噴湧出來，流遍了泰山的各個角落，一時間泰山百鳥爭鳴，萬物復蘇。而仙泉姑娘那潔白的衣裙，也化作了片片雲霧，籠罩在泰山山間。從那以後，泰山就變得山清水秀，一年四季，鳥語花香。

這就叫：

> 泰山頂上有仙泉，一片真情灑人間。
> 犧牲自我救眾生，山清水秀萬萬年。

石敢當的老家徂徠山

　　話說在泰山東南方有一座大山，山勢雄偉，幽深綿延，儼然如東嶽岱宗之屏障，山上奇峰怪石遍佈，姿態萬千。北有大汶河，南有小汶河，真可謂是三面環水，山水相映。這裡有數不盡的歷史文化古跡，也有說不完的神話傳說故事，這就是讓泰安人引以為豪的另一座大山——徂徠山。

　　徂徠山上的神話傳說一點也不比泰山上的少，而且神話故事與泰山也是有著千絲萬縷的聯繫，要細說起來，那是有過之而無不及。就拿徂徠山上的兩位著名的神話人物來說，那真是大大的有名。誰啊？一位名叫石敢當，另一位就是碧霞元君。

　　話說在遠古時期，女媧娘娘用五彩神石補天解救萬民。其中有一塊五彩石掉到地上摔成了三塊，一塊迸射到了徂徠山後的龍灣，一塊掉落到了茫茫東海之中。龍灣的靈石經年累月，採天地之靈氣幻化成一個石猴，呼風喚雨獨霸山林。而掉落到東海的靈石化作定海神針，後來被這石猴所用，上鬧天宮，下闖地府，成就了一番齊天大聖的偉業。西遊記是傳說，徂徠山也有傳說，您要不信，現在到徂徠山的龍灣，還有唐僧帽和悟空拜師的遺跡呢。不過今天說的不是這大鬧天宮的孫大聖，而是三塊石頭之中的最後一塊靈石。

　　這個靈石落到了徂徠山主峰的東邊虎頭山下。這個石頭就是石敢當的化身。要不說這石頭裡蹦出來的都了不得呢，和孫猴子一樣，這塊靈石也是採日月之精華，天地萬物之靈氣，經過了不知道多少年，化成了一個小孩，被當地的山民給收留了。因為他無父無母，又是從天而降，淳樸的山民就把他奉為神童，並給他起了個響噹噹的名號——石敢當，意思就是希望他敢作敢當，做頂天立地的漢子。既然是神童，就是能給百姓帶來好運，在誰家養活都不合適。為了平衡山民的心理，最後宗族的族長決定，這一百來戶人家一家養一天，輪流養活，這才有了石敢當吃百家飯的傳說。

　　這石敢當秉承了山東人憨厚淳樸、熱心助人的性格，長得也是身材魁梧，

天生神力，而且是武藝高強，精通藥理，為徂徠山附近的百姓降妖除魔，祛病消災。慢慢地十里八鄉都知道了石敢當的大名，誰家有妖邪鬼怪就先想到來徂徠山邀請石敢當。從此以後，石敢當也以此為己任，走遍了全國各地，造福了各地的百姓，以至於到現在大江南北都一直是香火不斷。後來，大家乾脆把石敢當的名號刻在了石頭上，壘在了磚牆裡，以此來驅魔辟邪。

卻說有一年，泰山上鬧煞，這個「煞」也是很兇惡的妖魔之一，禍亂泰山，甚至危及了玉皇頂上玉皇大帝的安危，各路神仙儘管各顯其能卻都是一個一個地敗下陣來，這時太白金星貢獻良策，保舉一人來降妖除魔，保舉的正是徂徠山的石敢當。

起初玉皇大帝真沒把石敢當看在眼裡，覺得這就是一個其貌不揚的凡人而已，沒想到這石敢當不畏強敵，從容迎戰。只見他揮舞扁擔與惡煞絞殺在一起，直殺得昏天黑地，鬼哭神嚎。只見那托塔天王連連叫好，十八羅漢擂鼓助威，把那王母池裡的上八仙看得目瞪口呆，都不禁暗暗讚歎這名不見經傳的石敢當。

經過了一番惡鬥，石敢當降伏了惡煞，天庭恢復安寧。於是玉帝封石敢當為神，並在泰山上建廟立宗，從此這石敢當就在泰山上落了戶。

這就叫：

> 五彩神石本補天，奈何落在徂徠山。
> 幻化成神石敢當，驅邪降魔美名傳。

泰山壯士石敢當

　　到泰山旅遊，很多遊客在走的時候都得要拿上一塊泰山石，甭管大小了，只要是泰山的石頭就可以，說是有鎮宅降魔的作用。這是怎麼回事呢？這就不得不說說泰山一位有名的神話人物，他在泰山人心目中的影響力可太大了，甚至全國各地對他的香火膜拜也是不斷的，他就是「泰山石敢當」。

　　要說這個石敢當是怎麼出名的呢？還真是說什麼的都有，一般老百姓都知道石敢當的老家在徂徠山，天生是個石頭人。人家說孫猴子是石頭裡蹦出來的，原來這個石敢當敢情也是從石頭裡蹦出來的，要不說厲害呢。看來這石頭裡蹦出來的都不一般啊！

　　話說在泰安城南的大汶口有戶姓張的人家，張家的閨女年方二八，長得那是要多漂亮有多漂亮，但就是因為這個漂亮惹禍上身了。怎麼呢？原來，就在這個大汶口不遠處還藏著一個妖魔，這個妖怪長相醜陋，色膽包天。老百姓說話了，這就是個色魔啊。這傢伙一眼就相中了這個姑娘，於是就每天變幻成一股妖風，刮開張家的房門，鑽進小閨女的閨房。這日子一長，小閨女變得越來越虛弱，在十里八村請遍了郎中也治不好。人人都知道，張家的閨女不是生病，而是中了魔道，妖氣纏身了。

　　後來人人都說這泰山有個石敢當，勇敢過人，神通廣大，最擅長的就是降妖除魔。一家人就專程把石敢當給請來了。這石敢當也不含糊，來到家裡，讓茶不喝，讓座不坐。進門就左看右看，又仔細地看了看小姑娘，胸有成竹地對老人家說：「不要驚慌，我石敢當已經知道如何降那妖魔。」

　　一家人聞聽此言，又驚又喜，又是作揖，又是萬福。這下閨女可算是有救了，正在歡喜，石敢當又說道：「降此妖魔雖不難，但是你們得給我准備十二個童男，十二個童女。童男一人一個鼓，童女要人手一面鑼，再給我預備一大盆子香油，把棉花搓成很粗的燈撚子。再備上一口比盆大的鍋就夠了。」眾人一聽，這好辦啊，於是全村老少一會兒工夫就準備停當，專等這石敢當降

妖了。

卻說這一黑天，石敢當就把燈撚子放在香油盆裡點著了，然後再用大鍋把這盆子扣住。扣是扣，可不能全扣死，要不這燈就滅了。就看這石敢當坐在盆子旁邊，用腳尖挑著倒扣的鍋沿，這樣是不光點亮了燈，從外頭也看不見房子裡面有光亮。

沒過一會兒工夫，從東南方向就起來了一陣妖風，那真是飛沙走石迷人眼，鬼哭狼嚎嚇破膽，這妖怪可就來了。卻說這妖怪歡天喜地地剛進房門，說時遲那時快，只見石敢當「呀」地一聲，用腳一踢大鍋，房間裡燈光就亮起來了，這十二對童男童女一起敲鑼打鼓，一下就把這妖怪嚇蒙了。「哎呦我的個媽呀，今天這是怎麼了？」嚇得他閃身就要往外跑，石敢當快步趕上衝著妖魔就是一頓打，直接把這妖怪揍得鼻青臉腫，口吐白沫，打服氣了。這妖怪嗷嗷地求饒，奪路而逃了。從那以後，石敢當更出名了，泰山南北無人不知，無人不曉。這個妖怪在泰安周邊可沒法混了，想出去作個孽，到哪兒人們都找石敢當治他，最後逼得沒辦法，只好流竄去了南方。

結果這個妖精到了福建，死性不改，又用妖風纏住一個大姑娘。這還真是個採花惡魔，不管到哪裡是專找女的。結果沒承想，人家又把石敢當從泰山請福建去了，石敢當又把妖怪給打得不輕。這妖怪一看這裡也不能混了，一股煙地又竄到東北去了，石敢當就又跟著去了東北，這全國天南地北地跑起來沒完了。到最後妖怪一見石敢當，還沒等動手就先逃跑了。

追來追去，這石敢當一琢磨，這麼大的中國我也跑不過來啊，這麼辦吧，泰山上的石頭很多，只要刻上俺泰山石敢當的名字，放在各家的牆上，這妖怪一看這塊石頭保管掉頭就走。從那以後就傳開了，說妖怪怕泰山石敢當，只要你找塊石頭，在上面刻上「泰山石敢當」，妖怪就不敢來了，所以一直到現在，人們蓋房子、壘牆的時候，必須先刻好了「泰山石敢當」幾個字壘在牆裡，那就可以避邪了。

這就叫：

> 英雄泰山石敢當，降妖除魔本事強。
> 造福百姓留傳說，泰山壯士美名揚！

桃花源裡的螭霖魚

話說在泰山西麓，有一個山清水秀，景色宜人之地。此處古來就有「泰山桃源」之稱，閑來無事約幾個好友在山間漫步，在彩石溪裡戲耍，真乃是人生之幸事。這就是泰山的桃花源，又叫桃花峪。桃花峪的好風光自不必說，且說在這山水之間有一精靈相當有名，它被稱為中國的八珍之一，是泰山特有的物種，也是泰山的一寶。此寶正是泰山螭霖魚。關於這螭霖魚的傳說那是太多了，今天就給大家講一個。

傳說，在泰山腳下有位姓劉的老人家，人們都叫他劉老頭。劉老頭這一家人要錢沒錢，要地沒地，就靠他上山打柴挖藥過日子，要是遇到陰天下雨，就到桃花峪的湖裡釣些螭霖魚賣掉，來接濟生活，日子過得是夠苦的。這一天，劉老頭到泰安城裡來賣魚，沒想到卻碰到了贓官吳知縣。這個吳知縣獨霸一方，貪贓枉法，欺負百姓，在泰安城是個出了名的壞蛋。

吳知縣見劉老頭賣的這個魚與眾不同，金燦燦的實在漂亮，越看越愛看，越看越喜歡，就對劉老頭說：「劉老頭，沒想到你這老小子賣的這魚還真不錯。今天碰見你家老爺我，是你的福分。我也不挑肥揀瘦，給你個面子，你這幾條魚就算孝敬大老爺我了。」話一說完，旁邊的狗腿子便上來把這魚收起來了。

你說說，遇見這種當官的，老百姓能怎麼辦啊？唉，誰碰上誰倒楣啊。劉老頭氣得有苦說不出，敢怒不敢言，只好眼巴巴地看著魚被他給拿走了。

這個吳知縣回到縣衙裡，把魚放在水裡左看右看，高興得不得了。可是吃貨就是吃貨，再好玩的也有玩夠的時候，這饞蟲一上來，可就不管三七二十一了，趕緊吩咐廚子給他做著吃。螭霖魚一進鍋，這老饞蟲吳知縣可就聞見香味了，直勾魂啊，直流口水。這一端上桌子來，吳知縣三下五除二，幾口就給吃光了。再好的東西也架不住他這個吃法啊，想再吃可就沒有了。怎麼辦呢？以後要吃不著這麼美味的螭霖魚可怎麼辦呢？這老饞蟲吳知縣小眯縫眼這麼一轉悠，當時就想了一個壞點子。

　　第二天一大早，吳知縣就派人把劉老頭叫來了。耷拉著臉說：「劉老頭，從今天開始啊，你什麼也別幹了，每天釣魚給我吃。」劉老頭一聽這話，哪裡能願意啊，當時就連磕頭帶作揖地哀求吳知縣，「求大老爺可憐我一家老小，他們還得指望我吃飯呢，大老爺您還是另請高手吧。」

　　任劉老漢哭下天來，這知縣也是無動於衷，反而沒臉沒皮地說：「今後你光伺候我這一張嘴，比你伺候你全家那麼多嘴輕省多了。閒話不說，你幹也得幹，不幹也得幹！你一天釣不到魚，我就要重打你八十大板。」

　　一聽這個，劉老頭心涼了半截，沒想到這螭霖魚卻給自己帶來如此的災禍。這才真是屋漏偏逢連夜雨，船遲又遇打頭風啊。

　　沒辦法，劉老頭只好拿著釣竿去了桃花源。他是越想越生氣，越想越無奈，可窮老百姓又有什麼辦法啊？這一天下來，他坐立不安，心慌意亂，哪有心思釣魚，結果到了天黑也沒釣到一條。他心想，這老天也和我劉老漢過不去，看來我就是該著要挨這八十大板啊。想到這裡，劉老頭正準備收竿，忽然覺得大魚咬餌，這還真是天無絕人之路，釣出水面仔細這麼一看，原來是一條大螭霖魚。劉老頭趕忙將魚捧在手裡，高興得不行。正高興著呢，卻只見那魚眼裡淚珠滾滾，忽然開口說話了：「劉公公，我是螭霖魚王，家中有一大群兒女，我出來找些小生靈給牠們吃，不想誤咬到你的魚餌，如果你吃掉我，牠們就沒法活了。以後，你就再也釣不到魚了。」

　　一聽這話，劉老頭十分同情，這不和我的境遇一樣嗎？我們可真是同病相憐啊。想到這裡，便把牠又放回到水中，可劉老頭一想到自己的家人老小也沒飯吃，自己還要挨八十大板，也是止不住地掉淚。哭著哭著，卻見這魚王又浮出水面，對劉老頭說：「劉公公，你的遭遇我早就知道了。我知道你為人善良，是個好人。我這裡有寶珠一顆，帶上它餓了可管飽，乾了可止渴。真要遇見難事你再來找我。」說完便遊回水底。

　　劉老頭揣著寶珠來到縣衙，沒想到這珠子又被黑心的知縣發現，劉老頭只好對知縣說了實情。吳知縣一聽，馬上心生詭計，笑嘻嘻地對劉老頭說道：「只要你能讓魚王證明這珠子是他送給你的，我就把它還給你。要不，你就別想要這條老命了！」劉老頭沒辦法，只好帶著知縣一群人來到桃花峪的湖邊來以證

清白。

　　魚王見劉老頭帶著人來到湖邊，便打開水晶宮的大門，湖水自動分到兩旁，一條大道直通岸邊。老遠就見那水晶宮珠光寶氣，巍峨壯觀，在宮殿門口還有一桌豐盛的酒席。魚王派兩員大將到岸邊把劉老頭接進宮門，以歌舞酒宴相待。

　　又是好吃的，又是好喝的，還有美女給倒酒，可把岸邊的吳知縣給看傻了。心想，你這老小子福分還真是不淺啊，也讓我縣太爺開心開心。當即帶人直奔水晶宮而來。剛跑到一半，卻只見湖水合攏，一時間湖水暴漲啊，將贓官吳知縣和一班衙役全都捲進湖裡餵了魚。

　　這正是：

　　　　泰山西麓有桃源，桃花源裡住神仙。
　　　　懲惡揚善行俠義，除暴安良美名傳。

青桐仙子和女兒茶

　　要說起這茶葉來，在中國可是有悠久的歷史，各地的名茶也是不計其數。說到泰山就不得不說一說泰山獨有的女兒茶。這女兒茶，說茶不是茶，喝起來卻是回味醇美，沁人心脾，留香悠長，因有濃厚的泰山板栗香氣，素有「茶中板栗」之美稱。

　　相傳，很早很早以前，在泰山西麓扇子崖附近住著一對姓單的夫妻，他們年過半百，膝下無子，兩人相依為命，日子雖過得清苦，卻也算安穩。話說有一年，單老漢的妻子得了一場重病，千方百計地救治之後，雖然保住了性命，卻欠下了山下米財主的五兩銀子。單老漢本以為秋天收了莊稼，就能把債還了。誰知那一年到頭，老天幾乎滴雨未下，莊稼基本上顆粒未收。到了年底，米財主派人來催債，單老漢連飯都吃不上，哪裡還有錢還債？只好到米財主家去求情。米財主在泰城可是出了名的「壞棗」，心狠手辣，人送外號「活閻王」。

　　這活閻王一見單老漢，不但毫無同情之心，反而惡狠狠地對單老漢說：「如果到明年還的話，驢打滾利滾利，連本加利要還二十兩，你看著辦吧。」這可要了親命了，自己辛辛苦苦幹一年，還不夠他的利錢，當時單老漢心裡就涼了半截。從米財主家出來，單老漢跌跌撞撞地來到黑龍潭附近，突然聽到前面有人在哭，仔細一看，只見一個年輕女子，邊哭邊往黑龍潭裡走。單老漢見狀，這是要自尋短見啊，便不顧一切地跑上前去，把那女子拉回岸上，對她說：「姑娘，有什麼事想不開？年紀輕輕的可不能尋此短見。」

　　這姑娘見單老漢一臉誠懇，對他說：「老大爺，我本姓葉，家住汶河南岸吳家莊，從小沒了爹娘，跟著兄嫂生活。心狠的嫂子見我長大了，便和哥哥商量，要把我賣給人家做妾。我死活不從，逃了出來，實在無路可去，便到泰山三陽觀出家做了道姑。誰知出了苦海又跳進了火坑，不僅觀中最苦最累的活全都讓我幹，而且有幾個地痞惡少時常來糾纏我。教門之地尚不清靜，我還有什

麼活路？還不如死了乾淨。」

青桐仙子

　　老漢長歎一聲：「姑娘，你的命確實苦。可是，人活一世，誰沒個七災八難的，你年輕輕的就想走絕路太可惜了。你要確實沒有去處，不怕受苦的話就跟著我吧。我的家住在山上，家中無兒無女，只有一個老伴兒，生活雖然清苦，卻還不至於餓死。」

　　「老大爺，只要你肯收留我，我願做你的女兒，就是累死餓死，也心甘情願。」說著，姑娘就給單老漢跪下磕頭。意外得到這樣一個活潑可愛的閨女，單老漢心裡樂開了花，剛才的煩惱也煙消雲散。他領著女兒回到家裡，見過了妻子。從此，一家人過起了清苦的日子。

　　自從進了單老漢家的門，姑娘手巧能幹，家中頓時充滿了生氣。可是，每當想起米財主那還不清的閻王債，老漢就又愁眉不展了。姑娘看在眼裡，急在心上，暗暗地想為爹爹分憂。她知道青桐澗裡的青桐葉子有清瘟去火、利尿解毒的作用，如果用它製成茶葉，一定又好喝，又能祛病。如果在門口擺個茶攤，說不定還能賣幾個錢呢。

　　姑娘主意一定，當天就去採來一筐青桐葉，試著製成茶葉。單老漢一嘗，不光茶香濃厚，而且口味是清香甘甜，綿軟爽口。單老漢高興地對女兒說：「好茶，好茶！」

　　「是好茶就該給它取個名字。」姑娘得到父親的誇獎，在一旁抿著嘴說。老漢思索了一番，說道：「人家富貴人家喝的茶葉都有個文縐縐的名字，什麼西湖龍井啊、碧螺春啊，我看這茶葉來自泰山，又是你一個大姑娘炒制出來的，乾脆就叫泰山女兒茶吧。」從此這泰山女兒茶就正式誕生了。

　　卻說這姑娘創制了女兒茶以後，由於茶葉香氣純正，再加上山泉浸泡，口感純美，爽氣提神。那些拜佛燒香、砍柴挖藥的都爭相飲用，有錢的扔下幾個銅子，沒有錢的這姑娘也照樣讓他們喝。一傳十，十傳百，喝茶的人越來越多，後來姑娘乾脆讓單老漢把茶帶到泰安城裡去賣。由於茶葉物美價廉，又能祛病強體，深得百姓們的喜愛，慢慢地，女兒茶出了名，葉姑娘也成了家喻戶曉的人物，單家的生意也逐漸火了起來。

　　話分兩頭，再說這黑心的米財主聽說單老漢做火了茶葉生意，而且家中還有一個心靈手巧、如花似玉的閨女，就生了歹意。他心說，那女兒茶是單老漢的姑娘一手所制，如果把這個姑娘弄到手，不僅可以飽了豔福，而且讓姑娘加工茶葉，也多了一條財路。

　　第二天一早，米財主就帶上了幾個狗腿子上了山。正巧單老漢準備到山下去趕集，他見米財主帶了一幫人來，便知是夜貓子進宅凶多吉少。只見財主三角眼一瞪，對單老漢說：「單老頭，聽說你賣茶葉發了財，怎麼，借我的銀子也不還，想賴帳嗎？」單老漢謙恭地回道：「米老爺說哪裡話，我這剛開始製茶葉，半年總共攢了不到十兩銀子，一旦湊夠了你的數，我一早准給你送去。」話沒說完，這米財主就盯上了姑娘，見到如此美色，「活閻王」原形畢露，嬉皮笑臉地對姑娘說：「沒銀子也不要緊，我們也不是外人。這小姑娘長得如此標緻，給我做五姨太吧。以後我們結成親家，還談什麼錢不錢的。再說你閨女也不用再去山裡受苦，你也可以跟著我享榮華富貴了。」

　　單老漢早就知道米財主的德性，他一聽就氣炸了肺，就是拼掉身家性命，也不能讓姑娘去頂債。他趁米財主不注意，抓起扁擔就衝了上去。他這把老骨

頭哪裡是那幾個狗腿子的對手，他們三拳兩腳就把單老漢打倒在地。葉姑娘忙上前扶起老漢，對米財主說：「你不是要人嗎？我答應你。但即使做小，我也要明媒正娶，起碼也要抬花轎來聘。如果你同意的話，三天以後可以成親，不然，你就等著給我收屍！」

米財主沒想到姑娘竟然如此爽快，喜得眉開眼笑，便順水推舟地說：「好，三天以後我來抬人。」眼見米財主走遠，單老漢對姑娘哭道：「你好糊塗呀！米財主心狠手毒出了名，你這不是去送死嗎？」葉姑娘不慌不忙地對老漢說：「爹爹不要難過，是福不是禍，是禍躲不過，現在製茶的手藝您老也學會了，今後的生活，不會有什麼難處了，正所謂善有善報，惡有惡報，這個『活閻王』也該遭報應了。」

三天以後，米財主帶了一幫人，吹吹打打地來娶親，單老漢夫妻兩個揮淚與姑娘送別。姑娘剛一上轎，但見天上一陣風刮來一片烏雲，那烏雲越聚越濃，越聚越黑，不一會兒，瓢潑大雨便下了起來，等娶親的隊伍來到黑龍潭畔黃溪河臨時搭起的橋上，山洪恰好也來了。只見山洪一瀉而下，沖毀了小橋，把米財主和他那些狗腿子都沖進黑龍潭餵了魚鱉。就在米財主葬身魚腹的同時，有位在附近樹下避雨的樵夫看見洪水之上騰起一片祥雲，只見葉姑娘站在雲頭之上朝著扇子崖方向乘風而去。

從此以後，單老漢便以製茶為生，老兩口過起了平靜的生活。再後來，泰山女兒茶的名氣越來越大，傳遍了全國。據說，單老漢家的那位葉姑娘，根本就不是什麼吳家莊的人，而是泰山上的青桐仙子，她是受碧霞元君之命，來揚善懲惡，幫助單老漢的。

這就叫：

　　清香醇厚女兒茶，本是泰山青桐芽。
　　揚善懲惡濟蒼生，名茶香飄大中華。

泰山靈苗何首烏

　　東嶽泰山和距它東南三十里的徂徠山是一對姊妹山。相傳這兩座山共同哺育了一株何首烏，它的枝葉長在泰山上，根莖卻縈在徂徠山中。

　　傳說這株何首烏是泰山老奶奶親手種的。原來在成仙之前，泰山老奶奶是在徂徠山上修煉的，修成正果後就到玉皇大帝面前去討封，通過一場神仙之間的登山比賽，最終如願以償做了泰山之主。她就從徂徠山的秋千架上盪到泰山去了，並順手牽著這株何首烏的藤，一直把他牽到了泰山。泰山老奶奶什麼時候當的泰山之主，誰也說不清楚。因此，這株何首烏生長了多少年，也就無法知道了。多少年以來，日月精華的照耀，泰山老奶奶的灌溉，使這棵何首烏有了靈性，成了山中一寶。

　　話說，在明朝末年，京城裡有個大官叫劉希松。這個人在朝中很得皇上恩寵，權勢很大，人間的一切榮華富貴他都享受到了，就一樣不足，五十多歲，膝下還無一男半女。他從四十以後就開始一年娶兩次小老婆，一次娶三個，正月初六娶一次到六月三十日還不懷孕就攆出去，到七月初六再娶三個，年底不懷孕就攆了，下一年再娶。折騰了十來年也不濟事兒，只好承認是自己的毛病。

　　話說有一個姓周的御醫很想討好這個權貴，一整本李時珍的《本草綱目》都翻爛了，也沒見一個方子有效，他仍不死心，就四海遊訪，最後聽說泰山何首烏不光能治不孕不育，還能長生不老，就急忙告訴了劉希松。劉希松一聽高興極了，立刻讓他的大總管劉黑煞帶領一夥惡奴來泰山尋寶。

　　泰安知縣聞聽不敢怠慢，領著劉黑煞一夥人在山裡轉了三天，一個個累得骨頭架子都要零散了，也沒找到何首烏的影子。劉黑煞回到驛館裡，一籌莫展，知縣老爺坐在衙門口也悶悶不樂。這一天他們也是實在悶得難受，就叫上了幾個衙役到街上閒逛。出門不遠，碰見一人，他眼前一亮，有了主意，馬上到驛館去找劉黑煞商量。知縣碰見的是誰呢？這個人叫趙誠忠，是個老藥農，

祖祖輩輩在泰山裡採藥為生。據說他爺爺的爺爺在泰山上碰見過李時珍，他從十幾歲起就跟父親在泰山採藥。泰山上的草藥，他沒有不知道的，也沒有採不來的，人送外號「活本草」。知縣就想出來一個主意，若是把這個「活本草」抓來讓他領著去尋寶，一定能成功。

知縣把計策告訴了劉黑煞，劉黑煞大喜，馬上派人把趙誠忠抓來，讓他帶路。可是趙誠忠一聽是要去尋找何首烏，卻寧死不從。趙誠忠說道：「這何首烏是泰山的鎮山之寶，豈是我們這些凡夫俗子能找到的？就算找到，也不能壞了寶物的仙根啊。我勸你們還是死了這條心吧。」劉黑煞聞言氣急敗壞，把他吊起來打了個皮開肉綻。

趙誠忠被打得渾身是傷，劉黑煞才放他回家，讓他自己好好想想。三天後不答應尋寶，休想活命。趙誠忠昏昏沉沉地躺在床上，只聽房門一響，走進來一個人，趙誠忠扭臉一看，原來是他弟弟回來看他。

趙誠忠這個弟弟叫趙誠厚，早年曾跟著哥哥採藥，因吃不了那份苦，就跟一夥兒無賴混在一起，不務正業了。他怕見哥哥，因此幾年來也不回家。今天聽說哥哥挨了衙門的打，他怕受到牽連，想回來探探風聲，看看哥哥犯了什麼法。哥哥一看弟弟來看自己，心想，到底還是親兄弟呀。這一激動淚就下來啦，弟弟見哥哥掉了淚，自己也跟著在那抹眼角。

哥哥把挨打的經過告訴了弟弟。弟弟好奇地問道：「這棵寶貝在哪你到底知不知道？」趙誠忠說：「知道啊，可我絕不能讓這夥兒狗官毀了這棵鎮山之寶。」弟弟又問：「你是怎麼知道的？」哥哥歎了口氣，說出了他一生當中遇到的最奇怪的事情。

卻說在三十年前，趙誠忠在泰山裡採藥，來到了一個從沒到過的去處。見這裡前有激流飛瀑，後有層巒疊嶂，左右懸崖刀劈斧立，青松翠柏參天，綠草紅花滿地。山谷正中一塊立石，直刺青天，上刻三個字「斬雲劍」。劍上纏一青藤，葉肥藤壯，像一條蛟龍昂首青天。這時突見天空中閃著一片五色彩霞，半懸空裡出現一隻大鳥兒，五彩羽毛，熠熠生輝，翩翩起舞扇著翅膀，落在斬雲劍上，昂首叫了三聲，那真是好聽極了。隨著牠的叫聲，樹靜風止，百鳥壓音，綠草長了三節，紅花開了一叢。他就明白了，這是隻鳳凰。鳳凰不落

無寶之地呀！他想起小時候奶奶唱的一首歌謠「根在徂徠藤劍，尋寶還需鳳引線」。今天的事兒不正應了這首歌謠啊。於是，他就決心跟著鳳凰去探個究竟。鳳凰叫了一聲又飛起來，直奔東南而去，他也跟著追了上去。

他望著鳳凰的影子，一直追到徂徠山一個古廟的門前，鳳凰就不見了。此時的趙誠忠已是又渴又餓，迷迷糊糊地看著古廟的大門上寫著「二聖宮」的字樣，敲開廟門，只見走出一個道士。這道士臉上什麼表情也沒有，也看不出多大年紀。趙誠忠向他討茶喝，他就端出一杯茶來，放在趙誠忠眼前。這杯茶往眼前一放，立刻滿屋一陣清香，喝一口像喝一股香風，立刻香遍全身，覺得也不渴也不餓了。

趙誠忠問道：「道長，這茶真香，是什麼好茶葉？」道士抬抬眼皮答道：「茶葉很平常，水好。」他又問是什麼水？道士索性閉目念道：「無量天尊。」

趙誠忠知道道士不想搭他的話，於是就跟道士講了今天的事。道士聞言微微一驚，慢慢把眼睜開，打量了他一番說道：「看來你的確是那有緣人，也許是貧道的終期到了，你跟我來吧！」老道把他領到後院一塊空地上，地面不大，一棵古柏挺立中央，樹幹須幾人合抱，樹下一口清泉，一陣陣向外冒香氣。老道指著泉說：「你剛才喝的水就是這清泉之水。而這泰山靈苗萬年何首烏的根就紮在這泉水底下，你若想要就挖去吧！」可這個趙誠忠真是又誠又忠，他知道這靈苗是泰山和徂徠山兩座姊妹山的仙脈，也是這位仙道的命根子，自己再窮也不能做這缺德事，便告別了老道下山了。

弟弟聽了哥哥講的經過，禁不住心裡陣陣高興，心想，該當我趙二爺發這個財啊！於是，第二天天沒亮他就去報告了知縣大人，並帶路到徂徠山採寶去了。

趙誠厚帶人來到徂徠山二聖宮，只見廟內廟外一片廢墟，也不見那老道的影子。跟山裡人一打聽才知道，三天前廟和道士還都是好好的，可是前天一夜之間廟倒了。當地的山民都傳說這個道士是個仙人，他在這裡住了三百多年，也不見他老。現在廟倒了，這道士也不見了，不知是死了，還是走了。

趙誠厚讓人在廟的廢墟上掘地三尺，也沒找到那口山泉和何首烏的影子。劉黑煞大怒，把趙誠厚問了個欺騙官府的罪殺了。老大趙誠忠聽說後，當時氣

得昏死過去，從那以後再沒醒來。有人說他是洩露了天機被上天懲罰，也有人說他被二聖宮的道士度化成仙了。因為辦事不力，劉黑煞最終也被革職問罪，而那個有錢有勢的權貴劉希松也終於沒留傳下後代來。

　　這才真是：

　　　　希松希松真稀鬆，盜寶來至二聖宮。
　　　　鳳凰不落無寶地，無緣終是一場空。

靈應宮竟和蕭大亨有關係

　　話說泰山老奶奶碧霞元君在泰山上有三處廟宇，分別被稱為「上廟」、「中廟」和「下廟」。上廟就是位於山頂的碧霞祠，中廟是我們老百姓們日常祈福經常去的紅門宮「小泰山」，而下廟則是現在靈山大街上的靈應宮。據說在封建社會，靈應宮的規模和建制都比現在的要大得多，也是一度香火最鼎盛的。可是據有些老泰安人說，這靈應宮最初的時候並不是供奉泰山老奶奶的下廟，而是一座不起眼的城隍廟。這到底是怎麼回事呢？

　　話說在明朝初期的時候，在泰安城西南角有一座城隍廟，在城隍廟附近的一條斜街上有一座私塾，一位年逾花甲的老先生每日「咿咿呀呀」地教著二十來個學生讀書。就在這群學生當中，有一個叫蕭大亨的，生得那真是眉清目秀，聰明伶俐。蕭大亨天資過人，很小的時候就能出口成章，過目不忘。這老先生教的課，別人一天兩天背誦不下來，到他這就輕鬆多了，不到半個時辰，肯定是一字不差，倒背如流。剩下的時間，只要老先生在課堂上一打盹，他就約上三五個好友，悄悄溜出學堂，到外頭遊玩戲耍。

　　卻說有一天，蕭大亨又和幾個同學溜出學堂，一路小跑來到附近的這個城隍廟中玩遊戲。正玩得高興，無意間看到廟裡的城隍爺塑像威武嚴肅，一雙眼睛正嚴厲地看著自己，似乎在責怪他不該翹課出來玩耍。蕭大亨哪裡會怕，他突然靈機一動，拿出紙筆，隨手寫了一張紙條：「城隍城隍，跑到洛陽。當天不住，回到原處。」

　　寫完之後越看越好玩，哈哈大笑。他接著一抬手，就把紙條黏到了城隍爺塑像的腿上。誰也沒承想，他這一個惡搞不要緊，可真要了城隍爺的親命了。原來這蕭大亨乃是天上的文曲星下凡，他在凡間說句話對城隍來說，就和聖旨一般。一個小小的城隍爺怎敢違抗星君的命令呢？再加上這個城隍爺也是個老實人，也不問問到底為啥要去洛陽。反正吧，紙條一貼，他老先生就出發了，從泰安城到洛陽，來回兩千多里地。過晌午走，到第二天黎明時分返回，一天

一個來回。城隍爺雖然是個神仙，那也是吃不消啊。如此這般，不到十天，城隍老爺已經累得骨瘦如柴，面色焦黃，再也支持不住了。思來想去，只能去拜求蕭大亨的老師想想辦法了。

這天夜裡，私塾老先生剛剛入睡，就看見城隍老爺一步一喘地走進門來，二話不說「噗通」一下就跪在了自己的面前，一邊作揖一邊哀求道：「小神有一事求先生，只因先生的私塾裡有個叫蕭大亨的，乃是文曲星君轉世。前些時日，他來小神廟中玩耍，給小神貼了一張指令，命小神每天往返洛陽一次。小神實在是吃不消了，特來拜求先生，能否轉告文曲星，將往返的天數略微縮減到十日一次，別跑得這麼勤了，小神真是萬分感激。」說完又是連連作揖。

這個陣勢著實把私塾先生驚得不輕，趕忙起身攙扶，卻發現原來是做了個夢。私塾先生坐在床上，一邊想著夢裡城隍老爺的話，一邊又聯想到蕭大亨平日裡高人一等的天資，心中大體明白了幾分。次日一早，老先生就把蕭大亨叫到跟前問道：「前些日子，你是不是去城隍廟裡玩耍了？」

蕭大亨一聽也是吃了一驚，本想隱瞞，但看看老先生的臉色，只好承認了。老先生一看他承認了，繼續追問：「你是不是給城隍老爺的塑像貼了個紙條？」

蕭大亨一聽更是疑惑了，這可奇怪了，貼紙條是我自己幹的，別人誰也沒看見，老師怎麼知道呢？難不成老爺子還偷偷跟蹤我不成？但是事已至此，隱瞞也沒用了，於是就低頭承認了。

「那上面你寫了什麼？」

「我就隨手那麼一劃拉，寫的好像是『城隍城隍，跑到洛陽。當天不住，回到原處』。」

老先生一聽，恍然大悟，不由說道：「這就對了！」他這一句話倒是把蕭大亨弄了個丈二和尚摸不著頭腦。於是老先生就把夢中所遇之事和蕭大亨說了一遍，又趕緊讓蕭大亨去到城隍廟把紙條揭了下來，這才免了城隍爺的奔波之苦。老先生因為怕耽誤他的進取之心，並沒有把他是星君下凡的事情告訴他。

靈應宮

　　但是這位老先生既然知道了自己的學生乃是文曲星下凡，自然對蕭大亨更加地悉心指點，著力栽培。果然，十年寒窗苦讀，蕭大亨初次進京應試便金榜題名，中了狀元，終成大器。後來，又當上了兵部和刑部兩部的尚書，為老百姓辦了很多的好事。

　　有一年，蕭大亨回鄉省親，專門來拜望昔日的老恩師，這老先生才把當年知曉他是文曲星君轉世的事情原原本本地告訴他，也告訴他正是當年城隍爺的點化，才讓他知道了自己有這麼一位前途無量的好學生。蕭大亨感念恩師栽培，於是就重建了當年的那座破舊的小城隍廟，建起了一座靈應宮。也不知道過了多少年，這座靈應宮又成了泰山老奶奶的下廟行宮，一直到現在依然是香火不斷。

　　這就叫：

　　　　文曲轉世蕭大亨，城隍廟裡瞎折騰。

　　　　十天洛陽沒白跑，還你一座靈應宮。

水晶宮的水晶是哪兒來的

　　話說在上古時代，天下四海由四大神龍掌管，分別是東海龍王敖廣、南海龍王敖閏、西海龍王敖欽、北海龍王敖順。只因東方在古代被視為尊位，再加上敖廣手裡握有龍族畏懼的火種，所以又尊敖廣為神龍之首。後來，神龍受到了女媧娘娘的冊封，成了正神，主宰人間雨水、雷鳴、洪災、海嘯。

　　起初，敖廣也是勤勤懇懇，任勞任怨，辦了很多的好事。可時間一長，接受的人間香火一多，也難免有了驕傲自滿、貪圖享受的壞毛病。他每次去天庭做述職報告，看到天宮那富麗堂皇的樓臺亭閣，也是羨慕不已。你看那凌霄寶殿，金釘攢玉戶，彩鳳舞朱門；複道回廊，處處玲瓏剔透；三簷四簇，層層龍鳳翱翔。這真是：天宮異物般般有，世上如他件件無。這天上的好東西，人間是一點也沒有啊。

　　回到東海，這敖廣看什麼都不順眼，越看自己的龍宮越彆扭，和這天宮一比那真是相形見絀，寒酸至極。敖廣每日裡長籲短歎，緊鎖眉頭。且說，敖廣女兒三公主，天生得聰明伶俐，看出了父王的心頭事。

　　這一天，爺倆兒閒聊，聊著聊著就聊到了翻蓋龍宮的事上。三公主說道：「父王，您老人家每日裡行雲布雨，在玉帝面前也是居功至偉，如今還住在這簡陋的宮殿裡，與您老的身份可太不相稱了。」

　　一句話正戳在了敖廣的心窩子裡，龍王長歎一聲：「唉！我兒有所不知，這人間怎比這天上宮闕？孤何嘗不想翻蓋這宮殿，無奈世上有的皆為凡物，難如我意啊！」

　　三公主微微一笑：「父王，每年的三月十八日，女兒總要去那泰山之南徂徠山的龍灣沐浴，與那山上瑞晶仙子交好。我聽那仙子說，在山的斷崖之下有碧霞元君娘娘埋藏的不少紫水晶，乃是世間難得一見的珍品，更是元君的心愛之物，交代這仙子常年看護。若父王與那碧霞元君索要，不怕她不給呢。」

　　龍王一聽，喜上眉梢：「啊呀！你不說我倒忘了。以往蟠桃盛會，孤確實

見過有人送給王母紫水晶作為壽禮，並被擺放在龍案之上，確實是晶瑩剔透，光彩照人，確非凡品啊。聽你一說，看來本王勢必要去泰山走一遭。」

第二天，這龍王便火速地來到了泰山靈應宮拜訪碧霞元君。泰山老奶奶聽說龍王大駕光臨，便隆重迎接，生怕慢待了貴客。一番寒暄應酬之後，這龍王可就扯到紫水晶上來了：「哈哈，哎呀元君娘娘，本王是無事不登三寶殿啊。只因我那住所年久失修，確實有點上不了檯面，本想修整修整，又沒有拿得出手的材料，所以有個不情之請啊。」

元君一聽，微微一笑：「想我泰山，礦產豐富。這泰山石更是天下聞名。龍君若看得上，我自當奉送，不必客氣了。」

龍王哈哈一笑：「元君娘娘，泰山石乃泰山之根本，我怎敢妄動啊。我聽說在這泰山之南的徂徠山，有上好的紫水晶，不知娘娘能否送我一些，小神自是感激不盡啊！」

元君不由一驚，心想：必是那瑞晶仙子走漏了紫水晶的秘密，紫水晶是我心愛之物，更是人間稀有的珍品，我怎能拱手送與他人。想到這裡，便對這龍王說道：「有道是，君子不奪人所愛。老身確是在徂徠山娘家存放了一些紫水晶，但數量稀少，恐怕難以修繕宮殿，還請龍君三思。我泰山南北，金銀玉石，只要龍君上眼，老身自當奉上。只是這紫水晶一事，您還是作罷吧！」

龍王一聽，心想：哎喲，你回絕得我是一點餘地也沒有啊，一點面子也沒給啊。當時這火可就不打一處來了：「碧霞，我也不和你客氣了。我是個粗人，和你們文化人沒法比，和你咬文嚼字了半天我也煩，你今天是給也得給，不給也得給。」

碧霞元君一看老龍王翻臉了，也當仁不讓：「好話說了一籮筐，你這個人怎麼這麼不講理呢？要別的都行，想要我這紫水晶，你是搬著梯子上天宮——沒門！」

「沒門？行！我也不和你廢話了，你若給，皆大歡喜；你若不給，三天之內，我約齊這四海龍王，翻江倒海，給你來個水淹泰山，然後再給你旱上個十年八年。到時候，屍橫遍野，白骨成堆，你可就別怪我了！」

　　龍王這狠話一說，泰山老奶奶不禁心頭一緊，這也太狠了！東海龍王掌管天下行雲布雨的大事，雖然這江河的龍王下雨需要天帝的命令，但是海龍王因為是女媧娘娘親自冊封，行雲布雨不用請示天庭。當年水淹陳塘關就是敖廣辦的好事。這人是說到做到，辦事一根筋，不考慮後果，真要水淹泰山，那得屠害多少無辜的生靈啊！

　　思前想後，為了泰山周圍萬千的老百姓，老奶奶狠了狠心，咬了咬牙：「也罷！龍君，既然你把話說到這個份上，我也不願為一己之私傷害無辜的百姓。送你紫水晶不難，但我有一個要求，只要你保證我泰山治下，一年四季風調雨順，五穀豐登，萬年流長，我便把紫水晶拱手奉上。」

　　龍君一聽大喜：「哈哈哈哈，元君心繫百姓，本王十分佩服。我們就這麼愉快地決定了。」

　　為了不引起其他神族對泰山紫水晶的關注，龍王與泰山老奶奶商定，就在這徂徠山的龍灣打通了一條暗通東海的密道，悄悄把紫水晶運往東海建造水晶宮。從此，這東海龍王就有了人人羨慕、光彩照人的水晶宮。而泰山自那以後，果然是風調雨順，五穀豐登，成了人間的寶地，也成為萬民敬仰的國山。

　　這就叫：

　　　　玲瓏剔透紫水晶，造就東海水晶宮。

　　　　碧霞心中有萬民，風調雨順五穀豐。

龍潭仙草救萬民

　　從泰山西麓上山，會經過一個叫黑龍潭的地方，小時候就聽老人說，這黑龍潭水深千尺，別看潭子不大，卻是連接東海的海眼。所以小時候就老想著這裡面是不是有個大龍宮啊？裡面是不是也有美麗的小龍女啊？可以說，黑龍潭在老夏小時候那一直是充滿神秘色彩的。既然這麼神秘，自然會有關於它的神話傳說。閑言少敘，今天，我就給大家說說關於黑龍潭和龍潭仙草的故事！

　　話說有一年，泰安城裡鬧了場大瘟疫。那個時候，整個泰安就一個藥房，而且賣的那藥材要多貴有多貴，專門供應有錢人，窮人沒錢根本就吃不起藥，所以病死的人很多。

　　在泰山腳下有一戶人家，娘倆過日子，小夥子叫韓玉，以打柴為生。這一天他砍柴路上來到泰山老奶奶廟前面，覺得很累，就坐在門口睡著了。剛睡著，就迷迷糊糊看見一位老太太站在眼前，對他說：「韓玉啊！你別打柴了，到黑龍潭裡取一棵仙草，將仙草放到白鶴泉中，只要讓老百姓喝這泉裡的水，就能抵抗這場瘟疫。這泰山腳下的人中只有你能辦，你要是不辦，泰山上的人還會死很多。」

　　老太太說完後，韓玉就醒了。一看沒人，似夢非夢，一想准是泰山奶奶顯靈了。他就趕忙下山來到了黑龍潭。剛要往裡跳，轉念一想，要是跳下去淹死了呢？可他又一想，我一人死了沒關係，只要能救活泰山的鄉親，就是死了也情願。再說，這泰山老奶奶也不會騙人啊！想到這裡，他就一下子跳了下去。剛跳下去，一隻老黿就把他接住，馱著下到潭底去了。到了黑龍潭底下，就是另外一個世界了。晶瑩剔透的宮殿，四梁八柱的大門，左右還有蝦兵蟹將守門。但見這門口站著一個天仙一般的美女，正是龍潭公主！這龍潭公主也早知韓玉為人實在、孝順，所以也一直很喜歡這個小夥子。見韓玉下到潭底，就對他說：「韓公子，我知道你來取仙草，已在這裡等候多時了。」龍潭公主把韓玉領進龍宮裡，準備了酒菜讓韓玉飽餐了一頓。吃完飯她摘下一枝仙草對韓玉

說：「你趕快回去，把仙草放到白鶴泉裡，搭救鄉親要緊，我不多留你了。」
接著就讓老黿又把韓玉送了上去，韓玉上岸後也沒回家，火速地趕到白鶴泉把
仙草放了進去。他見人就說：「快喝泉水，能治瘟疫。」

黑龍潭

人們喝了，當場見效。這樣一傳十、十傳百，人們都來喝這水，瘟疫很快
就制止住了。韓玉為百姓做了件大好事，人人稱頌，但是卻讓藥店的老闆沒了
生意。這老闆就很納悶，哎，邪門了，不吃我的藥，這些老百姓能自己好？後
來這一打聽，知道是韓玉下龍潭取來了救命仙草，他都快氣死了，可一聽說是
泰山奶奶讓去取的，也不大敢得罪他。正生著氣呢，這一邊的帳房先生也是個
「壞棗」，上前給這個黑心老闆說了個損招，這個損招可了不得，那是要置韓玉
於死地啊。

卻說這旁邊的帳房先生對老闆說：「想那仙草，人吃了可以長生不老，你
讓韓玉給你再弄一棵來，你吃了那不是也可以長生不老了。」這老闆一聽，心
想，對啊！我怎麼沒想到呢，這東西我要是吃了，成仙得道，那不比賺錢更厲
害嗎？不過轉念一想，和帳房說：「他能辦嗎？」這帳房先生早就想好了，張
嘴就說：「你在泰安這麼有名，去請他來做客，酒席之間就和他說，他要幹就
幹，倘若不幹，就把他捆起來，直接扔到黑龍潭裡去。」

　　老闆一聽，一拍大腿，好啊，就這麼辦了！於是，他們就下了請帖，去請韓玉。韓玉是窮人，和藥房老闆沒什麼交往，但是這老闆在泰安也算一霸，不敢得罪。沒有辦法，他只能來到這藥店老闆家裡。酒過三巡，菜過五味，老闆就說話了：「韓公子，我聽說你能下龍潭取仙草，能不能給我弄一棵來？我急需仙草給我治病。」

　　韓玉想，上次是泰山奶奶讓去，那是解救萬民，這次為了個財主去，那可是萬萬不行，就沒同意。老闆當場就翻了臉了：「去不去可由不了你，你膽敢不去，我就把你和你娘綁了扔進黑龍潭。」

　　實在的韓玉被逼得沒辦法，只得二次下龍潭。下去以後，龍潭公主知道了也是非常氣憤，對他說：「我要是不給你仙草，你上去後也活不了。這個可惡的黑心老闆魚肉鄉里，作惡多端，早該懲治。這樣吧，我給你一棵帶毒的，你千萬別喝，你要是喝了就會中毒身死，但是那個黑心老闆要是喝了就會變成王八，讓他永世不得成人。」

　　韓玉聞言大喜，於是就拿著毒仙草回到藥店，藥店老闆早就在那裡等得不耐煩了。一看韓玉拿來了仙草，全家人都很高興，就取來了好水煮這棵仙草。煮好後，狡猾的老闆卻非讓韓玉喝第一口不可。韓玉想：龍潭仙女早就說了，我要是喝了就會中毒身死。可是一想到這黑心老闆的醜惡嘴臉，就下了決心，我豁出去了，為了讓你變成王八，不再在這世上害人，我死了也認了。

　　他二話沒說，端過碗就喝。老闆一看他喝了，也端過碗去喝。韓玉喝完一口後，趕緊往家跑。到家後沒和他娘說一句話，就倒在地上氣絕身亡了。那老闆喝了藥後，就覺得渾身癢，一會兒就不省人事，變成了個老鱉，爬著就去黑龍潭了。從那以後，黑龍潭的鱉就成了毒鱉，就算逮住，也不能吃。

　　龍潭仙女在潭底下掐指一算，知道韓玉已中毒身亡了。她還養著一棵仙草，但是這棵仙草沒有玉皇大帝的命令誰也不許吃。要是摘了這棵仙草恐怕性命難保，要是不摘，就沒法救韓玉。左思右想，最後，她還是把仙草偷偷地摘下來送到了韓玉那裡，煮了湯，給韓玉喝了，救活了韓玉的性命。

　　玉皇大帝知道龍潭公主盜了仙草，大為震怒，就派天兵天將來拿她。剛要把龍潭公主抓走，只聽半空中一聲「且慢動手」，只見泰山老奶奶駕著紅雲把

公主罩住了，泰山老奶奶對天將說道：「你們不要傷害她，她和韓玉乃是前世結下的姻緣，龍女該有此劫，就讓她變成凡人算了。」

玉帝非常敬重碧霞元君，於是，就退掉了天兵天將。從此，韓玉和龍潭公主便結成了良緣，也為黑龍潭留下了一個千古佳話。

這就叫：

龍潭仙草救萬民，善良打動龍女心。

黑龍潭水深千尺，留下佳話傳古今！

懸在半空中的寺廟

　　話說順著黑龍潭往山上走，有一座寺廟，叫竹林寺。現在遊客如果坐游覽車去中天門還能在路邊看到這座雄偉的寶剎，不過現在的這個廟是近幾年重修的。要說以前啊，這裡根本就沒廟，就光有這麼個名而已。那這個竹林寺是怎麼沒的呢？史書上怎麼記載的老夏說不上來，可是據老百姓傳說，這個竹林寺還在半空中懸著呢，當地的山民更願意叫這個竹林寺為懸雲寺。這個廟怎麼能懸到半空中呢？這懸雲寺的傳說在泰山已經流傳很多年了。

　　相傳，在很久以前，竹林寺裡有兩個和尚，一老一小。老和尚粗野蠻橫，好吃懶做。而他這個小徒弟還好，幹活勤力，也很聽師父的話。每天這寺廟裡大大小小的活都是小和尚幹，就這樣，老和尚還是經常不滿意，動不動抬手就打，張嘴就罵。

　　卻說有一天，小和尚到馬蹄峪拾柴火遇見了兩個小孩兒。一個男孩兒，一個女孩兒，都穿著綠褂子紅褲子，頭上還都紮著倆小抓髻。孩子們天性好玩，這小和尚也不大，於是他們就一塊玩耍。玩到了傍晚，日落西山，這天可快要黑了，小和尚這才想起來還沒拾柴火呢，這要回去還不得挨揍啊？正為難，倆小孩兒說話了：「你還沒拾柴火，我們幫你拾。」不一會兒，就拾了滿滿一大筐，小和尚又驚又喜，與兩個小孩兒告別，開心地背著柴火下山了。

　　打那以後，小和尚就天天到山上和這倆小孩兒玩，每天玩完了都背著一大筐柴火下山。時間一長，老和尚就納悶了，心想：以前小和尚上山拾柴火每次回來都耷拉著臉，累得沒精神。現在可倒好，每次回來都興高采烈的，關鍵是拾的柴火比以前還多不少。於是就盤問小和尚柴火是怎麼來的。小和尚是個實心眼，就說是倆小孩兒在山上幫了他的忙。

懸空寺

老和尚聽完心裡可就琢磨了，這深山老林的是誰家的孩子呢？這山裡附近也沒什麼人家啊？難道是……想到這裡，這老和尚的壞心眼兒可就上來了，只見他故作虛驚，對小和尚說：「徒弟啊，這倆小孩兒天天在深山裡，也不知道是人是鬼，千萬別傷著你啊。這麼辦吧，我給你一根針和一根紅線，明天你再和他們玩兒啊，就把針別到小男孩兒的綠褂子上，我看看他們到底是人還是鬼。」

第二天，小和尚真按老和尚說的辦了，把這個針線別在了小男孩的後背衣服上了。回來就跟老和尚報告了，老和尚點了點頭，也沒說別的就讓小和尚睡覺去了。但是，這天沒亮，老和尚可就扛著事先準備好的鋤頭進了山了。走著走著他就看到了紅線穗子，沿著紅線找過去，就看見紅線別在了一片人參葉子上。這敢情是個千年的人參娃娃啊！只見這老和尚二話沒說，掄起鋤頭就開始挖。挖了二尺多深，果然挖出了一個好像嬰兒大小的人參。

老和尚回到廟裡，趁著小和尚還沒起床，把人參洗了洗，就煮到了鍋裡。一邊煮一邊想：我一個人吃了吧，有點不仗義，這泰安縣的縣令一向與我交好，我何不請他來一起吃，一塊享受這長生不老的靈藥，也不枉他這些年對我的關照。想到這裡，就趕緊把小和尚叫過來吩咐道：「我下山有點事，你在家燒火看鍋。可有一點，千萬別掀鍋蓋。」

小和尚趕緊答應一聲，可心裡就納悶了，這太陽打西邊出來了嗎？這麼一

大早就煮東西，還不讓掀鍋蓋？正納悶呢，老和尚又返回頭來說道：「一定記住我的話，千萬別掀鍋蓋！」剛走出大門沒幾步，老和尚還是不放心就又轉身回來說：「千萬千萬記住，不能掀鍋蓋啊！」

這不說還好，一說竟連說了三遍，可把小和尚給納悶壞了，他一邊燒火一邊想：為啥不讓我掀鍋蓋呢？從來不幹活的師父今天這是怎麼回事啊？一大早的煮東西，還不讓看是啥，這裡面一定是煮的出奇的東西。他越想越想看，越想看就越管不住自己的手，好奇心一上來，最後實在忍不住了終於還是掀開了鍋蓋。

這一掀開鍋蓋，可了不得了，那真是香氣撲鼻，直接把小和尚的饞蟲勾到嗓子眼上來了。再看這鍋裡，分明煮著一個像蘿蔔一樣的東西。小和尚忍不住就掰下來一點嘗了嘗。是真好吃啊！這輩子再沒比這好吃的東西了。他忍不住又吃了一口，這下好了，是越吃越想吃，越吃越愛吃，吃了一口又一口，三吃兩吃可就把這千年人參果給吃沒了。他吃得心滿意足肚兒圓，神清氣爽賽神仙。可是接著他就害怕了，這師父連鍋蓋都不讓掀，我這都吃沒了，回來還不得打死我啊？乾脆，一不做，二不休，我直接把湯也都潑了，就說東西煮化了，水也燼幹了。想到這裡，小和尚就端起鍋來，圍著寺廟澆了一圈。這一澆可不得了，出大事了。怎麼呢？原來這個人參娃娃可不是一般的千年人參，不光是長生不老，還能得道升仙。這一澆在地上，就聽轟隆一聲，整個寺廟搖搖晃晃，就和坐電梯一樣，所有的一切都離開地面慢慢地升起來了。

這個時候，老和尚也正好帶著縣令大人急急火火地趕回來，遠遠一看這寺廟慢慢地升天了，知道大事不好，老和尚趕緊三步並兩步地跑過來想進廟裡。無奈寺廟升得太高，他只能扒住寺廟的門檻，身子還懸在下邊。於是，他拼命地大喊：「拉我一把，拉我一把。」可是這寺廟是越升越高，老和尚死命地抓住門檻哀求小和尚，小和尚哪見過老和尚這麼狼狽過啊？高興得哈哈大笑。這個時候的小和尚可不是一般人了，已經成仙了，這一笑是聲如洪鐘，地動山搖，直接震得老和尚虎口一麻，雙手不由自主地一松，掉到地上摔死了。

小和尚正哈哈大笑，沒想到卻驚動了天庭裡的玉皇大帝，太白金星趕緊奏明玉帝，說小和尚應該成仙得道，位列仙班。但是玉皇大帝見老和尚摔死的慘

狀非常憤怒。說道：「見死不救，摔死恩師，見利忘義，出賣朋友，此人有背人倫，罰他不得正果。」玉帝發話了，眾神誰敢不聽，這寺廟正飛升著呢，突然間「嘎吱」一聲，硬生生地停在了半空中了，上不著天，下不著地。打那以後，這竹林寺就成了老百姓口口相傳的懸雲寺。

而那個人參娃娃本來老家就在泰山，但是女娃娃自從失去了小夥伴，心裡難過，就一路哭著離開了泰山，最後落腳在了長白山。所以，現在東北長白山的人參多，而泰山上的人參就少得可憐了。

這就叫：

機緣巧得人參果，師徒反目惹災禍。
懸空一座竹林寺，善惡有報留傳說。

竹林寺裡的仙子

　　懸雲寺其實還一個名字，就叫作竹林寺。竹林寺就在泰山西麓環山公路的中段，北邊是黃溪河，西南就是著名的黑龍潭。現在的竹林寺是近些年在舊址上重建的。民間傳說，老的竹林寺還在半空中懸著呢。那麼話說回來了，這個竹林寺當年是怎麼修建的呢？為什麼要叫竹林寺呢？

　　相傳泰山山前有個書院，書院裡有個讀書的學生名叫周彤。這周彤年輕有為，相貌出眾，知書達理，聰慧過人。周彤的父母一心想要他考取功名，求個一官半職。可是這周彤偏偏不喜歡搖頭晃腦地吟詩做文章，就喜歡畫畫。畫山水，畫竹蘭，畫蟲鳥，他畫得最好的是蚱蜢吃白菜。

　　卻說中秋節這天書院放了假，學生們有的回家了，有的結伴去遊玩。周彤和他們可不一樣，他不喜鬧，只喜靜，喜歡一個人去臨摹花卉蟲鳥。藝術來源於生活，他的蚱蜢吃白菜之所以畫得好，全在他生活中細緻的觀察，更在於他對蚱蜢特有的偏愛。只要一聽到山坡上的蚱蜢叫，他心裡癢癢便躡手躡腳地去逮蚱蜢玩兒。

　　這天他正在認真地臨摹，突然聽到近處草叢中傳來一聲聲蚱蜢的鳴叫，這可勾起了他的癮。於是他就開始仔細地尋覓，可是他剛逮住一隻，放進草帽裡攏起來，就聽到十步開外的樹叢中又有一隻蚱蜢叫，叫得比先一個更加清脆好聽。他立刻攀岩撥草地去尋，當他逮住第二隻又向草帽裡放時，發現第一隻不見了，周彤覺得奇怪，心裡想：莫非我毛手毛腳只顧捕捉，牠鑽出來跑了？反正又逮住了一隻更好的也就不曾介意，當他逮住第三隻的時候又發現第二隻不見了，就這樣跑一段逮一隻，逮一隻跑一隻，連逮了九隻也跑了九隻。

　　周彤累得滿頭大汗，手托著空草帽，細細查看帽頭，一點漏縫都沒有，心裡好生納悶。他低頭看看衣角也被荊棘劃破了，抬頭看看天色，太陽已經落山了，於是他戴上草帽，準備下山。誰知剛邁了一步，就聽見背後蚱蜢又叫起來，叫得比任何一次都響亮，也更好聽，就像人撥弄琴弦戲弄他一般。這周彤

的癮可又上來了，他轉身繞崖撥草去尋。沒撥弄幾下，就見隻蚱蜢伏在銀花藤上，形美體健，金首碧身。周彤這天天玩蚱蜢的人也不禁讚歎，真是漂亮啊，從未見過如此漂亮的蚱蜢。

周彤不由慢慢地湊近，這蚱蜢還側起頭來朝他振振翅。周彤躬身向前一撲，那隻蚱蜢「騰」地跳起，不遠不近，落到十步開外。他越逮不住，心裡就越發著急，越急就越去追趕，也不知追過幾道溝，翻過幾道梁，直追到一座山坳間，那蚱蜢停在一朵木棉花上。周彤繞著花樹去抓，那蚱蜢一下跳到他的衣袖上，他一抓，又跳到他肩上，再一跳，又跳到他的頭頂上，逗得他又喜又惱，他索性掄起草帽猛地往頭上這麼一扣，誰知那蚱蜢在他眼前旋了幾個圈兒，三蹦兩跳翻過一道石牆竟然又不見了。

這時候，周彤才回過神來。打量了一下四周，不禁吃了一驚，呀，我這是到了什麼地方？這地方從前從未來過，是個幽靜的山坳，山梁上的松柏郁鬱蔥蔥，山中小溪淙淙不止。令人驚奇的是，在這深山老林中竟有座小四合院，黑漆漆的大門兒，青石壘砌的圍牆，周彤站在牆外心神恍惚，但是那動聽的蚱蜢叫聲又不斷地冒了出來。他走到門前有心進園去逮吧，又覺得生門生戶，冒冒失失怪不禮貌，甩手走掉吧，又覺可惜。他正猶豫不定，左右為難之時，卻只見從門裡「嘩」地一聲，潑出一盆水來，也不知道怎麼這麼巧，一盆水把周彤渾身上下澆了個濕淋淋。

他剛要發火，卻見從門裡走出一個俊俏的姑娘，她雙手端著個臉盆，朝周彤滿面賠笑。這姑娘頂多十七八歲，蓬鬆烏亮的頭髮，兩道月牙眉，桃花一樣的臉盤兒，細柳一般的腰肢，穿著一身竹青色的衣裳，周彤一看，別說生氣了，魂兒都被她抓去了，直接就傻站在了那裡。

那姑娘飄飄灑灑地迎下臺階，拉住周彤的衣袖賠禮道：「哎呀，全怪我粗心，把你的衣裳弄濕了。」

此刻的周彤如癡如呆，一句話也說不上來。

姑娘見狀，不覺笑了起來，周彤更加臉紅脖子粗，不知如何應對。只見姑娘說道：「這位大哥快到家裡，來把衣服換一換，我給你洗一洗吧。」

「不敢不敢。」周彤越發得不好意思起來。

姑娘說道：「大老爺們，哪兒來的這麼多不好意思。」見周彤神情慢慢舒緩，又問：「你怎麼到這裡來了？」

於是周彤就把逮蚱蜢的事兒說了一遍。

姑娘說：「既然蚱蜢跑進院子裡了，那就到我院裡逮去吧。你也別害怕，家裡只有我一個人。」

周彤一來貪心那隻蚱蜢，二來覺得這姑娘情意殷切，不好意思推託，便跟著姑娘進了院子。

這院子不大挺幽靜，院子中央有塊兒兩人高的怪石，奇姿異態。那怪石前長著一棵挺大的竹子，竹子並不高，散蓬蓬的，青翠欲滴，散發著醉人的清香。周彤愛畫竹蘭，但從來沒見到過這樣的修竹，他繞著竹子左看看右瞧瞧，忽然發現竹竿上掛著個青竹編的蚱蜢籠子，八個角兒，玲瓏乖巧，裡面養著十隻形態各異的蚱蜢，這十隻蚱蜢與他剛才親手逮住以後又逃脫的那十隻蚱蜢一模一樣。他正待問起根由，那姑娘說：「我也愛蚱蜢，這是我餵養在這裡的，牠們飲飽竹葉上的露水，就到外面去玩耍，你要不嫌棄，就送給你吧。」

周彤一聽，謝過姑娘，伸手去摘蚱蜢籠子。姑娘攔住他說：「別著急，你先到屋裡換下衣服，等我洗淨晾乾你再回去，你看天已晚了，山又深，林又密，你一個人怎麼走呀？」

周彤向四周看了看，果然迷迷離離，天黑更加不知道回家的路了。姑娘見他遲疑，就勸他住下，明日再走，他只好答應了。

姑娘領著周彤到了屋裡翻箱倒櫃，拿出一件衣衫遞給周彤，叫他換下濕了的衣服。周彤接在手裡又驚又喜，喜的是碰上了個溫情姑娘，驚的是這男人的衣裳到底是誰的呢？

姑娘似乎看出了周彤的心事，忙說：「家中只有我和老爹爹。爹爹是個養竹子的行家。我老家本在江南，有一年，爹爹來泰山燒香，見這裡山清水秀，便搬到這裡來了。我們爺倆在這山上以養竹為生，爹爹下山賣竹器去了，十多天才能回來，這衣裳是爹爹年輕時穿的，如今老了，一直壓在箱子底。」

　　周彤將信將疑地把衣服換了，真是又合體又漂亮，像姑娘特意為他做的一般。轉眼工夫，姑娘又給他擺了一桌吃食，果也鮮，菜也香，白麵饅頭還冒著熱氣兒。

　　姑娘笑盈盈地說：「常言道，不打不相識。今天你不逮蚱蜢也到不了我門前，我不潑你一身水，你也不進我家的門兒，既然來了就吃點兒喝點兒吧。」

　　周彤進家半天，也逐漸熟悉了起來，也不客氣，吃了個酒足飯飽。姑娘在一邊看他吃飯，一邊看一邊不住嘴地笑。周彤倒是有點不好意思了，感覺自己在人家家裡連吃帶喝，竟然連此地是哪兒都不知道，有點冒失了，於是就問：「敢問姑娘，這兒是什麼地方？」

　　姑娘說：「此處名叫竹林園。」周彤說：「我怎麼沒聽說過呢？」

　　「因為你在書院讀書，不常出門。」

　　於是周彤又問她怎麼知道自己的底細，姑娘只是抿著嘴笑並不回答。周彤又問姑娘叫什麼名字，姑娘告訴他叫青竹。

　　青竹姑娘坐在燈下，給周彤縫補那件被荊棘劃破了的衣裳時，忽然眼角流下淚來。周彤不解其意，連忙追問：「剛才還高高興興，怎麼又傷心流淚呢？」

　　青竹說：「爹爹外出，一去就是十天半月，家中常常只留下我一個人，明天你一走，我又孤單了。」

　　姑娘一哭不打緊，那淚珠子就像滴在周彤的心尖兒上，於是就答應她常來竹林園做伴兒。青竹這才破涕為笑，嘁著嘴說：「你誦讀詩書，一心想求名做官，哪有心思找我做伴兒呀？」

　　周彤歎口氣說：「人們常說『官如虎，名如土』，我討厭那玩意兒，我倒想學藝作畫，或者像你這樣耕作自食。」

　　青竹一聽歡喜得不得了：「呀！你喜歡畫畫，我喜歡繡花。你可以常來給我畫個繡花樣子啊！」她說著轉身走到床邊，托著一幅刺繡，讓周彤看。周彤一看，張目吃驚。原來那刺繡繡的是翠竹蚱蜢圖，一棵翠竹上伏著十個蚱蜢，十個蚱蜢個個活靈活現，他是越看越喜歡，越發著迷了。於是，兩人情投意合，當晚便結成了夫妻。

　　第二天清晨，青竹指路，周彤回到書院。從此，周彤就好像有線牽著一般，每天放了學便悄悄跑到竹林園去。天長日久，父母和書院的老先生都發現周彤形跡可疑。一天，老先生把周彤叫到跟前審問，周彤從小沒說過一句謊話，就把逮蚱蜢遇到青竹姑娘的事兒一五一十地說了一遍。老先生一聽，驚慌失色：「哎呀！在這荒山野林，別說人家沒有一個，又哪來的美貌女子呀？一定是得了什麼仙氣兒的什麼精。古語說，人心不邪不淫，才能成其大業。這樣貪玩，怎麼得了？」

　　父母聽了老先生的話，更是嚇得把周彤關在屋裡讓他閉門思過，逼著周彤與那青竹姑娘一刀兩斷。從此，周彤再也沒法到竹林園去了。整整十天，周彤昏昏沉沉，茶不思飯不想，畫也不能畫了，臉變黑了，人變瘦了，相思病難愈，不覺竟病入膏肓了。

　　一天夜裡，周彤正昏昏欲睡，忽聽房門「吱」一聲開了，閃身進來一個青色的身影，來人正是青竹姑娘。她輕盈地走到床前。周彤一看來的是青竹，忽然來了精神，一下就坐了起來，癡癡地看著青竹，不知面前的人是真是假。

　　青竹姑娘關切地看著周彤，把這十天的思念一一訴說。原來青竹一看十天都等不到他，猜到出事兒了，於是夜裡偷偷來看他。周彤聞聽，不覺動情，就把父母和老師訓斥的話和盤托出。青竹姑娘坐在床頭，眼淚汪汪地說，「你千萬別聽信挑唆，我們既然結為夫妻，我還有二心待你嗎？你也不必擔心，我有辦法使你身體復原。」說著從嘴裡吐出一個山楂大的紅藥丸子，送到周彤嘴邊，她囑咐周彤把這紅藥丸子含到嘴裡，千萬不要咽下去，等她走的時候再吐出來還給她。

　　周彤把藥丸子含在嘴裡，頓時覺得神清目明，渾身有力。他含到天亮，青竹臨走時，周彤又把紅藥丸子還給了她。一連三夜，周彤果然病好了，身體是恢復了，可老師和父母覺得蹊蹺，又一起來詢問周彤，周彤為人太老實，經不住三句好話，更經不住三句訓斥。在父母恩師的軟硬兼施下，他又把青竹姑娘夜裡來看他，讓他含紅藥丸子的事兒說了出來。

　　老先生聽完更是驚慌，他嚇唬周彤說：「哎呀，一定是個妖精了。給你的藥丸，也必定是個什麼修煉的內丹，要不怎麼是在她嘴裡放著的？那女子對你

是先甜後毒，到了時機，食你心肝，飲你鮮血，她借此增加一百年道業，等她真相一露，你就逃不脫了。」

周彤的父母苦苦哀求老先生想個主意。老先生想了想說：「我料想，那紅藥丸子應該就是女妖修煉的內丹。到了晚上，她若再來，你就趁機將那丸子吞下去。她沒有寶丹，你也就會除災避難了。」

老先生的一席話，說得周彤心裡七上八下直打鼓。他若信老先生吧，姑娘待他真情實意，從未有加害之意；若不信吧，可從沒見到過她爹爹，而且這紅色藥丸確實是從她嘴裡吐出來的，試問誰家的藥丸會放在嘴裡保存？思前想後，他還是依了老先生的主意。

到了晚上，青竹姑娘又來了。周彤果真就依照老先生的囑咐將紅藥丸子咽了下去。第二天清晨，當姑娘向他討回時，周彤推說夜裡不留神咽下去了。青竹姑娘一聽，立刻癱軟在床前，臉色變得蠟黃。她傷心地說：「你算把我害苦了。」說著說著，淚像山泉一般往下流。周彤見青竹這般傷情，不知怎麼是好。姑娘又說：「你若對我還有情意的話，無論如何，你再到竹林園去看我一次。」說完，青竹姑娘出了房門就不見了。

這變故搞得周彤悶悶不樂，不知姑娘發生什麼事，越想就越發擔心。於是到了晚上，等老師和同窗都睡下，他便偷偷溜出書院。月亮挺亮，山色迷離。當他跑到竹林園時，簡直驚呆了，原來那座小宅院全然不見了，只有一片青竹姑娘的竹林，山風一吹發出沙沙的響聲，更覺淒淒涼涼。他胡亂想道：莫非走錯了道？不對，分明是那片竹林。莫非姑娘生了氣，出走遠方了？不對，她還能把房屋宅院帶走嗎？看來再也見不到青竹姑娘了。他剛轉身往回走，忽然傳來幾聲蚱蜢叫，叫得非常淒涼，周彤連忙走向前去，定睛一看，面前豎著一塊奇形怪狀的石頭。周彤辨認了一下，這就是那宅院當中的怪石。怪石旁邊的那棵挺大的竹子已經乾枯了，枝幹上還掛著那個八角蚱蜢籠子。

周彤坐在那棵枯竹跟前，心裡好生懊悔，聽信了老師的話，把他和青竹姑娘弄到這般淒涼境地，他越想越難過，突然覺得胸口一陣絞痛，「哇」地一聲將那紅藥丸子吐了出來，一下落在枯竹根上，那棵枯竹立刻變得青蔥滴翠。

周彤揉揉眼一看，青竹姑娘竟不知道什麼時候突然活脫脫地站在他的面

前，不過面容比以前憔悴了許多。她一下撲到周彤懷裡，說：「周彤呀，沒想到你我二人能重新見面，今晚叫你來看看我，原來是讓你看在你我二人的情分上，把我的枯體殘屍掩埋掉。」

周彤這下完全明白了，青竹姑娘原來是個竹仙。姑娘覺得自己的真形已經被周彤見了，便說：「我是人也罷，是仙也罷，我待你怎麼樣呢？你怎麼能輕信別人的讒言傷害我呢？」一句話問得周彤無言對答。

青竹又說：「我實話說吧，我並沒有一個養竹的爹爹，因為我不這樣說，你不會和我好。這都是為了我們結成恩愛夫妻。那紅藥丸子，是我跑遍泰山採集了一百零八種藥材，煉了一百零八天，才煉成了這顆寶丹。我全指望這顆寶丹活在人間，如今你既然對我產生了疑心，我們之間的情分就算到頭了。」

青竹姑娘講出這番傷心話，周彤慌了手腳，忙拉著姑娘的衣袖說：「我做了錯事，害了你。我現在完全明白了，你是人也罷，是仙也罷，從今往後，就是一死，也不與你分離。」

青竹姑娘含著眼淚笑了。她說：「好吧，人常說一日夫妻百日恩，不經磨難情不深，不過你得依我一條。」

周彤忙說：「別說一條，十條百條也依。」

青竹姑娘說：「我經過這次磨難，得暫時閉關修煉。你也正好專心學藝，過些年，我們重新相會。」

周彤還想說些什麼，忽然眼前飄起一陣霧氣，青竹姑娘已經無影無蹤了。從此，周彤就以畫畫為生，而且專畫翠竹蚱蜢圖。他把青竹姑娘囑咐的話語全都記在心裡，和誰也不漏半個字。後來，他就在竹林園的舊址上蓋了個宅院，起名就叫「竹林園」。再後來，據說周彤出家做了和尚，宅院也改名叫「竹林寺」了。其實，周彤是等著青竹姑娘回來和他再續前緣，至於青竹姑娘有沒有回來，老夏就不知道了，但是竹林寺的傳說卻流傳至今。這就叫：

竹林園內有奇緣，蚱蜢把那紅線牽。

有情總被無情傷，不知何時遇竹仙。

泰山腰玉奇景的來歷

傳說很久以前，泰山東側的柴草河畔，住著一個名叫劉栓的青年，他從小就沒了父母，獨自一人，孤苦伶仃，專靠打柴為生。這個劉栓經常到大直溝去砍柴，那溝崖上有一棵老桑樹，春天來了，它先吐綠生翠，秋天過了卻也不見樹枯葉黃，滿樹桑葉依舊綠油油的閃閃發亮。劉栓砍柴砍累了，總愛靠著桑樹歇一會兒。

有一年春天，劉栓正在樹下休息，忽然飛來一群老鴰落在桑樹上，劉栓摸起一塊石頭投去，一隻老鴰應聲掉進崖下的深澗裡，其餘的全都「轟」地一聲飛走了。劉栓正要起身，就見一片桑葉飄飄悠悠地落在他手上，仔細一看，桑葉上還黏著一攤蠶籽兒。劉栓覺得舍掉可惜，就小心地把桑葉揣到懷裡，擔著柴火回了家。

劉栓帶回來的桑葉，幾天後也不乾不黃，嫩生生的。不久，那片桑葉上就爬滿了蠶寶寶。劉栓高興地把這些蠶兒放在一個小籬筐裡。從此以後，他每天上山砍柴，都要從桑樹上採回一些鮮嫩的桑葉，精心餵養。蠶寶寶長得非常快，不到一個月的時間，就長滿了一領大葦席。劉栓就尋思著讓這些蠶早做繭，到時候好賣了換件衣裳穿。

這一天，劉栓又去上山砍柴，回來的路上，聽到天上「呼呼啦啦」地響，抬頭一看，原來是一群老鴰從頭頂飛過。他心裡惦記著家裡的蠶，便挑著柴草急急忙忙地往家趕。回到家中，劉栓當場就愣住了，只見屋門四敞八開，小茅屋裡亂成了一團草窩，葦席上的蠶也全不見了，只剩下一地的鳥屎。劉栓想到剛才飛過的那群老鴰，心中頓時明白了，心疼地流下了淚水。他正無精打采地收拾東西，忽然，發現一個白胖胖的大蠶蓋在葦席底下，便趕緊把牠捧在手裡，那蠶不住地擺頭，好像難過地訴說剛才的遭遇。劉栓輕輕地把蠶放進筐籬，又鋪上厚厚的一層桑葉……

別看只剩了一隻蠶，劉栓仍然天天從大直溝揹回桑葉來，更加精心地照

料。沒多久，蠶就做了一個雪白雪白的繭，足有鵝蛋大。劉栓捧著繭，捨不得放下，上山砍柴把牠揣在懷裡，晚上睡覺把牠放在枕邊，簡直寸步不離。

這天夜裡，劉栓睡得迷迷糊糊，見那繭忽忽悠悠地飄了起來，飄到天上，竟變成了一朵白雲。一位身穿白羅裙的姑娘，站在雲頭，笑盈盈地說：「劉栓呀，你為何光留著繭不繅絲呢？你別看只有一個繭，牠可以抽出許多許多的絲，織出許多許多匹布啊！」劉栓剛要和那姑娘說話，姑娘卻輕輕飄走了。劉栓醒來，一腦門子汗，伸手摸了摸枕邊，那繭還在。瞧瞧窗外，星光滿天，才三更時分。他再也睡不著了，心想：剛才的夢是否靈驗呢？不如趁夜深人靜試上一試。於是，他一骨碌爬起來，支起鍋，添上水，將繭放入水中，只見繭越變越大，一眨眼就漲滿了鍋，劉栓甭提有多高興了。他急忙找了幾根木棍做了個繅車，抽出絲頭，拐呀纏呀，一口氣纏了七七四十九個絲團，鍋裡的繭仍一點也不見小。看來他做的這個夢不虛啊，這意外之喜把劉栓高興壞了。得了這個寶繭，劉栓以後的日子肯定再也不愁了。

話說第二天，劉栓沒有進山砍柴，他挑著雪白的蠶絲來到絲綢店，掌櫃的問他要多少錢。劉栓說：「不要金，不要銀，只換幾匹綢緞。」掌櫃的一合計，這買賣不錯。當時就換給了他。劉栓換回綢緞，不賣也不存，接著就都送給了缺褂少褲的窮苦人。他心想：反正我現在也不是多需要，這些窮人更需要幫助，而自己有這個寶繭，以後更應該去幫助別人。從此，他夜晚繅絲，白天就換回綢緞，接濟窮人。這日子一長，絲綢店的掌櫃可就納悶了：一個窮打柴的，哪來的這麼多蠶絲呢？

這一天，絲綢店掌櫃就想探一探劉栓的底細，怎麼辦呢？他便打扮成個討飯的老頭，來到柴草河畔。只見山坡上只有一間低矮的破草房，這可就奇了怪了，劉栓有那麼多的蠶絲，換回那麼多的綢緞，怎麼還住著間破草房呢？他的蠶絲又是從哪裡弄來的？到了晚上，他悄悄地溜到劉栓的窗戶底下，伸頭向屋裡一瞧，見劉栓正忙著繅絲，他不停地抽呀纏呀，屋裡堆滿了雪白的絲團，可是鍋裡卻只有一隻繭子。可把掌櫃的看傻了：「原來他有一隻寶繭啊！我要是得到這隻寶繭，家裡的財富就會無窮無盡了。」

要不說，人眼是黑的，心是紅的。可這眼要紅了，心可就變成黑的了。

　　這絲綢店掌櫃看得眼裡直冒火啊，一心要搶走這個寶繭。他在窗戶底下靠到四更，見這劉栓累了，停了繅車，依舊把那繭放在枕邊，倒頭便睡著了。絲綢店掌櫃輕輕地撥開門栓，悄悄走到床前，抓過寶繭，反身就跑。剛到門口，他又停住了，心想：偷走了寶繭，早晚會走漏風聲，乾脆一不做，二不休，不如來個殺人滅口。他轉身從灶膛裡抽出還未燃盡的柴火，往柴堆裡一扔，眼看屋裡濃煙滾滾，火光四起。絲綢店掌櫃帶著寶繭就逃，剛跑出屋門卻怎麼也跑不動了，他低頭一看，兩腿已被無數縷蠶絲牢牢地纏住了，而且越纏越緊，不一會兒，絲綢店掌櫃就被裹成了一個蠶蛹，一群老鴰漫天飛來，一口一口地把這個「壞棗」給啄食了。

　　鄉親們見劉栓的草屋著了火，都提著水桶前來救助。大火撲滅了，卻不見劉栓的蹤影，這時只見草房上空升起了白茫茫的雲團，人們見劉栓正和一位白衣姑娘坐在雲頭，不斷地繅絲，他們繅出來的縷縷銀絲在天上輕輕飄動，漸漸變成了一條長長的飄帶。這條玉白色的飄帶，繞著泰山山腰不斷地伸展開來。後來，人們就給它起了一個美麗的名字叫「泰山腰玉」。

　　這就叫：

　　　　泰山山腰玉帶纏，留到今日成奇觀。
　　　　善惡有頭終有報，美麗傳說代代傳。

扇子崖一開，金銀往外抬

在泰山西溪的西側有一座山峰，奇峰突兀，高聳峻峭，形如扇面，故名扇子崖。崖上有明人題刻摩崖石刻「仙人掌」。崖西有一鐵梯，攀緣可登崖巔，北眺龍角山、九女寨，西望傲來峰，大好美景盡收眼底。從崖上向東俯視，雙龍湖宛若鑲嵌在西溪中的一顆璀璨的明珠，閃閃發光。清人孫寶僮有詩云：「劍峰怒刺天，積鐵拔千仞。俯臨鬼穀幽，旁倚丈人峻。」的確寫出了扇子崖的風韻。扇子崖峰極險峻，赤眉軍曾在此崖頂設瞭望哨，並有當年的遺跡留存。而近年來，研究泰山西遊學說的學者也提出，扇子崖乃是《西遊記》作者聯想芭蕉扇的原型。這就更為扇子崖增添了幾份神秘的色彩。

但是在泰山山民中間則流傳著一個傳說：打開扇子崖，金銀財寶往家抬。這是什麼意思？難不成這個扇子崖還是個聚寶盆、藏寶庫？對了，在老泰山人的記憶裡，扇子崖據說是元始天尊在泰山上的私人藏寶庫。但是，若要打開扇子崖，必須要有兩個法子，一個是泰安的縣官必須姓劉，這就是「打開扇子崖，等著劉官來」的說法。另一個法子是泰山周邊的住家中，夫妻二人必須有十個親生兒子，而且一定要在除夕大年夜的五更，父母兄弟協力同心，去扇子崖拔出開山的鑰匙，就能打開這個藏寶庫。

恰巧有一年，在山下就有這麼一戶人家，生了九個兒子。夫妻倆自然是知道這個傳說，心想這馬上就可以湊夠十個兒子了，可左等右等，一直到頭髮白了，眼睛花了，有心無力的年紀了，也沒等來他們的十兒子。

按數算還差一個親生兒子，但是夫妻倆可不甘休，終於想了個變通的法子，用一個女婿頂數，這不就湊齊十兄弟了？反正老話說得好，一個女婿半個兒。十個大男人往那裡一站，大家都不言語，誰知道是女婿是兒啊？老兩口和孩子們一商量，閨女和女婿答應了，那九個兒子更是求之不得。於是他們就專等大年夜的五更天去開扇子崖。

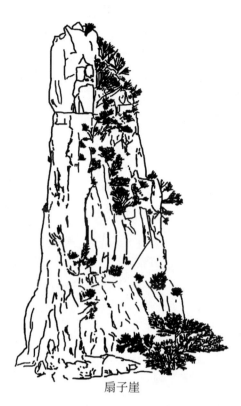

扇子崖

　　話說這扇子崖的下面有一塊晶瑩剔透的石頭，很像寶劍的劍柄，這個「劍柄」就是打開扇子崖的鑰匙。

　　除夕夜一到，一家人吃罷了年夜飯，老兩口就帶著九個兒子和一個女婿興沖沖地上了山。老兩口一路上就琢磨：雖說一個女婿半個兒，但這女婿畢竟是個外人。等打開扇子崖，進去搬運財寶的肯定得是自己的兒子，不能讓女婿進那個門。想到這裡，老頭就說了，一會兒交給女婿一個艱巨的任務，等時辰一到就去拔劍柄，九個兒子見大門一開就進去搬寶貝。其實老頭想得很清楚，真把寶貝都搬出來，想分給女婿多少就是他們一家人說了算了。大家都同意，這女婿也沒話說了。

　　五更天一到，老太太帶著女婿就去拔劍柄，只見女婿手把著劍柄，吃力地往外拔，無論使多大勁兒只見劍柄活動，就是拔不出來。但是，就在這劍柄一晃一動的時候，扇子崖下一道隱藏的石門竟然慢慢地開了，一道金光直沖

山外。大家興奮地往裡瞧，只見裡面金光閃耀，珍珠瑪瑙、翡翠寶石，奇光異彩。在金光閃閃的大廳裡，有一匹金馬駒正拉著一盤石磨在磨金豆子。

大兒子迫不及待地從狹小的門縫裡擠了進去。其他兒子和老兩口也拼命地往裡擠。正在大家用力往外運金銀財寶的時候，外面獨自拔劍柄的女婿已經累得精疲力竭了，劍柄搖晃得也慢了，扇子崖的金門也慢慢閉合了。

在裡面的一家人光顧著眼前的珠光寶氣了，哪管門外發生什麼啊。等老婆子眼看不好，衝著門外大聲喊道：「他姐夫，你倒是使勁拔啊。」

就這一聲，可了不得了，只見扇子崖的大門「嘎吱」一聲就嚴絲合縫地關閉了，門外的女婿用勁過猛也一下子就癱在地上爬不起來了。石門裡面的老兩口和九個兒子就再也沒有出來。據說從那以後，這個扇子崖的大門就再也沒有打開過。

這就叫：

> 扇子崖下大門開，金銀珠寶往外抬。
> 貪得無厭終有報，自斷財運不再來。

離奇三夢扇子崖

在我小的時候，聽姥爺說過，扇子崖一開，金銀財寶往外抬。這扇子崖裡面的金銀財寶到底有多少呢？還得先講講三夢扇子崖的故事。

話說在很早很早以前，扇子崖西南面不遠的地方有個村子叫陳家灣。村子裡有個大財主叫陳道理。窮苦百姓都恨透了他，稱他為「沉到底」。村子中間有個又深又圓的大灣，人們都叫它圓圓灣。村子裡的老百姓都盼著，有朝一日「沉到底」永永遠遠地沉到這個灣底。

圓圓灣的南面有一戶人家，只有娘兒倆過日子。娘年老多病，兒子才十五歲，名字叫李小山。因家裡窮得沒辦法，小山只好給「沉到底」家放羊。幹這個活兒，天天早出晚歸，日曬雨淋，還常常挨餓，真是個苦差事。有一年臘月初，「沉到底」說小山把他的羊餓瘦了，不僅不給工錢，還把小山罵了一頓趕回家。

小山的娘看到孩子瘦得皮包骨頭，娘兒倆抱頭痛哭。小山擦了擦淚水：「娘，您身子不壯，不要犯愁了，我能孝敬您。」

「孩子，你還小啊，哪有力氣幹活呢？」、「娘，我能幹活了，明天我就上山打柴。」從此娘兒倆就靠打柴過日子。半個月後，小山的娘忽然得了重病，渾身滾燙滾燙的。小山想給娘去拿藥，可又沒錢，只好天天守在娘的床邊。第三天，娘從昏迷中醒來，對小山說：「孩子，快上山打柴。要不，又要挨餓。」

小山答應著，帶上工具向泰山走去。當走到黑龍潭南面的時候，他看見一個白髮老奶奶掉進了潭裡，連凍加淹，眼看就要斷氣。小山連忙把捆柴火的繩子接起來，一頭拴在樹上，一頭拴在腰裡，跳進潭裡，把老奶奶救了出來。他把自己的破棉襖給老奶奶穿上，不大會兒，老奶奶醒來了，問道：「孩子，你家住哪裡？」

「住陳家灣。」

「叫什麼名字？」

「叫李小山。」

「是個好孩子。」

還沒等小山說話，轉眼間的功夫，老奶奶就消失不見了。小山很納悶，可他想到娘還病著，就顧不得多想了，連忙拾了些柴火背回了家。小山把這事兒和娘說了一遍，娘說：「只要你多做好事，我就放心了。」小山要背著娘去看病。娘怕用柴火換了藥，再沒錢買糧食了，說什麼也不去。晚上，小山摸摸娘的頭頂還是滾燙滾燙的，趴在床沿上哭了。

半夜的時候他睡著了，夢見在扇子崖上碰見了自己從黑龍潭裡救出來的那個老奶奶。在一道石門前，她很和善地說：「扇子崖裡萬貫財，石門一開往外抬。要給你娘治好病，明兒中午石門開。」

小山醒來一看，還是守在娘的床邊上。原來是個夢啊！小山把夢給娘說了一遍，問道：「明兒石門要真的開了，我進去問問吧，看看有沒有給你治病的藥。」

娘說：「去問問也好，要早點回來。」

第二天中午前，小山已等候在扇子崖的石門前。天到午時，就聽「咕嚕嚕」一陣響聲，石門竟然真開了。小山膽怯地走進門裡，越往裡走，越是寬敞明亮。只見那金磚銀磚，一垛一垛；綾羅綢緞，分排兩旁；槍刀劍戟，錚明瓦亮；珠寶玉器，閃閃發光。小山為了找藥給娘治病，也無心管這些，他想找個人問問，就找啊找啊，不知不覺轉到了石門北邊。這裡有一間四四方方的大瓦屋，走到門口一看，裡面有個挺俊的女孩正套著一匹棗紅大馬「咯崩咯崩」地軋黃豆。小山上前問道：「大姐姐，我是陳家灣的李小山，我娘病得很屬害，老是發燒，沒錢買藥。這裡有沒有退燒的藥啊？」

女孩微微一笑說道：「你一定是我奶奶說過的小山兄弟。你抓把豆子回去換藥吧。我叫扇梅，有難處就托夢給奶奶。」

小山半信半疑地抓了十多粒，說道：「謝謝扇梅姐姐。」

扇梅說：「小山兄弟，快走吧，石門兒就要關了。」小山快步走出石門，只聽「咕嚕嚕」一陣響，石門關上了。

　　小山再看看金光閃閃的黃豆，沉甸甸的，直墜手，心想：這是不是金豆子啊？回到家，他背著娘去了藥鋪。大夫看完病後說，要用十付藥才能治好。

　　小山問大夫：「用這種豆子換藥行不行？」順手掏出一粒來，大夫看了稱贊道：「哎呀，難得的金豆子啊，換十付藥這一粒就夠了。」

　　小山謝過大夫，背娘回家。娘喝藥以後，覺得有了好轉。就這樣，他白天打柴，晚上給娘熬藥，十天後病已全好了。他又帶上五粒去當鋪當了，買了糧食油鹽、衣裳鋪蓋，日子比以前好多了，娘倆照舊省吃儉用，小山還是天天上山打柴。

　　小山家的日子一天比一天好了起來，但是也引起了「沉到底」的猜疑，這小子莫非還有個什麼致富的絕招嗎？打聽來打聽去，聽說他用金豆子換藥。「沉到底」立時眼紅毛炸：「好小子，找他！」當天，他叫兒子陳大膽把小山叫到後宅，「沉到底」惡狠狠地逼問道：「小山，你從哪里弄來的金豆子？」

　　「我沒有。」

　　「你用金豆子換藥，怎麼說沒有呢？」

　　「那是我撿的。」

　　「胡說！我活了五十多歲，怎麼沒拾著一回兒呢？給我打！」陳大膽惡狠狠的一陣耳光，把小山打得鼻口流血。小山被折磨到半夜，被打得死去活來，只好說了夢見扇子崖的經過。

　　「沉到底」說：「再要做著這樣的夢，你要趕快來報信，不准你直接去。記住了嗎？」

　　小山被逼無奈，哭哭啼啼地答應後回了家。第二天一早，陳大膽踹開小山家的門，大聲問道：「夢見扇子崖了嗎？」

　　「從你家回來，我還沒睡覺呢。」

　　「從今夜起，每天早晨起來，先到我家說說，有夢沒夢。要不按時到，我就揍你！有夢說成沒夢，我還是揍你！」

　　從此，娘倆天天提心吊膽地過日子。十天，半個月，一個月過去了，日子真難熬啊。

有一天早晨，小山去「沉到底」家報信。還沒等開口，「沉到底」就不耐煩地說：「從明兒起，就不用來了，滾回去吧！」

結果沒承想，過了晌午的時候，村裡好打聽事的大奶奶在街上說：「你聽聽，『沉到底』的老婆哭起來啦，一個哭大膽，一個哭老天，你知道這是怎麼回事兒吧？」

原來「沉到底」夜裡做了個蹊蹺夢，在扇子崖上見到了白髮老太太，那老太太說：「扇子崖裡萬貫財，石門一開往外抬，明兒中午石門開，最好還是莫貪財。」這個夢一做完，「沉到底」家爺倆就連夜趕往扇子崖。等到午時，那石門真的「咕嚕嚕」地打開了。陳大膽闖進門兒裡，又是裝金豆子，又是搬金磚。正想往外運，「沉到底」在門外說：「快把北牆上掛的那把金龍寶刀拿出來。」

陳大膽回頭想拿寶刀，說時遲，那時快，只聽「咕嚕嚕」一陣響，石門兒關了。「沉到底」先是一愣，接著就哭天喊地地拍打石門，手都震破了，這石門也沒開。

卻說這「沉到底」貪財沒到手，反倒沒了兒子，滿肚子惱火都發洩在小山身上，怨他當初不該做這樣的夢。小山還想和他講理，他一棍子就把小山的腿打瘸了。從此，小山再也無法上山砍柴了，只好把剩的幾粒金豆子去當鋪當了，來過日子。天長日久，眼看就要斷糧，娘倆天天愁眉苦臉。

這天夜裡，小山又做了一個夢。在扇子崖上又見到了那個白髮老奶奶。老奶奶說：「扇子崖裡萬貫財，石門一開往外抬。要想治好瘸腿病，明兒中午石門開。」

第二天，娘叫小山早動身。小山一瘸一顛兒地趕到石門的時候，石門兒「咕嚕嚕」一陣響打開了。他走進石門裡，又碰見扇梅套著棗紅大馬軋黃豆。小山哭著說：「扇梅姐姐，我的腿被打瘸了。」

扇梅說：「小山兄弟，你替我掃碾，我去拿件東西。」說著，從裡屋搬出一個四四方方的小箱子，對小山說：「這叫呼寶箱，舉在頭上晃三晃，放下就大，你只要說『變小』它就變小。一拍就靈，呼什麼有什麼。」

　　小山半信半疑地看著扇梅，扇梅又說：「小山兄弟，餓了嗎？」小山點了點頭。扇梅用手朝箱子上一拍說：「呼——來四碟菜，一盤煎包給小山兄弟吃。」

　　掀開箱子蓋兒一看，熱騰騰的飯菜，噴香噴香的。小山想留一多半兒飯菜給娘帶回去。扇梅說：「不用帶飯菜，把這箱子背回去，隨吃隨呼。」小山大喜過望，謝過了扇梅，用青草蓋住箱子又捆好，背回了家。

　　小山一回到家裡，就對娘說帶回來個呼什麼有什麼的箱子。娘叫小山先呼治瘸腿的膏藥。小山接著一呼，真呼出來一貼膏藥，貼在腿上一會兒，這腿就能伸直了，走起路來也非常靈便，這腿徹底好了。小山又給娘呼了飯菜。娘又要小山用呼寶箱多給窮苦人家幫忙，不能蹲在家裡自己呼著吃。

　　小三很聽話，天天上山打柴，他呼了些爬懸崖的大吊繩、砍柴斧子、割草鐮刀送給窮苦的鄰居。再到後來，他又呼了些糧食、布匹，還娶了個老婆，生了個白胖小子，這日子過得越來越好。

　　「沉到底」一聽說小山家有個呼什麼有什麼的呼寶箱，又立刻眼紅毛炸，闖進小山家搶走了呼寶箱。「沉到底」回家後，先呼山珍海味，又呼綾羅綢緞，再呼金山銀山。這萬貫家財呼滿了，再呼了東西往哪放呢？

　　「沉到底」的老婆說：「人家不都說我們心狠，我們不如呼酒菜呼飯請客，這樣我們的人緣兒不就好了嗎？」

　　「沉到底」認為這個想法很好。於是，這個「沉到底」要大擺夜宴，招待四鄰鄉親，大家雖然鬧不清「沉到底」葫蘆裡賣的什麼藥，但是架不住好奇，還是去了很多的親戚鄰居。開席之前「沉到底」的老婆想顯擺顯擺，她搬出呼寶箱一邊笑著一邊說：「鄉親們，俺家有個天底下獨一無二的寶貝箱子，一拍就靈，呼什麼有什麼。」

　　說完，「沉到底」的老婆就把箱子舉上頭，晃了六晃。放下後，這箱子越變越大，大得能頂上半間屋。只見她朝箱子這麼一拍，說：「呼——」她光想著顯擺了，一時間竟忘了要東西。沒要東西，掀開箱蓋自然是什麼也沒有。在場的人見狀，都議論紛紛，說這什麼東西都沒有，算得上哪門子呼寶箱啊？

「沉到底」剛從茅房裡出來，一看自己老婆出糗了，氣就不打一處來，氣得跑到箱子前，一把推開老婆，在箱子上猛地一拍，氣呼呼地說：「讓妳呼，讓妳呼，呼驢馬尿呢！」

無意中掀開箱蓋，沒想到這又黃又渾的驢馬尿，可著大箱口一個勁兒地往外冒啊。鄉親們一看情形不妙，撒腿就跑。「沉到底」拼死拼活地想關住箱蓋，可怎麼也關不住。他被這老黃湯沖到街上，沖進村裡的大溝裡，又沖進了圓圓灣。而這個呼寶箱呢，就順著黃水慢慢悠悠地飄得不知道去向了。

這「沉到底」在圓圓灣裡呼爹喊娘，不大一會兒就沉到了灣底，這一次是真真正正地沉到底了。這個灣給全村的老百姓除了一害，從此，人們就把陳家灣改名叫黃水灣了。

這就叫：

> 扇子崖裡萬貫財，石門只為善人開。
> 貪財夢斷黃水灣，寶箱一去不復來。

神奇的九女寨

　　泰山西麓有個九女寨，如果不是泰山當地的山民，一旦到了這個地方就容易迷路。有人說九女寨，是不是當年有九個女中豪傑鎮守的山寨呢？其實啊，女中豪傑是有，但沒有九個這麼多，其實只有一位女將，她的名字就叫九女。

　　話說在西漢末年，聚眾起義的赤眉軍在泰山上養得兵強馬壯。一天，赤眉軍的首領樊崇帶著大批人馬打長安去了。留下劉六、劉七和九女三個首領鎮守泰山老營。九女是劉六、劉七的妹妹，武藝高強，是赤眉軍中少有的一員女將。

　　劉六和劉七住在扇子崖前的天勝寨，而扇子崖就是赤眉軍瞭望的哨所關卡，至今在扇子崖上還有當年赤眉軍的蓄水槽等遺跡。天勝寨靠山前，由於官兵不斷來犯，免不了經常打仗。而九女駐守在龍角山口後面的一座山上的寨子裡，赤眉軍將士的所有家屬全歸九女帶領，這個山寨不僅是赤眉軍的大後方，給前方將士供給糧草，也是通往泰山後邊的要道。

　　卻說這樊崇走後的第二年春天，官府派了數萬官兵，把泰山團團圍住，包圍得水泄不通，誓要剿滅這裡的赤眉軍。激戰幾個晝夜，由於地勢險要再加上赤眉軍的頑強抵抗，官兵幾次強攻都不能得勝。為了逼迫赤眉軍下山，官兵竟然使了個陰招，堆積乾柴，放火燒山。

　　赤眉軍因此損失慘重，無奈之下，劉六、劉七決定突破重圍，帶著兵馬投奔樊崇。但是因為聯絡不暢，再加上事出突然，主力部隊逃出了重圍，由九女率領一幫老弱病殘鎮守的山寨卻陷在官兵的重圍之中。好在這個山寨三面是深谷峭壁，只有一面是一線通道，單人行走也得側身過去，真可謂一人當關，萬夫莫開。再用火攻吧，白搭柴草。大批的官兵也只能是望寨興歎，一點辦法都沒有。這山上雖有方圓幾十畝平地可以練兵和種田，但是缺水，平常用水都是從山下往上挑。一看這個形勢，官兵乾脆以逸待勞，圍著山寨不撤兵，偶爾派出官兵騷擾一下山寨，其他時間就是在山下集結。官府就是想最終熬得九女他

們糧盡水絕，困死在山上。

不久，山上的將士和家屬把草根和樹葉都吃光了，渴得嗓子眼兒裡直冒火，一個個都病倒了，能作戰的人越來越少。九女親臨老虎崖，把守關口，殺了不知多少來犯的官兵。一天夜裡，九女手持寶劍，坐在山寨的一塊石頭上，看看山下官兵的篝火，比天上的星星還多。回頭再聽聽山寨裡不斷傳來兄弟姐妹的呻吟聲，不免歎息。再望望天空，萬里無雲，月光清淡，一點落雨的徵兆都沒有。她心如刀絞，心想：我赤眉軍殺富濟貧，除惡揚善，難道老天也不憐我九女，就真讓賊官兵把我等困死在這山上嗎？

九女越想越難受，心裡激憤，把寶劍往石樑子上猛地一戳。說來也奇怪，只覺得寶劍像碰上了麵團一般，「噗」地一聲就插進石樑子裡去了。她將寶劍拔出來，定睛一看，這寶劍插下去的地方，竟出現了一個泉眼，泉眼裡「咕嘟咕嘟」地冒出了清淩淩的泉水。九女趕忙捧起泉水，喝了幾口頓覺清爽甜美，精神抖擻。她立刻派人把泉水分發下去，大家喝了，個個精神振奮，什麼病也沒了。之後，九女又叫大家把泉水灑在山上，但見這山上重新又長出茂盛的莊稼……整個山寨變得生機盎然了。這可真應了那句老話，天無絕人之路啊！從那以後，山上練兵的喊殺聲、舂米做飯的砰砰聲不斷傳到山下官兵的耳朵裡。官兵們也覺得奇怪，可是誰也摸不著山寨上的底細。

九女在山寨裡養精蓄銳，不光令侵擾的官兵有來無回，還時不時地下山偷襲官兵的營寨，山下的百姓聽說此事，都說九女是個神女，是泰山老奶奶派來拯救大家的神女。

過了一段時間，山下的官兵也已經人困馬乏，沒了之前的勁頭。而這時，九女聽說赤眉軍已經打下了長安城，她想現在時機已成熟，是應該讓山寨上的將士家屬和親人們去團聚了。一天夜裡，大山四周雲繞山巒，下了一陣瓢潑大雨，把官兵們升起的篝火全都澆滅了。九女趁機帶著兵馬，下了山寨沖破包圍直奔長安而去。從此這山寨被人叫作「九女寨」，那個泉眼和他們搗米的石臼，據說至今還留在九女寨中。這就叫：

　　　　天不絕人活水來，神助赤眉九女寨。
　　　　縱有雄兵又如何？凸顯神女真帥才。

香油灣和仙人影

以前的老人家曾說過一個香油灣的傳說，說這個香油灣的水面上經常飄著一片一片的油花，就跟香油撒到水面上是一樣的，特別是剛下過雨以後，太陽一照，色彩豔麗，十分好看。離著這個香油灣不遠的飛鴉峰下邊的峭壁上還有一個仙人影，老遠地看過去，倒像是有一個頭戴草帽，身穿長袍，雙手合十站立的神仙，在注視著來往登山的遊人。

其實這個香油灣就在今天泰山西麓的昭君嶺下面。也說不清是哪朝哪代的事了，這個山下有一個賣香油的人，據說是在今天泰安城校場街這個位置的一個老實漢子。這一天他進山賣油，走到昭君嶺下正想歇歇腳，就見這邊一棵大柳樹底下兩個老頭兒在下棋。這兩個老頭都是鶴髮童顏，仙風道骨，一邊下棋，一邊悠閒地喝著茶。這個賣香油的也愛下棋，便放下油簍挑子過來觀看。人常說，觀棋不語真君子。賣香油的看著看著就入了迷了。兩個老頭專心致志地對弈，也沒閒工夫理他。

可是過了一陣兒，這賣香油的有點站不住了。怎麼呢？他覺得有點餓了，就在這個時候，兩個老頭兒每人吃了一顆紅棗，其中一個沒說話，也順手給了賣香油的一顆。正覺得餓，賣香油的接過棗來一口就吞了下去。這一下肚，立刻感覺神清氣爽，香甜可口，也不覺得餓了。這一下，他更上心了，光顧著在那裡看棋了，在他們的周圍，卻發生了不小的變化。就看那周圍樹木的葉子一會兒綠了，一會兒黃了，一會兒滿地下都是樹葉子，厚厚地蓋了一層。看棋看得入迷，這賣香油的也根本沒當個事。就這樣，周圍的樹木葉子一會兒綠，一會兒黃，葉子掉了再長，長了再掉……也不知道反覆了多少次。

兩個老頭兒下完了這盤棋，收拾完棋盤衝著賣香油的微微一笑就走了。賣香油的也想到時間不早，該回家了。回頭去找油挑子，卻怎麼也找不到了。

可把這個賣香油的急壞了，找了好幾圈，也沒找著，最後沒辦法，如夢如癡得就和掉了魂兒似的，走出山來。可這山路也和以前不大一樣了，有點生疏

了。他打聽著回到自己的村子，村子也已變了樣。他記得村頭關帝廟門前有棵小楊樹，這時卻是一棵一圍有餘的大楊樹了。樹下有一個白鬍子老頭，他上前詢問，得知這果然是原來的村莊。再向老頭兒打聽有沒有個賣香油的某某人。老頭說：「聽老人們傳說，這村有一個賣香油的某某人，進山賣油，一去不返，已經二百多年了。」賣香油的這才恍然大悟，於是返身進山，回到看棋的地方，卻怎麼也找不著那倆老頭兒了。

原來那兩個下棋的一個是呂洞賓，一個是張果老，他們也是看中了賣油郎的人品和造化，有意度化他成仙，於是擺下了這度化成仙的棋局。賣香油的也合著有緣，正找著找著，抬頭一看飛鴉峰下，見石崖下有個石洞，兩位仙師正樂呵呵地站在洞口看著他呢。他急忙喊了聲：「師父救我。」便火速地跑進了山洞，而石洞口也馬上就封閉了。這賣香油的人再沒有出來，只是在石崖上留下了一個影子，就是今天的仙人影。而他的香油簍，就在他看棋的那陣子早爛了，香油流進水裡，成就了今天的香油灣。

這就叫：

　　　百年棋局下兩盤，度化凡夫做神仙。

　　　成仙留下仙人影，香油灌滿香油灣。

長壽橋與無極廟

　　在泰山竹林寺的西南方向，黑龍潭之上，有一橋飛跨東西，彷彿是黑龍潭的上方生了一道濃眉，彎似月牙，與遊人眉目傳情。又如山澗當中躍出的一條彩虹，為龍潭美景增姿添色。橋身朱紅，與兩岸的青山相互映襯，人走在上面，遠眺龍潭勝境，北望小溪潺潺，真是美不勝收。橋下往南便是懸崖峭壁，溪流至此也就形成了一條瀑布，直沖黑龍潭中。懸崖邊上有一條天然形成的白色印記，從東到西形成一條又粗又長的白線，老百姓俗稱陰陽界。據說只要跨過此線，便會跌落深潭，絕無生還的可能。說了半天，其實就是泰山上標誌性的景點——黑龍潭上長壽橋。

長壽橋

　　要說起長壽橋，那還是 1942 年張宗昌督魯的時候，兗州鎮守張培榮所建。單說張培榮，大家可能比較陌生，但是一說張宗昌，這可真是個人物，人稱「三不知將軍」、「狗肉將軍」。怎麼三不知呢？不知道自己有幾個老婆，不知道自己有多少條槍，不知道自己有多少錢。雖然奇葩，不過張宗昌也有自己的手段，在軍閥混戰的年代，先直系後奉系，絕對是大名鼎鼎的人物。

　　張宗昌是個奇葩的將軍，那他手底下有個奇葩的鎮守也就不足為奇了。按說在當時修橋應該是方便更多山民和遊客，但是張培榮建這個橋的初衷可不是為了方便老百姓。那是為什麼呢？原來他完全是為了伺候他那「神仙」老婆。神仙老婆？這說起來也夠滑稽的，下面老夏就講講發生在長壽橋身上的故事。

　　話說這個張培榮怕老婆怕得出了名。儘管平日裡在士兵面前威風凜凜，但是在他老婆跟前卻是俯首貼耳，百依百順。對他來說，老婆的話語就是聖旨，就是軍令，比張宗昌說話還好使。

　　而這個張夫人，被張培榮寵愛得驕橫任性，有這樣一個有錢有勢的丈夫，她更是揮霍無度，肆意玩樂。這個張夫人看其他的官太太有的修身養性，有的吃齋念佛，覺得有錢人的太太都得是這個樣，於是她也開始學人家燒香禮佛。但是光這樣還不行，她還想學慈禧老佛爺。不能光給別的佛爺磕頭燒香，她也得讓別人給她燒香，給她磕頭。於是慢慢地心裡就有了要修仙成佛的念頭。

　　張夫人聽說泰山的風景秀美，很多人都是在泰山修成的正果，於是就心血來潮，自己也要修道成仙，立地成佛。於是，她就讓丈夫到泰山上徵地來給自己蓋廟。你說這得有多荒唐吧，但就是這麼一個荒唐的想法還真讓張培榮給她實現了。

　　張培榮領著老婆的「聖旨」來到泰山，到處轉悠，到處尋摸。最後來到黑龍潭附近，但見青山四圍，綠樹成蔭，翠竹亭亭，銀杏參天，清流夾道，一步一景。上有傲來峰和芙蓉峰的拔地通天之雄偉，下有龍潭飛瀑，小溪潺潺之清幽，真可謂是絕佳的勝地。他老婆來了一看也相中了，連連說這裡才是修道成仙的好地方，於是夫妻倆決定就在這裡建廟。還給他老婆起了個冠冕堂皇的名字——「無極真人」，而修的這個廟名字直接就叫無極廟了。

　　因為這個無極廟修建在了山澗的西岸，眾人出入上下都要過河，若是天旱還好，若遇大雨天，山洪下來，根本無法渡河，實在是不方便。於是，這張培榮又在萬丈懸崖之上修了一座長橋，為了取悅自己的老婆，讓她如願得道成仙，長生不老，便給此橋取名為長壽橋。雖然修橋是為了讓老婆高興，但確確實實給老百姓做了件好事。

　　再說這無極廟落成之後，張夫人興奮異常。身穿袈裟，像模像樣，端坐在

蓮花寶座之中，真當起了佛爺。為了迎合老婆，張培榮組織自己部隊的大小官兵以及所屬各縣的官紳、百姓對泰山的新女神「無極真人」三跪九叩，頂禮膜拜，並且還印刷了很多無極真經，散佈山東各地，蠱惑各地的百姓來泰山進行朝拜。張培榮尊稱他老婆是神女仙子下凡，做她的夫君真是愧不敢當，還專門將為她歌功頌德的石碑立在了無極廟裡。不過這個無極真人確實也就是個凡夫俗子，太不給她老公長臉了。剛一開始坐在蓮花寶座裡還覺得新鮮，看看自己的經書，接受眾人的朝拜。可這時間一長，粗茶淡飯，枯燥無味，想打個麻將都沒人來陪，更別說坐這蓮花座一天到晚腰酸背痛腿抽筋，渾身難受得很。最終待沒一個月，就不聲不響地跟著老公下山享福，從那以後就剩下一個空蕩蕩的無極廟了。

這真是：

萬丈懸崖掛彩虹，竹林寶剎自懸空。
銀河飛瀑搗龍潭，無極真人廟中空。

有眼不識泰山

　　要說起關於泰山的成語，可真是數不勝數，大多是形容泰山雄偉壯麗的好詞，泰山壓頂、穩如泰山、重如泰山、有眼不識泰山……前邊這幾個詞是形容東嶽泰山的，最後這個「有眼不識泰山」其實說的是一個人。這個成語什麼意思呢？其實它是來比喻因為只看表面現象而沒有認清對方的社會地位或是低估了對方的能力。關於這個成語，還有一個意味深長的故事。

　　傳說在很早以前，泰山上住著一對年輕的夫妻，他們日出而作，日落而息，辛勤地勞動。他們結婚的第二年就生了個大胖小子，沒承想這孩子不到一歲，一場傷寒奪走了他幼小的生命。又過了一年，他們又生了個可愛的女兒，可沒滿月也夭折了。連著沒了倆孩子，這夫妻倆心裡鬱悶得要死，整天跟做了什麼虧心事似的。結果，這老婆又有了身孕，這本來是個好事，可夫妻倆卻高興不起來，都為這個沒出生的孩子的命運擔憂。

　　後來，丈夫碰到了一個算命先生。看完他倆的八字，算命先生就和他說了：「立子不住，是因為那兩個孩子的名字和你夫妻倆的生辰八字相克。以後再生孩子，你當天晚上出了大門往北去，碰到什麼吉祥的東西就取個什麼名字，這樣不但能保住性命，而且准能成器。」

　　聽了算卦的這麼一說，夫妻倆可算沉住氣了。進了臘月沒幾天，老婆又生下了個白白胖胖的兒子。按照算命先生的囑咐，當天晚上，丈夫出了大門往北，沿著登山的盤路一路向北，除了寒冷刺骨的北風和山上那冷冰冰的石頭，什麼吉祥的東西都沒碰著，只好垂頭喪氣地回到家裡。老婆問丈夫都見著什麼了，丈夫也很無奈：「唉，老婆啊，除了黑乎乎的泰山和冰冷冷的石頭，什麼也沒看著，這孩子恐怕又沒指望了。」一邊說，這淚可就掉下來了。不過要說還是這老婆有心眼，聽完丈夫說的話，不但沒有難過，反而笑著對丈夫說：「看你這個榆木腦袋，泰山是名揚四海的大山，這個名字不但響亮，而且硬氣，不論是窮苦百姓，還是有錢的當官的，不都到這來進香啊？就連皇上都來封禪，

我看是最吉祥不過了，我們就給兒子取名『泰山』吧！」丈夫聽完這番話，一拍腦袋，「對啊！還是老婆你聰明啊！」從此這個孩子就叫「泰山」。小「泰山」不但長得健壯水靈，而且連個頭疼腦熱都沒有，十分招人喜歡。

說話間，「泰山」長到了十歲，成了個小機靈鬼，整天帶著一幫小兄弟不是用黃泥弄個狗呀貓呀的泥塑，就是用秫秸杆紮個鳥呀獸的，沒人教他，卻做得活靈活現，非常逼真。這一年，木匠的祖師爺魯班來到泰安做活，正巧投宿在「泰山」家中，這一住可就是半年。家裡突然來了這麼一位絕世的高人，是小「泰山」的機緣到了嗎？

卻說這木匠祖師魯班投宿到他的家中，這可是天大的緣分。魯班可不是一般人啊，別說是一塊兒住半年，就是能碰見，打個照面那也是天大的榮幸啊。「泰山」的父母自然在心裡就盤算上了，心想：我們這窮人的孩子沒錢念書，學門手藝也就可以謀生了。要是能跟著魯班大師那更是三生有幸啊！於是等魯班臨走的時候，「泰山」的父母就提出來讓孩子跟他學習木匠手藝，魯班開始覺得孩子太小，但是又不好意思回絕，畢竟打擾了人家半年了，只好收下了「泰山」這個徒弟。

從此以後，「泰山」跟著魯班師父走南闖北，走東家轉西家，給人家做傢俱，做門窗。「泰山」對那些鋸和鉋子似乎無心學習，而對魯班的木雕倒是很感興趣，每當魯班在太師椅、拔步床上描龍繪鳳、刻花刻鳥的時候，他總是在旁邊目不轉睛地看，過後自己再找塊木頭學著師傅的樣子刻。由於「泰山」的年齡小，還是個孩子，魯班師傅也不逼著他學，讓他隨便做。就這樣，「泰山」跟了師傅將近一年，魯班師傅見他在木工方面確實不大入門，不大像吃這碗飯的，更是怕他學不成手藝壞了自己的名望。再說了要是被錛鑿斧鋸的傷了身體，也不好向人家父母交代，於是就對「泰山」說：「這個木工是個力氣活，你的年齡也太小，要不就先回家去，等長大了你想學的時候，再來找我。」隨後，就派人把他送回了泰安城。

這「泰山」回到家裡以後，和他爹就開始幹些打柴挖藥的活兒。有一天，他發現那些挖回來的樹根奇形怪狀，有的像喜鵲登枝，有的像猴子撈月，有的像二龍戲珠，有的像麒麟送寶，他越看越好奇，憑著自己豐富的想像力和

從魯班師傅那裡學來的雕刻手藝，反復琢磨，精雕細刻，把那些平常只能當爛柴燒的木頭，製成了一件件工藝品，然後拿到岱宗坊附近，向來遊泰山的人們出售。

幾年以後，魯班為了造登城雲梯，帶著他的徒弟們來到泰山選木材。當他來到岱宗坊附近，就看見有人擺著許多用樹根雕成的工藝品，栩栩如生，歎為觀止，不禁連聲叫絕。就在魯班細細品味那些工藝品的時候，只聽擺攤的人說道：「師父，您不認識我了嗎？我是『泰山』呀，您什麼時候到的泰安，怎麼不到我家坐坐？」

這話把魯班說糊塗了，仔細一看，這才發現，那擺攤的小夥子不是別人，原來就是前幾年跟隨自己學藝的「泰山」啊，不想幾年前的一個頑童，竟有這手絕活，心裡是又後悔又有敬佩之情，不禁脫口說道：「哎呀，你刻的這些東西太好了，這可都是精品啊，當初為師真不該把你送回家，我魯班真是有眼不認泰山啊。」

寒暄幾句，「泰山」收拾好東西，拉著魯班就回了家。據說，後來「泰山」在魯班的耐心指點下，創造了許多根雕珍品，從那以後也就有了根雕這門藝術。一直到現在，泰山的根雕也是全國一絕。

這就叫：

　　　　魯班仙師走了眼，不識眼前真泰山。
　　　　無心插柳卻成蔭，根雕絕技永流傳。

魯班爺修岱廟

上回老夏講了一個有眼不識泰山的故事，說的是木匠的祖師爺魯班收了個叫「泰山」的徒弟，從毫不起眼到大放異彩，以至讓魯班爺深深折服的這麼一個故事。說起魯班爺，他跟泰山還真是很有淵源，據說魯班仙師還曾經來泰山修建過岱廟，也在民間留下了不少美麗的傳說。

話說在宋朝，宋真宗要封禪泰山，於是就大興土木，修建岱廟。動工那天，全國各地有頭有臉的木匠都來了。為了不耽誤工期，大家不分晝夜，緊張地忙碌起來。其中就有這麼一個白鬍子老頭兒特別扎眼，他整天在工地上轉悠，這兒瞧瞧，那兒看看，可從來沒見他伸手幹過一點活兒。許多木匠雖有些不滿，可又看到他這般年紀，也不好把話說明。有年輕的就說了：「你看把這老頭閑得五脊六獸的，就知道瞎轉悠。」有人問了，什麼叫「五脊六獸」啊？這個「五脊」說的就是古代大殿的五條房脊，而這「六獸」說的就是古代大殿五條房脊上分別站著的小神獸。這就是五脊六獸的由來，就是說他們這六個啊，天天蹲大殿頂上，啥事不幹，閑得難受的意思。

年輕的說完，旁邊一位年老的說話了：「唉，都不易，就讓這老頭混碗飯吃吧。」

這一天，老頭兒吃完了飯，對大夥說了：「我也不能光閑著，要不你們就得說我閑得跟五脊六獸似的了。這樣吧，我做幾個墨尺給大傢伙用吧。」不一會兒，老頭兒就做了幾十個，趁大夥休息的時候分給了大家。許多人都覺得好笑：這老頭真是的，墨尺誰不會做，總共不過一拃長，一袋煙的工夫就能做幾個，誰稀罕這個啊！許多人接過來就沒當好東西給扔了，只有一個姓李的木匠細心地收了起來。

過了幾天，李木匠的墨尺斷了，就拿出老頭兒給的墨尺來用。奇跡出現了，李木匠用墨尺在木頭上劃線，木頭即刻順著墨線分成了兩半。大夥一見，都紛紛去找自己扔的墨尺，哪裡還能找得回來。這時候，大夥才恍然大悟，原

來那老頭就是魯班師傅啊。

話說天貺殿修好了，所有的工匠們都懷著既高興又不安的心情等待著總監工的驗收。只見總監工圍著大殿細細地察看了一周，突然發現東北角的一根簷椽長出來半寸。這可怎麼辦啊？大傢伙你看我，我看你，一個個嚇得臉都白了。要知道，別看是這點小小的差錯，那可有被殺頭的危險啊。總監工來回踱著步子，兩眼射出逼人的寒光，四周靜靜的，眾人連大氣都不敢出了。就在這時，突然從人群中走出一位長者，大家一看，正是那個多日不見的白鬍子老頭兒，只見他手提著一把斧子，掄起右臂，「嗖」地一聲將斧子扔了上去，不偏不斜，正中簷邊，剛好把那多餘的半寸簷頭削了下來。人們直接都看傻了，總監工也怔住了。等到大夥回過神來，回頭再找那老頭兒，卻已經無影無蹤了。

眾木匠對魯班十分感激，都高興地說：「多虧了魯班爺這一斧，救了大夥的命。」

在修建岱廟的時候，魯班先師除了亮了兩手絕活之外，還做了一件成人之美的喜事。

怎麼回事呢？原來啊，這天貺殿主體修完之後，就輪到石匠們鋪臺階了。這可是個細活，用的都是最好的大理石，鑿出來的石頭有棱有角，尺寸拿捏得必須十分精准，有一點差池就可能前功盡棄，所以各位能工巧匠不辭辛勞地日夜忙碌。

在這些能工巧匠中就有泰安的一位張石匠，這張石匠就住在岱廟附近，為了修岱廟天天在工地上忙碌，但是修建岱廟給的工錢實在是太少了，家裡的女兒也老大不小了，最近說了門親事，按理說該是個大喜事，但是因為家裡太窮，連給女兒的嫁妝都置辦不起來。張石匠一天到晚長籲短歎，憂鬱成疾，最後終於還是累倒在了工地上，工友們就把他送回家裡去養病了。

這一切都被一個白鬍子老頭兒看在眼裡了，這人正是魯班。魯班老爺子整天背著錘子在工地上逛來逛去，還是和以前一樣，歪手的活不幹，東看看西轉轉的。這一天，有一個石匠剛把一塊石頭鑿成正方形，正想歇歇喘口氣，沒承想，就聽「砰」地一聲，另一個石匠手裡的錘子突然脫把，甩出來的錘頭不偏不斜地砸在了方石上，正好砸去了一個角。可把這石匠給心疼壞了：「唉，多

可惜，不能用了。」這個石匠懊喪地說著，但是都是工友，大家都過來勸說。沒辦法，自己只能把石塊搬起來扔到了廢料堆裡。但是，這個白胡子老頭兒魯班走了過來，掏出錘子，一聲不響地把石塊重新砸得方方正正，抱著走了。

　　魯班一出岱廟，就直接來到張石匠家，笑著說：「張石匠，我給你女兒送嫁妝來了。」在床上躺著的張石匠一聽這話，立刻感覺渾身輕鬆，病就好了一半，連忙起身出來迎接，一看是個不認識的老頭兒送來一塊石頭。心想：我再窮也不能給女兒陪嫁石頭啊，但是人家也是出於好意。當時他也向魯班表示了感謝，等魯班一走，張石匠也沒把石頭當什麼好東西，當場就扔在院子裡了。

　　眼看整個岱廟的臺階就要修完了，全是清一色的大理石，誰知鋪到最後一塊石頭的時候，石匠們找遍了石料堆，也沒找到對色的。一塊石頭安不上，整個工程就不能竣工，這可把眾石匠愁壞了。要麼說無巧不成書呢，正好這一天，大家吃過飯，都來到張石匠家歇涼聊天，忽然就發現了院子裡的那塊石頭，不大不小，顏色正對，石匠們高興得不得了，這可真是「踏破鐵鞋無覓處，得來全不費功夫」啊，當時就有人上來要搬走。這時候，就見張石匠的老伴兒從屋裡趕了出來，一屁股坐在石頭上說：「這是人家送我女兒的嫁妝，誰也不能動。」大家一問緣由，立時明白了，原來是魯班師傅扶助窮人。石匠們立刻稟報工頭，工頭聞知，願出高價收買。就這樣，張石匠便用這筆錢為女兒購置了嫁妝，高高興興地送走了女兒。

　　這就叫：

　　　　墨水匣化身斬木劍，飛斧修簷不帶偏。
　　　　鑿石成就好姻緣，魯班岱廟留神傳。

135

徂徠山的四大怪

「中軍帳的蛤蟆乾鼓肚，中軍帳的圪針沒有鉤。光華寺的和尚多一個，周猛洞是見進不見出。」這是流傳在徂徠山上有名的「四大怪」。每一怪都有每一怪的說法，每一怪都有每一怪的傳說。

先說中軍帳，這個地方可不一般，「四大怪」它自己就占了倆。中軍帳的兩大怪是怎麼回事呢？

話說清朝乾隆皇帝南巡經過徂徠山，就曾在中軍帳停車歇馬，也就有了這兩大怪的由來。原來乾隆剛到中軍帳就被這裡的大美風光所吸引，停車下馬和「劉羅鍋」（也就是劉墉）君臣二人在中軍帳登山散步。可走著走著，乾隆爺的龍袍就被山間酸棗樹上的圪針給刮住了。這乾隆爺可是個細緻的人，看到心愛的龍袍被圪針刮了這麼個洞，當下又氣又惱，順手就衝著這酸棗樹枝擼了一把，這一把可了不得，竟然把圪針上的鉤都給擼直了。從那以後，這中軍帳的圪針上就沒有鉤了。看來皇上不光有一嘴的金口玉牙，更有一雙金臂玉手。

乾隆爺轉悠了半天也是有點累了，就在龍鳳松下休息。這松樹西邊有個水塘，裡面的蛤蟆可能也是沒見過這麼大的官來徂徠山，叫得那叫一個歡，「哇哇哇哇」地叫起來沒完沒了。本來乾隆爺龍袍被刮破了就不大高興，再加上這麼一亂騰，本想睡一會兒，休息休息也不行了，當時面露不悅，有點心煩意亂。一邊的「劉羅鍋」一眼就看出來龍顏不悅，於是便起身對著河塘說道：「皇上在此休息，爾等驚擾聖駕，該當何罪？」這一嗓子可了不得，從那以後，這裡的蛤蟆再也不敢叫喚了，只是有苦說不出，氣得肚子溜圓。直到今天，這裡的蛤蟆還是不出聲呢。

說完了中軍帳，再說說光華寺裡這一怪，為什麼和尚多一個呢？相傳光華寺曾經是十分鼎盛，香火不斷，和尚僧人多達九十九個。傳說古代的光華寺有個寺規：敲梆子是餵狗的信號，敲鐘是僧侶吃飯的信號。本來光華寺有九十九個和尚，可是每到吃飯時就會有一百個和尚。一到吃飯就多一個，所有的和尚

都納悶這到底是怎麼一回事。有一天住持和幾個和尚想了一個方法將原來的寺規調換，來查個所以然。

可是誰能想到，這多出來的和尚不是別人，正是釋迦牟尼佛祖他老人家。眼看著光華寺裡做的飯香，於是就每到飯點來蹭飯。這可是請都請不來的佛祖，可這些和尚哪知道啊，無形之中就把佛祖他老人家給得罪了。第二天，佛祖聽到敲鐘時以為開飯了，興高采烈地就到寺裡吃飯。可是他一看，寺裡的和尚正在餵狗。原來住持把敲鐘改為餵狗的信號，並通知了寺裡的其他和尚。佛祖一看這情況，差點沒把鼻子給氣歪咯。「哦，我來吃飯你們餵狗，這是把我當什麼了？」一氣之下佛祖朝東南方向走了，三步就到了海邊，頭兩步就踩出了兩座山，就有了一步山和兩步山的名稱，並且每一個山頂都有一個大腳印。佛祖畢竟也是慈悲為懷，沒把事做絕，也給這些和尚們留了個後路，臨走的時候在寺廟西南扔下一棵小樹，並說待到這棵松樹樹冠能遮一畝地的時候再回來。看來這佛祖對祖徠山的光華寺還是很留戀的。

最後再說說這周猛洞見進不見出又是怎麼回事呢？原來，相傳在明朝的時候，在祖徠山下的村莊，有一對夫婦，老年得子，這個孩子生下來哭聲震耳，體魄健壯而高大，眼大眉黑，故取名周猛。在他未滿周歲的時候，老父親因無錢醫治而暴病身亡。從此，他就和老母相依為命，過著艱苦、清貧的日子。

但隨著周猛年齡、體格的增長，飯量猛增，家裡經常是無米下鍋，只能靠莊裡莊鄉接濟維持生活。到了周猛十八歲那年，一天周猛上山打獵，追一隻兔子到一巨石下，野兔不見了，他便仔細尋找，忽然眼前一亮，一個巨大的洞口呈現在周猛面前。周猛順著洞內的一絲光線，一直向前走，走了很長時間，最後竟從山後的化馬灣走了出來。周猛大喜過望，以後這個洞便成為他遮風避雨的地方。

話說有一年時逢大旱，周圍鄉村顆粒無收，百姓背井離鄉，四處乞討。有一天，周猛在附近官道上閒逛時，看到一隊官兵推著獨輪車，滿載物品，蓋著官印，走近一看，是朝廷運送稅銀的車隊。周猛大喝一聲，嚇得官兵四處逃散，便把銀子劫持了下來，分給百姓來解燃眉之急。皇帝知道後，非常氣憤，命官府抓捕周猛。周猛便到洞內避難。官兵在洞下方的大灘地駐紮了三年，卻

逮不著周猛。每天是只見周猛進洞，不見出來，三年來不吃不喝也困不死他？難不成這個周猛是個神人？這個洞是個魔洞？這一傳十，十傳百，就把這個事傳邪乎了，官兵更是沒一個人敢進這個洞。

可是誰也想不到這個周猛是從化馬灣出來，吃飽喝足再從周猛洞進去啊。後來官兵瞭解到周猛是個孝子，便把他母親抓來，揚言周猛再不出來，便殺其母。周猛見其母被抓，只好走出山洞自首。但是從那到現在，這個周猛洞是再也沒人進去過，更是沒見人出來過。

這就叫：

徂徠山上有四怪，驚擾乾隆戲如來。

魔洞見進不見出，神奇傳說留萬代。

呂洞賓的修仙地

在泰山王母池的東邊一點有一座石橋，名喚「八仙橋」。在橋的東頭一拐彎有一個天然形成的山洞，這個山洞說大不大，卻有著它不一樣的傳說。此洞名叫「呂祖洞」，據說是純陽真人呂洞賓曾經修煉過的地方。呂洞賓可是玉皇大帝親封的八仙之一，風流倜儻，玉樹臨風。就呂洞賓這般仙風道骨的模樣，再配上一把寶劍，絕對是當年神仙中的高富帥。關於他的傳說在全國各地流傳很廣，民間就有他「江淮斬蛟」、「岳陽弄鶴」、「客店醉酒」等傳說。

這個呂洞賓是高富帥的典型，一副無憂無慮的樣子。看上去整天游山玩水，尋歡作樂，但是他的修仙之路卻並不平坦。雖然在泰山上也有很多神奇的傳說，但他可不是泰山人。傳說他是山西河中府人，姓李，父親以前在京城當大官，算是個官二代。但是有一年，他父親被奸臣陷害，被皇上判了個滿門抄斬，這一下可真就是虎落平陽了。但是在這個時候，呂洞賓正好和他妻子在外地沒回家，官府就沒逮住他，夫妻倆連夜逃跑，隱姓埋名。因為是夫妻一塊逃亡，改個什麼姓呢？後來這呂洞賓一想，我們夫妻倆逃亡，兩口兩口，就兩「口」合個「呂」，我們就姓呂吧。

後來機緣巧合，呂洞賓遇到了仙人鐘離權，也就是八仙裡面的漢鐘離。這個漢鐘離見呂洞賓氣度不凡，斷定他日後定能大有作為，便收他為徒，教授法術，授以煉丹妙訣。於是，呂洞賓夫婦便修道在終南山了。

雖然躲過了殺身之禍，但是這官府搜查可是一天比一天緊。漸漸的，這終南山也不安全了。漢鐘離也十分擔心他們的安危，萬一搜山可就麻煩了，他就對呂洞賓說：「連日來官兵查訪太嚴，風聲太緊。我看這個地方不宜久留。你們夫妻倆還是速速離開這裡，以免日後誤了大事。」呂洞賓一聽這話，也是犯了難，心想：我現在真是上天無路，入地無門啊。想到這裡，不由歎了口氣，自言自語地說：「這普天之下，莫非王土。官府通緝天下，我去哪兒尋安身之處啊？」漢鐘離思索了半天，從懷裡拿出一張地圖，對呂洞賓說：「這東嶽泰

山，乃是我道家神仙府邸，你按著這個地圖，找到泰山，到了那裡自然會受到仙家保護。」

呂洞賓接過地圖仔細一看，原來是道家護身法寶——五嶽真形圖。夫婦二人十分感激，拜別恩師之後，便向泰山逃亡去了。為了掩人耳目，又打扮成了道士模樣，自稱回道人。

經過了千辛萬苦，歷盡磨難暫且不表。且說這一日，回道人剛入泰安境內，東嶽泰山已在眼前了。夫妻倆這才真是徹底地鬆了口氣，懸了多日的心也算踏實下來了。正像漢鐘離說的，泰山可真是個神仙府邸。這一天，泰山神見山前鳥飛獸遁，一派熱鬧景象。掐指一算，便知有大仙北來。隨即召集眾仙下山遠迎，設宴款待。

呂洞賓也是長揖答謝眾仙，鬱鬱而言：「蒙承諸位上仙的錯愛，大禮相迎，小仙實不敢當。我乃鐘離大仙的徒弟，道術初學，此來還請各位大仙多多指教。」一陣寒暄之後，呂洞賓又將家門遇難的事告知泰山神。泰山神十分同情呂氏夫婦，便安置他夫妻二人到岱陰摩雲嶺下的石屋裡隱居修煉。

而呂夫人因為擔驚受怕，再加上一路來旅途奔波，沒過多久，便病故了。呂祖夫婦平常你敬我愛，賓禮相待。你說說，又是姓呂，又是叫回道人的，足見夫妻倆感情太深厚了。妻子去世後，呂洞賓悲痛萬分，日夜守著妻子，幾天不思茶飯。但是，人死不能複生，總要入土為安啊。不得已，呂洞賓掩埋了妻子，但是每日在這石屋裡睹物思人，天天想他妻子。如此下去，也無法安心修煉。沒辦法，他就來到岱陽王母池畔的石洞裡繼續修煉，這個時候他才取道號「純陽子」，自稱「洞賓」，他住的石洞待他成仙以後，人們就把這裡叫作「呂祖洞」了。

呂洞賓成仙得道多年以後，號稱岱麓五賢之一的宋濤也來到這山洞裡專心苦讀，話說有一天，忽見有一位道人來訪，光著腳丫，衣服破爛不堪，而且胸膛上還懸著兩個大瓢。雖然看上去跟乞丐似的，但是兩眼裡卻透露出了非凡的氣質。這宋濤也不是等閒之人，忙上前施禮問道：「請問師父到此，有何貴幹？」

邋邋道人哈哈一笑：「訪學求教，來此別無他意，只想聽聽先生讀書罷

了。」

　　宋濤忙讓道人進洞，晚上宋濤又弄了點酒菜招待道人。喝得暈乎乎時，這邋遢道士忽然瘋癲起來，一會出言惡俗，一會又手舞足蹈，一會又變起了戲法，把宋濤看得目瞪口呆。心想耍酒瘋耍到這個程度，必非凡人所為啊。宋濤正想再和道士聊兩句，誰知這道士連理也沒理他，頭也不回地就出洞了。宋濤不知所措，尾隨出洞，想看究竟，卻發現這道人早已無影無蹤了。

　　幾天後，泰山的居民祈仙祛病，這個道人又出現在眾人面前，一句話沒說，扔下片紙便駕雲而去。眾人趕忙拾起那紙，只見上面寫道：「純陽游岱嶽，轉轉尋同侶。」後邊的落款是「單道士」。這時，宋濤才恍然大悟：

　　「單」、「善」相通，善者道也，單字上為雙口，原來是呂祖思念老伴，又來故地重遊啊。

　　這就叫：

　　　　風流瀟灑呂洞賓，重情重義赤誠心。
　　　　泰山多少呂祖事，膾炙人口傳古今。

洞賓點睛，神虯飛天

在泰山王母池的東北方向有座水庫，名叫虎山水庫。這裡風景清幽，秀麗迷人，是泰山周邊老百姓休閒賞景的好去處。尤其是夏天的傍晚，沒事到水庫邊一溜達，划船散步，那真是小風陣陣，清涼無比。雖說是個水庫，面積卻不大，這要放在農村，最多也就算個灣。但就是這不大的一灣碧水卻讓遊客讚歎不已，感歎大美泰山風景秀麗。其實大家都明白，這水庫也是近些年才有的這個名字，在很久以前，虎山水庫卻有另外一個名字——虯在灣。當然，這個虯在灣也有一個美麗的傳說。

相傳，在很久以前，灣裡有一條神虯，要不怎麼叫虯在灣呢，這裡面可是有真龍啊。所謂「虯」，就是剛剛長了犄角的小龍，一樣能呼風喚雨，吞雲吐霧。但是因為這隻神虯眼睛有毛病，最終不能幻化成神龍，所以就被龍族所嫌棄，只能委身在泰山的一灣湖水之中。但是他心地善良，每逢天旱，便普降甘霖，為泰山的四鄰八鄉做了不少好事，人們都非常感激他。

虯在灣的南邊就是有名的八仙橋，橋邊有一山洞，名曰呂祖洞，是八仙之一呂洞賓在泰山修煉時的洞府。呂洞賓逍遙自在，風流倜儻，雖然和神虯是鄰居，但他整日地在外雲遊，和這位神虯鄰居卻未曾謀面。

這一日，呂大仙海外雲遊歸來，畢竟多年不回泰山了，回到故地也不由得被景色所迷醉。轉來轉去，還是泰山好啊。發了一陣的感慨，就拿出筆墨，在東邊小山的石壁上龍飛鳳舞地大書特書起來。

呂洞賓不認識神虯。但神虯卻是久聞他的大名，早就知道呂洞賓在此修煉。而且神虯也曾得高人指點，若想點化他再次成龍，重回龍宮，非神仙不可。他身邊放著這麼一位大神，豈能錯過。他見呂洞賓興致勃勃，寫得起勁，就變成一個小孩，偷偷在他後面一字一句地吟起來。呂洞賓寫一句他就跟著念一句，用現在的話來說，那就是好萌好可愛啊。

呂洞賓聞聲回頭一看，見一個小孩搖頭晃腦地吟他的詩，好像還頗知詩

味，覺得這小孩挺有意思，就故意和他開了一個玩笑，拿起毛筆在他臉上輕輕一點。這一點可了不得，頃刻間狂風驟起。還沒等呂洞賓醒過神來，只見有一條水柱從潭中騰空而起，隱約只見一條神虯乘風飛去。

原來，神虯眼睛的毛病非神仙點化不可，要不也不會被嫌棄，從龍宮遷居到泰山。而呂洞賓此時已修煉成仙，被玉帝欽定為八仙之一，他這一點，正好就點在神虯的眼上，神虯頓覺耳聰目明，化身成龍，便重返龍宮了。

不久，風住浪止，潭中恢復了平靜。這個時候，呂洞賓才回過神來，原來這小孩就是潭中神虯所變啊，無心之下還做了一件好事。打那以後，人們便把水灣取名叫「虯在灣」，把水灣東邊的小嶺取名叫「飛虯嶺」。

這正是：

　　　澄澄注一灣，知有虯龍在。得遇題詩翁，相攜去無礙。
　　　擾擾路旁人，昏昏雲鬈鬈。虯去池空存，波光清於黛。

徂徠山太平頂為什麼是平的

　　話說在泰山東南方十五公里有一山，喚作徂徠山。據老一輩人說，很久很久以前，這座大山比泰山還高一頭。不過，現如今卻比泰山矮了一大塊，而且山頂是平平整整，就像被刀削掉了一塊兒一樣。原來這裡流傳著一個更古老的故事。和眾多泰山傳說不一樣的是，泰山老奶奶不是從徂徠山凡人修真，而是從天上而來，正因為泰山老奶奶成為泰山之主，才從天而降了一座徂徠山，這到底是怎麼回事呢？

　　相傳在很早很早以前，也說不清什麼年代了，泰山老奶奶從天上來到了泰山，受命於天，成了這座山上地位最高的女神。因為她心地善良，老百姓都很尊敬她。

　　也就在這個時候，八仙之一的張果老也騎著驢到了泰山，他老人家到這這麼一看，青松翠柏，山清水秀，鳥語花香，葉綠花紅，打心眼裡就喜歡上了這座大山。他心裡可就盤算上了，如此大好的河山，憑什麼就讓碧霞元君佔了呢？想我張果老在八仙之中也是德高望重，趁碧霞元君根基未穩，我何不與她爭上一爭。想到這裡，張果老就找上門來了。

　　一聽張果老的來意，碧霞元君哪裡肯依，在南天門和張果老磨破嘴地講道理。誰知張果老胡攪蠻纏，一連好幾天他在山頂上撒潑打滾，大吵大鬧，非要趕泰山老奶奶下山。而且張果老還說了狠話：「你要是不讓出泰山，那就讓我的驢馱上泰山扔到東海裡。」

　　老百姓聽說張果老要趕走泰山老奶奶，一個個都很擔心。這個事兒一傳十，十傳百，最後傳到了天將王靈官那裡。王靈官為人正直，剛正不阿，最看不慣那些欺軟怕硬，不講理的人，聽說這個事，氣憤地說道：「好你個張果老，且不說碧霞元君是天帝欽定的泰山女神，你無權侵擾。單說你一個老爺們，為老不尊，欺負良家婦女，單這一點，我王靈官就得揍你。」

　　一怒之下，王靈官就從天上來到泰山，正碰上張果老大耍無賴，他的驢像

發了瘋一樣，亂踢亂啃松柏花果。王靈官趕忙用鞭子在驢腿上狠狠一抽，驢腿立刻瘸了。王靈官又衝著張果老大喝一聲，那聲音好像是晴天霹靂，震得滿山石頭都到處亂滾，再看張果老早被震翻在地。張果老看事情不妙，牽著瘸驢灰頭土臉地下了山。泰山老奶奶感念王靈官仗義相助，於是就把王靈官留在身邊，向上天討了個封，成了泰山的鎮邪保駕官。

張果老沒撈著坐泰山寶座，又受了一肚子的窩囊氣，倒騎著毛驢上了西天。有人問了，他閑著沒事跑西天幹嗎去了？難道是想不開要出家？怎麼會呢！張果老倒是沒這麼清心寡欲，反而心生了一計。原來他把西天邊上一座萬分陡峭險峻的高山，搬上了驢背，馱到泰山的東南方，放在了泰山的斜對面。這兩座大山一對比，這山比泰山整整高出了一頭。張果老心想：你不是不讓我坐泰山寶座嗎？行，我打不過你，我可得氣死你！我弄座更高的山來壓過你！因為這山是用驢馱來的，那時候又叫馱來山，就是現在的徂徠山。

可是在這徂徠山的山洞裡，原來就有兩大魔王和許許多多的小妖怪。張果老用驢馱山的時候，連這些妖怪也一股腦地都馱來了。

大魔王叫驢頭妖，二魔王叫醜八怪，下面還有好幾千個小妖怪。這夥妖怪一來到泰山附近，對周圍的老百姓姦淫擄掠、無惡不作。張果老看在眼裡，卻喜在心裡。他心想：就讓這夥兒妖怪把泰山老奶奶鬧個雞犬不寧，等到你在這泰山待不下去了，你前腳走，我後腳就佔領泰山。

起初這夥妖怪在徂徠山下和汶河兩邊鬧騰。後來來泰山山根裡鬧，這裡的老百姓天天提心吊膽。話說泰山腳下有個叫柳家河的小山莊，住著一戶姓柳的人家。老夫婦有兩個女兒，大女兒叫柳青，二女兒叫柳紅，姊妹倆正十七八歲，生得貌美如花，別提多俊了。老兩口兒疼愛女兒，女兒孝敬老人，一家人過得和和美美的。

有一天驢頭妖和醜八怪帶領小妖怪到泰山來，闖進了柳家。兩魔王一看見柳家姊妹，賊眼轉了幾轉。幾個小妖怪一擁而上，抬起柳家姊妹就走了。柳老夫婦哭著撑到莊外，撑到荒坡。從此，好模樣的兩個女兒，落入了徂徠山的妖怪洞。柳家姊妹被搶走後，老夫婦茶不思飯不想。外面也是風言風語地說，倆魔王要和她姊妹倆配夫妻。要是真的跟了那兩個鬼東西，還不是鮮花插到了牛

糞上，喪良心呀！老人家聽到後心如刀割，一病不起。泰山老奶奶聞聽此事，更是勃然大怒，吩咐王靈官速去救人。已經是後半夜了，王靈官來到徂徠山，趁著眾妖怪還在熟睡，低聲叫醒柳家姐妹，說明來意，刮起一陣風，將柳家姐妹救出魔窟，重新回到了老夫婦身邊。姊妹倆一見爹娘，一頭撲在二老的懷裡，一家四口抱頭痛哭。王靈官又把老奶奶準備好的治病丹藥給二老服下，一家人拜謝老奶奶救命之恩暫且不表。

且說王靈官重新回到徂徠山，天光還未放亮。這夥妖怪天天花天酒地，洞府內發生了這麼多變故，他們卻一點也沒發覺，還在呼呼大睡。鼾聲在洞穴內此起彼伏。王靈官見此情此景更是火氣沖天：「就爾等一幫酒囊飯袋，竟也攪得民不聊生，真是可恨啊！」

王靈官走出洞府，身形一晃，只見他的身子是越長越大，越長越高，瞬時間就高過了泰山。他提起九節連環鞭晃了三晃，連環鞭一下子變得又粗又長，向空中一甩，立刻狂風尖叫，趕雲如飛，往回一帶，只聽「轟隆隆」一陣沉雷，攔腰打斷了徂徠山。這夥妖怪在睡夢之中就被王靈官一鞭子又都送回了西天。從那以後，這徂徠山的山頂就變成了平的，現在人們都叫它太平頂。

這就叫：

　　　徂徠本叫馱來山，果老惹怒王靈官。

　　　一鞭抽出太平頂，除魔懲惡佑平安。

泥馬難渡化馬灣

話說在徂徠山的北邊，有一處風光秀麗、穀幽壑深的絕佳景致。這裡融幽深、峻險、秀美於一身，再加上松濤陣陣、鳥鳴聲聲，真可謂是修身養性、躲避凡塵的好去處。這就是徂徠山上的龍灣大峽谷。在峽谷北邊的山頭上有這麼一個大殿，名叫康王殿。哪個康王呢？他就是南宋的第一任皇帝宋高宗趙構。熟悉歷史的朋友都知道，就是這個皇帝聽信奸臣秦檜的讒言將愛國將領岳飛以莫須有的罪名加害，遺恨風波亭。但是趙構和徂徠山，和康王殿又是什麼關係呢？今天老夏就講講趙構在徂徠山的故事。

雖然宋高宗多數時候給人們的印象是膽小怕事、陷害忠良，但是在他即位當皇上之前，這個康王卻是一個英勇過人、文武雙全的好王爺。傳說康王趙構曾經在徂徠山駐軍抗擊金兵入侵，就在現在康王殿這個地方。這個山東、南、北三個方向山勢陡峭，西方山脈綿延，而且背陰向陽，把這裡當作前哨陣地，那是易守難攻，真乃絕佳的軍事天塹。趙構在峽谷的谷口修建寨牆，作瞭望放哨之用，便於及時發現敵情，以利備戰。站在此山向東望去，山下的形勢可以盡收眼底。

因為有真龍天子這個皇上命，康王也是機緣巧合，泰山老奶奶賜給趙構一窩神蜂，以助他抗金之用。雖然就是一窩馬蜂，這個東西可了不得，蜇一下誰也受不了。最神奇的是，還有一面金鑼，你不敲它，這神蜂就都在南邊的旋風頂上待著。只要一敲響寶鑼，這神蜂立馬從天而降，那真是遮天蔽日，日月無光，見人蜇人，見神蜇神，而且一蜇就死。敵兵對此聞風喪膽，鬼哭狼嚎。有神蜂保護，康王在徂徠山一帶的防禦是固若金湯。

卻說康王有個女兒，生得冰雪聰明，但是生性頑皮。每次兩國交兵，小女兒就對父親手裡拿著的這面鑼好奇得很。你說，「哐哐哐」這麼一敲，黑壓壓的馬蜂大軍就來助戰，想讓牠來就來，想讓牠回去的時候，你再一敲，一眨眼就全都回去了，真是太好玩了。於是，這小姑娘就趁康王外出的時候偷偷地取

出了父親的寶鑼，左看右看，愛不釋手。一邊看一邊想起康王敲響金鑼，指揮神蜂蜇得金兵抱頭鼠竄的樣子就羨慕得不行。心想，我要是像父王那樣用金鑼指揮這神蜂那得有多威風啊？

想到這裡，不由自主地就敲響了寶鑼。霎時間，整個康王殿上空黑壓壓一片，神蜂以為金兵來犯，迅速集結到了康王殿。在天上「嗡嗡」了半天，飛來飛去也沒見一個敵兵，瞬間又都消失，飛回了旋風頂。這把小公主看得哈哈大笑，心想這神蜂還真是可笑，說來就來，說走就走，看我戲耍他們一番。於是她又敲響了寶鑼，神蜂瞬間又來了，轉悠了一圈又掃興而歸，可把這頑皮的公主高興壞了。你走我就再敲，你還走我還敲。就這麼一來二回，到最後，任她再敲，一個馬蜂影也沒了。神蜂也煩了，這不是耍著神仙玩嗎？

卻說，康王在外突然覺得心煩意亂，心想是不是家裡出了什麼事了？於是帶人日夜兼程趕回徂徠山。正趕上有大批的金兵來襲，康王立刻找出金鑼，敲鑼傳喚神蜂前來助陣。俗話說，再一再二不再三。神蜂被戲耍之後，正生氣呢，聽見鑼響也當耳旁風了，根本就沒動窩。

這下可把這康王急壞了，心想大事不好啊。隊伍節節敗退，眼看性命就要不保。不過到底這帝王命硬啊，危急時刻只見一匹戰馬從天而降，落在了康王面前。康王趕緊跨上駿馬，快速地突出了重圍。

擺脫敵人的追擊之後，已是人困馬乏、口乾舌燥。趙構騎著駿馬來到一個大灣前飲水，卻不料這戰馬見水即化，在灣邊化作了一灘泥巴，原來這馬是泥巴做的。那到底是怎麼回事呢？原來是泰山老奶奶眼見康王遇難，捏了匹泥馬前來救駕，從那以後就有了現在泰安城東的化馬灣。寶鑼在兵荒馬亂之中遺失在了徂徠山東側的一座山上，也就是現在徂徠山上的「錦鑼」。

這就叫：

> 戲耍神蜂身犯險，康王兵困徂徠山。
> 絕處逢生有神助，泥馬難渡化馬灣。

真情感化情人石

話說在徂徠山張家峪有個苦命的孩子叫張寶，從小沒了爹娘，跟著兄嫂過日子。但是他這兄嫂卻不是什麼好東西，從小就使喚他幹活，動不動張嘴就罵，抬手就打。每天上山放羊，完事還得打柴火扛回家，最要命的是從小到大就沒吃過一頓飽飯，有個糠菜窩窩吃就不錯了。

但是張寶這孩子踏實能幹，為人善良，儘管兄嫂對他很刻薄，他也是毫無怨言，任勞任怨，轉眼就長成了十七八歲的大小夥子。眼看這弟弟越長越大，當嫂子的可坐不住了。心想：這熊孩子長大了，懂事了，也不像以前這麼好使喚了，動不動還有個脾氣，這要再娶個老婆，把我這家產一分那還了得？不行，得把他攆走。想到這裡就提出來要和張寶分家，可是家裡的東西除了他自己幹活用的扁擔和斧子，什麼都不給他。要說這張寶也是早就受夠了兄嫂的閒氣，你說分家就分家。什麼東西都沒有，我不是還有雙手嗎？東西還不都是人混的啊，只要有力氣就餓不著我。於是，他自己到徂徠山上用三根棍支了個草屋就這樣過起日子來了。雖然是白手起家，啥都沒有，但是張寶這孩子真是賭氣成鋼，餓了就採點野果，渴了就喝山泉水。在山上打了柴火就到山下去賣，慢慢地也置辦起了一些簡單的鍋碗瓢盆，也能買點糧食，下鍋做飯了。小日子過得也像模像樣，終於不再受那窩囊氣，能吃上飽飯。

卻說這一天，張寶像往常一樣在太平頂西邊的山上打柴，突然烏雲壓頂，大雨傾盆，把張寶淋得跟個落湯雞一樣。他急忙鑽進了附近的一個山洞避雨。本想等著雨停了接著下山，可沒想到這雨就是下不完了。等了半天，他也不著急了，心也靜了，乾脆我躺下歇會吧。可這一安靜下來，突然聽到洞內有動靜，張寶揉了揉眼，仔細往裡面這麼一看，哎呀，這洞的最裡面竟然還藏著個大活人！

原來在洞的最裡面站著一個女孩，正驚恐地看著他。要說這個女孩長得那叫一個俊啊，不高不矮的個頭，上寬下窄的瓜子臉，月牙一般的眉毛，忽閃

忽閃的一雙大眼睛就好像兩汪泉水一樣，。張寶哪見過這個啊？當時就看傻眼了。心想，這是人還是神仙下凡啊？一看他這個傻樣，剛才還有點害怕的女孩反而被逗笑了。一看女孩笑了，張寶也回過神來了，趕緊傻乎乎地問道：「大妹妹，你……你也是來避雨的啊？」

「我不光是避雨，我還是來避難的。」說到這裡，女孩那臉也耷拉下來了，眼淚止不住地往下淌。張寶一看這架勢，又慌了：「大妹妹，妳是不是餓了，還是人家欺負妳了？我這裡有煎餅，你先吃點吧。」他也顧不上自己，把身上早就被雨水浸透的煎餅拿出來遞給那姑娘。女孩也不客氣，幾個煎餅一會就全吃沒了，一看就知道餓得好幾天沒吃飯了。

吃完了煎餅，女孩過來感謝救命之恩，向張寶說起了自己淒慘的身世。原來這女兒叫王靈兒，家就住在徂徠山北邊的舊縣。她爹在當地是有名的「壞棗」，地痞無賴，給她娶了個後媽也不是什麼好人，兩個人鬼混在一起狼狽為奸，專幹一些喪良心的勾當。眼看這王靈兒已經十六歲了，出落得如此美麗可人。這夫妻倆竟然想把自己的女兒賣給舊縣的縣老爺吳德去當五姨太。一聽這縣官的名就知道不是啥好人，吳德吳德，也是個缺德沒良心的主。王靈兒怎麼能從呢？於是她下定決心，就是餓死在深山之中也不能羊入虎口，連夜就逃到了徂徠山大山裡。

張寶聽完王靈兒的訴說，又回想起自己不幸的身世，也是淚流滿面。兩個人真是同病相憐，互生愛慕。於是便用徂徠山做媒，石洞當新房，天賜的好姻緣，有情人終成眷屬。

第二天，張寶挑著柴火，領著王靈兒下山回了自己的草屋。打那以後，張寶燒火，靈兒做飯。吃飽喝足了，張寶上山打柴，靈兒就在山上挖野菜摘野果，雖然日子依然清貧，但是二人互敬互愛，小日子越過越甜蜜。十里八鄉很快就都傳說張寶有豔福，拾柴拾了個好老婆。當然這事很快就被張寶的嫂子知道了，一聽這個事，這壞女人又氣又恨。可了不得了，你小子這是轉運了，世上的好事怎麼都讓你給佔上了呢？還拾了個好老婆，誰知道是不是個狐狸精啊？這裡面肯定有事！想到這裡，他嫂子非要去試試這王靈兒到底是何許人也。

於是，他嫂子就找到了張寶家裡，正趕上夫妻倆在家吃飯。一見嫂子來了，張寶趕緊給老婆介紹，畢竟長嫂如母。兩人見嫂子來了，以為是前來賀喜的，夫妻倆忙前忙後，又是倒水，又是盛飯，分外熱情。

這一忙活也把嫂子給弄蒙了，趕緊也賠上了笑臉，噓寒問暖了一番。這樣聊了半天家常，他這嫂子也確定王靈兒就是個活生生的人，張寶就是命裡有這個福。但是這小倆口對王靈兒怎麼逃婚，怎麼逃進深山的隻字不提。回到家，他這嫂子可就琢磨了，這麼漂亮的女孩怎麼就能看上她這窮得叮噹響的小叔子呢？即便不是什麼妖精，萬一是個犯了事的逃犯，將來要鬧出事來，我們家豈不是要白白受牽連。不行，我得讓大掌櫃的上縣城裡打聽打聽，真要有個事，我們老大家也得洗個清白。」

第二天，她就打發老大去舊縣城裡打聽事去了。一直到了天黑，才見老大連滾帶爬地跑回了家，一進門就上氣不接下氣地說道：「壞了，壞了，禍事了！」嫂子忙問：「怎麼了？什麼禍事啊？」老大喘了口氣，接著說：「你是不知道啊，這舊縣城真有個女孩叫王靈兒。他爹是出了名的潑皮無賴王魔鬼，把她賣給了吳縣令當小老婆，可這妮子抗婚跑出來了，到現在城裡還貼著告示來，說有窩藏王靈兒的全家處斬。有知情舉報的賞金百兩。你說說，這不是我們的滅門禍事來了嗎？這個熊孩子，可氣死我了！」

可是老大說完這番話，這壞心嫂子竟然哈哈笑起來了，把老大給弄糊塗了：「老婆，你嚇傻了嗎？」老婆說：「你才傻呢，你不想想，知情舉報，賞金百兩。這一百兩金子不是明明就是給我們準備的嗎？」老大一聽，為難地說：「那我們也太對不起兄弟了。」

「你要對得起你兄弟，我們全家都得陪著死。你對不起你兄弟，我們夫妻倆就有百兩金子。你是要死還是要黃金吧？」

老大一聽，低頭想了半天，最後說：「不光要命，也得要錢啊。」這黑心的夫妻倆不顧親情，第二天天不亮老大就去縣衙報了官。喜得縣令吳德立刻招呼三班衙役，大隊人馬直奔徂徠山而來。卻說這王靈兒正在睡夢中，突然一陣心煩意亂，趕緊起身叫醒了張寶。夫妻二人爬上山頭遠遠望去，一片旌旗招展。他們知道大事不好，趕緊帶上乾糧往山上避雨的山洞逃跑。可沒承想卻被

早就來把風的嫂子一路跟隨，直接帶著大隊人馬追到了山洞下面。

張寶夫妻倆一看沒辦法，從山洞裡出來直奔西南的山頂跑去，最後走到山頂已是無路可去，前有懸崖後有追兵。縣令老爺一看二人無路可逃，淫笑道：「小娘子，跟我回去享福，我還可留你們小命。來啊，小的們，給我上！」

眼見如此，張寶、王靈兒反而心裡平靜了很多，兩個人手拉著手，含情脈脈地對視了一眼，從容地從懸崖上跳了下去。

卻說此刻，碧霞元君正在泰山靈應宮內打坐養神，突然眼皮一陣亂跳，知道不好，掐指一算，原來是一對善男信女正在殉情。於是急命座下哼哈二將前去救援。二將立刻駕雲來到徂徠山上，無奈還是晚了一步，張寶夫妻已經縱身跳下懸崖。於是二將一人一個，托起了兩個靈魂回到泰山向碧霞元君覆命。元君感念二人生死相依，封賜張寶、王靈兒為座下寶靈二仙，留在了身邊。而兩個人墜崖的凡胎肉體卻化作了兩塊巨石，緊緊相依，就成了今天看到的情人石，他們住過的山洞就叫情人洞，跳崖的地方就成了情人崖。

再說這縣令吳德，眼見寶靈二人跳崖殉情，一時間氣急敗壞，暴跳如雷。而張寶的兄嫂還厚著臉皮，雙雙跪倒在地懇求縣令：「大老爺，請賞給我們一百兩金子吧！」縣令一聽：「什麼？金子？好，我賞，我賞給你們一百兩金子。」說完走上前，一腳一個把這兩個狼心狗肺的人給踹下了山崖摔了個粉身碎骨。

這就叫：

> 天若有情天亦老，情人石前話靈寶。
> 真情感天能動地，善惡分明必有報。

推磨山的藏寶之謎

話說在徂徠山主峰太平頂的西南方，有一座山峰與眾不同。別的山峰都是峰峰相連，就只有這座山峰是獨立隆起，遠遠看去就像一個大磨盤一樣，周圍還有道路環山一周，當地的老百姓都叫它「推磨山」。

話說有一位孫老漢，在山下種了二畝地的苔瓜。這一年，苔瓜長勢喜人，其中有一個很特殊，一個就頂倆個這麼大，孫老漢對它特別喜愛，平時都用幾片瓜葉子蓋上面，不讓別人發現。眼看瓜快熟了，老頭也不在家裡住了，為了看好他這些苔瓜，在地頭上搭了個棚子，直接就住那裡了。剛住下就出了個新鮮事，剛到三更天，就聽到一陣馬蹄聲。這是怎麼回事？借著月光，孫老漢就看見一匹白馬圍著推磨山轉，一直轉到雞叫了，這白馬也不見了。接連好幾天，這馬半夜就來，雞叫就走，慢慢地孫老漢也就不當個事了，該看瓜看瓜，該睡覺睡覺。

可是老孫怎麼也想不到，這個推磨山可不是一般的山。實際上，此山乃是東嶽大帝的一個藏寶庫，山底下有一通道直達陰間的蒿裡山。東嶽大帝除了是泰山山神，還掌管著幽冥十八層地獄。他懲罰那些地主惡霸、貪官污吏之後，便把沒收的財寶全都收進了推磨山的寶庫，還專門派牛頭馬面在這裡日夜看守。前面說的那匹按時上下班的白馬就是馬面鬼。老百姓的肉眼凡胎怎麼能認識啊？所以說，就算在推磨山邊上住的山民也不知道在這山底下竟然有一個大寶藏。

卻說這一天，一個叫劉明的風水先生來到了徂徠山，一看這個推磨山大吃一驚。這風水先生可不比凡人，懂陰陽，曉八卦，一眼就看出這是個金銀寶庫。但是他轉了半天也沒看見哪裡有門，怎麼能進去。他又累又渴，就來到老孫的瓜地裡吃瓜解渴，一邊吃一邊和孫老漢聊天，老孫也有啥說啥，說著說著就把白馬半夜轉山的怪事給劉明說了。這一說，劉明可就明白了。

到了二更天，劉明一個人偷偷地來到了推磨山的山頂上潛伏了起來。三更

天一到，就聽推磨山西北角上「唓嘁」一聲，接著就出現了一匹白馬，白馬一出來就撒開蹄子開始轉山。劉明自然知道這就是馬面鬼，大氣不敢出，一直趴草窩裡等著。只聽一聲雞叫，這白馬又從西北那個角上消失了。

等著天一放亮，劉明趕忙來到白馬出沒的西北角上仔細地觀察。終於發現這裡竟然隱藏著一個寶庫的便門。門是個拱形門，寬有三尺，高有丈餘，門口有一個巨石，正好擋在門口，好像是個門閂。門口是上崖下坡，門在下坡處。開的時候，巨石向上升起，關的時候，巨石滾下，正好擋住門口，巨石同大山渾然一體，不仔細觀察根本看不出門的痕跡。劉明看到這裡，在巨石上做了個記號就又去老孫的瓜地了。

劉明到孫老漢的瓜地幹什麼呢？在前邊說了，在老孫的瓜地裡有一個蹊蹺的苔瓜，一個頂其他兩個苔瓜大，老孫喜歡得不得了，還專門用瓜葉子給藏起來。其實，這不是一個普通的苔瓜，這個苔瓜有個別名，叫「趕山鞭」，五百年才出這麼一個。只有用這個趕山鞭才能把推磨山的頂門石給搬走，大石頭搬走了，才能順利打開金庫的門。上次和孫老漢聊天的時候，劉明就注意到了這個苔瓜，只是個頭還沒長夠，沒法用。如今這金庫入口已經找到，自然就得先去把開門的鑰匙給拿來。

一到瓜地，劉明就向孫老漢買瓜，並問那個大苔瓜從結瓜到現在長了多少天。這孫老漢是個老實人，既然有買主，再喜歡也得賣啊。於是就告訴劉明有二十天了。劉明掐指一算，到了八月十四，正好是一百天，一百天就長成個兒了，正好八月十五晚上就能用，於是便對孫老漢說：「我也不和你講價了，三百錢，這個苔瓜我要了。」孫老漢一聽哈哈大笑：「你可別逗我了，這二畝地的瓜你都要了也就二百錢，一個瓜你給三百？」

劉明微微一笑：「三百錢是三百錢，我可有個條件，你這瓜非得長夠一百天才能摘，也就是說你得一直幫我看著它長到八月十四才行。到時候我連瓜帶秧一起要，摘早了我可就不要了。」囑咐妥當，這劉明便揚長而去。

且說這孫老漢，一個苔瓜賣了這麼好的價錢，自然是歡喜得了不得，對這個苔瓜更是愛護有加。眼看就到了八月裡，其他的苔瓜都賣得差不多了，要是別人家，早就拔了瓜秧回家休息了。可孫老漢為了三百錢的苔瓜，還是在瓜地

裡一刻也不敢放鬆。

　　離八月十四越來越近了，瓜地裡的苔瓜也越來越少了，老孫也有點累了。可就在這個時候，瓜地半夜裡卻突然來了一個不速之客要吃瓜。只看他紅髮披肩，鼻孔朝天，樣子要多難看有多難看。

　　孫老漢一見這模樣害怕得不行，但是這紅髮青年倒也禮貌，雙手抱拳：「大爺，你就給俺摘個瓜解解渴吧。」眼看這紅髮怪人如此，老孫反倒不怕了，從瓜地裡摘了幾個苔瓜，對紅髮怪人說：「小夥子，這些瓜我也不要錢了，你在我這裡吃也不太方便，你拿家吃去吧。」紅髮怪人也聽話，拿了瓜也不說啥，腳不沾地就走了。孫老漢暗暗稱奇，最近這怪事是越來越多了，這肯定不是人啊，到底是個什麼妖怪呢？

　　第二天夜裡，紅髮怪人又來了，老孫二話沒說，和頭一天一樣，又摘了幾個苔瓜讓他走了。如此，一連好幾個晚上，一到半夜，紅髮怪人就准來，這地裡本身就沒多少苔瓜了，這下好了，天天來，還架得住這個吃法啊。除了劉明預留的那個大苔瓜以外，其他的苔瓜不管好的壞的都被這紅髮怪給吃沒了。

　　到了八月十二晚上，紅髮怪人果然又來了。這三來兩來的吧，孫老漢倒是也不怕他了。見他進門要瓜吃，孫老漢正好剛點上一袋旱煙，就招呼他先坐下，說：「來，孩子。你先坐下。可是這瓜也不知道還有沒有了，我抽透了這袋煙，上地裡再給你找找去。」紅髮怪人見老漢抽煙抽得正上癮，就說道：「大爺，我抽一袋行吧？」

　　「怎麼不行啊，來，我給你弄袋你嘗嘗。」說完就把牆上的火槍給摘下來了。原來老漢也想好了，你三天兩頭地來吃瓜，搞不好也是看上了那個大苔瓜，我可是許了別人，三百錢呢！你要讓我發不了這個財，我管你是神仙還是妖怪呢，你不讓我過，我也不讓你活。拿了火槍，槍口衝著紅髮怪人說：「你含到嘴裡，我好給你點火。」這紅髮怪人一見火槍確實比那個煙袋鍋子大多了，高興得不行，說道：「大煙袋一看就過癮，抽起來更過癮。來，我含著，你點火。」說罷，張嘴就把火槍咬住了，這孫老漢也不含糊，雙眼一閉，心一橫就扣動了扳機。就聽「砰」地一聲，直接把孫老漢震倒在地上了。只見一溜火光直奔門外，紅髮怪人不見了。不一會，就聽一個聲音傳來：「大爺的煙袋

實在強，明天晚上再來嘗，哈哈哈。」就這一句話，可把老孫給嚇傻了，啥也別說了，連夜把那個大苔瓜連瓜帶秧的都拔了，卷起鋪蓋卷就回家去了。

說話間可就到了八月十四了，這風水先生劉明牽著個毛驢找來了。孫老漢把前因後果這麼一說，劉明看了看這摘下來的苔瓜。這個頭長度倒是都還行，就是不知道不滿一百天，好用不好用了。但是事到如今，也沒別的辦法，只好給了老孫三百大錢，拿著苔瓜、瓜秧，牽著驢直奔推磨山而來。

一直等到天交三更，白馬顛顛地又竄出來了，正轉三圈，倒轉三圈。不到四更天，劉明就躲在草窩裡學雞叫。白馬就認這雞叫啊，他又不戴手錶，一聽雞叫，哦，到點了，到了西北角就隱身進了金庫下班睡覺去了。劉明馬上下山來到隱藏的石門跟前，根據記號標記，把苔瓜秧子盤在了堵大門的巨石上頭，再套到事先就準備好的驢身上。舉起苔瓜，一聲吆喝，這驢一見這苔瓜，立刻像充滿了電一樣拉著石門就開始動。劉明一看，有戲，連忙舉著苔瓜繼續吆喝，石門慢慢地打開了。這裡面的金銀財寶發出了道道的光芒，照得山上就像白了天似的。劉明一陣一陣地高興，就是這門開的縫太小了，驢儘管很使勁了，這門就是開得很慢很慢，眼看就要天亮了，急得劉明拿起苔瓜照著驢屁股就打上了。可是這苔瓜還差兩天才成熟，還沒修成氣候，這一打驢倒是怪脆生，直接斷成兩截了。所以到現在徂徠山還流傳一句俗語：苔瓜打驢，乾脆。

雖然苔瓜是斷了，但這一下子驢可是真受不了啊，猛一使勁，苔瓜秧子被這倔驢給掙斷了。就看這驢一頭就撞到了對面的大石頭上，腦漿迸裂。到現在，推磨山的北邊還有這麼一塊大石頭，老百姓都叫它「撞死驢」。

這瓜秧子一斷，只聽一聲巨響，升到一半的大石頭又骨碌到原地，把門生生地堵死了。這一響驚動了看守寶庫的牛頭馬面，趕緊出來捉拿盜寶賊，只嚇得劉明六神無主，一腳踩空，掉到山溝裡摔死了。

從那以後，這趕山鞭就再也沒出現過，自然就再也沒人來盜寶了，至今推磨山還在，卻已經沒有了轉山的白馬了。

這就叫：

> 君子取財應有道，不義之財莫去招。
> 苔瓜打驢真乾脆，從此無人敢盜寶。

天下第一山

　　泰山，五嶽獨尊，雄峙天東，被譽為「天下第一山」，聞名海內外。在岱廟漢柏院裡，有一塊高大的石碑。上面就刻著「第一山」三個雄渾的大字。很多遊客來到這裡都會駐足欣賞，拍照留念。但是諸位有所不知，這三個字看上去像是一個人寫出來的，其實它是兩個人合寫的。

　　原來，相傳在宋朝，京城裡有一位老宰相到泰山遊玩，深深地被泰山的美景所折服。他下山以後就對他的隨從和地方官員說：「天下的名山大川老夫幾乎都遊歷了一遍，覺得沒有一座山能和泰山相比，這泰山真乃天下第一山啊！」此言一出，地方官員就請老宰相題字樹碑留念。老宰相擺了擺手，謙虛地說：「老夫雖然很喜歡書法，可惜手拙寫不好。我想請一位書法大家來寫這『第一山』三個字，將來刻碑立在岱廟裡，供後世瞻仰，你們看如何？」眾官員自然是齊聲稱讚。於是老宰相馬上寫信，差人去京城請當時的大書法家米芾來泰安寫這三個字。

　　可是米芾當時年事已高，身體有病，已經是心有餘而力不足了。但一看是老宰相的親筆信，沒辦法啊，也就抱病勉強啟程。來到泰安見過老宰相後，帶著病就準備開寫。他蘸飽了濃墨，思索片刻，接著手起筆落，眨眼之間，一個筆力蒼勁、結構嚴謹的「第」字，便躍然紙上。大家看了，無不拍手稱讚。接著他又揮筆寫了個「一」字，同樣是引來一片叫好聲。但是，當他準備落筆寫「山」的時候，突然一陣頭暈目眩，天旋地轉，眼前一陣發黑，一下就滑到桌子底下去了。眾人大驚失色，連忙七手八腳地把他抬到床上，可惜的是，這大書法家回去不多時便去世了。老宰相十分懊悔，一方面忙令人給米芾安葬，一方面準備另請書法家續寫「山」字。

　　話說這老宰相在岱廟裡待了七八天，全國有名氣的書法家都請遍了，但都配不上米芾寫的這兩個字。有幾個書法家寫了幾個「山」字，但和米芾的兩個字放在一起，就覺得很不協調。老宰相為了這事很傷腦筋，心願實現不了，難

免有些悶悶不樂。

這一天，他在岱廟裡住著感到無聊，便換了便衣，叫上一名隨從，出岱廟南門亭子門首，往通天街轉轉散散心。走了不多遠，見有一家酒館，酒館門口有一個招牌，上寫「泰山酒家」四個字。老宰相抬頭一看，當時就愣住了：「哎呀，可了不得了，這四個字是哪位書法家寫的啊？我怎麼就看不出來呢？你看看這字體，蒼勁有力，一看就是很有功底啊。若能找著這位書法家，讓他來續寫『山』字那就太完美了。」

老宰相一進酒館剛坐下，就見一個年輕的店小二走過來問道：「大人，要多少酒，幾個菜？」老宰相喝酒只是引子，隨便回答：「半斤酒，兩個便菜。」不一會兒，年輕的店小二把酒菜擺好，退到一旁坐下，一面等著應酬其他客人，一面用手指蘸著水在桌面上不停地橫寫豎劃。老宰相因為隔得較遠，也看不清他劃的什麼，覺得這個店小二怪有意思，就問他：「我看你們門口招牌上的字寫得不錯，是請哪位書法家寫的？」店小二笑了笑回答說：「寫得這麼寒磣，還叫書法家啊？」說完就走到裡間屋去了。

老宰相聽了店小二的回答，很不高興，覺得這店小二也有點太不知天高地厚。因為他急於打聽寫招牌字的人，酒也沒喝下兩盅，就喊掌櫃的算賬。在算帳的時候，又借機尋問：「掌櫃的，你門口的招牌是請哪位書法家寫的？」掌櫃的一看面前這位老先生相貌不凡，知道是一位有學問的人，但不明白他問的意思是褒還是貶，怕實說了降低他酒館的名聲，就故意回答說：「這是本街一位老先生寫的，不算什麼書法家，只是喜歡筆墨。」老宰相一聽說當地人寫的，很高興，忙問：「他叫什麼名字？我想請他給我寫個字。」這一問，把掌櫃的問住了：「他……」支吾了半天也沒說出來。

這時，隨從忙說：「這位是當朝相爺，見泰山氣勢雄偉，壯麗可觀，想立一塊石碑，寫上『第一山』三個字。請了當代大書法家米芾寫了『第一』兩個字，『山』字還沒寫就不幸去世。相爺急於找一個寫好字的人續寫這個『山』字，不想你和相爺捉起迷藏了。」

掌櫃的一聽，「撲通」跪倒在地，說：「小民有眼不識泰山，給相爺賠罪！剛才我說的是假話，這招牌上的字，是本店店小二自己寫的。」老宰相心中大

喜，這才明白剛才店小二為什麼那樣回答。他忙叫掌櫃的把店小二叫來，重寫「泰山酒家」這四個字。老宰相叫人把紙裁得和米芾寫字的紙一樣大，當店小二寫到泰山的「山」字時，老宰相不禁拍手叫絕，連說：「好，好，好！」因為他寫的這個「山」字和米芾的字體一樣，就像出自米芾一人之手。老宰相立即命人請工匠鐫刻，並問店小二：「你寫這樣一手好字，是怎樣練的？」店小二說：「我是個窮人，從小一天學屋門兒也沒進過，因為我喜歡寫字，買不起紙，有時間就用手指頭蘸著水在桌子上練。因為天天練，掌櫃的看我寫得不錯，他不願意花錢請寫家寫招牌，就叫我寫了。」

　　老宰相聽店小二這麼一說，十分感慨地說：「真是皇天不負有心人啊！」從此，老宰相便把店小二請進相府，專門練習書法，後來這店小二真的就成了一名大書法家。

　　這就叫：

　　　　勤學苦練用真心，一手好字值千金。
　　　　萬古流芳第一山，美麗傳說頌古今。

點金窩傳說之一

　　話說在泰山長壽橋的下面，有一處懸崖峭壁，名叫百丈崖，崖面上有一個拳頭大的石窩，當地人都叫它「點金窩」。說起這點金窩，還有一個動人的傳說呢。

　　在很久以前，泰山腳下，有一個從小就失去了父母的苦命孩子，名叫王小五。小五小小的年紀，無依無靠，一根打狗棍，一個討飯瓢陪著他度過了難熬的童年。十五歲時，小五就進了當地有名的大財主趙金貴的家，當起了長工。小五每天很早就起床，打水掃院，餵牛墊欄，一直忙到中午，這才揣上兩個饅頭到山上去砍柴。他每天都要砍很多很多的柴，東歪西斜地背回來，晚上才能掙得兩碗粥喝，否則，不但撈不著吃飯，還要挨一頓打罵。

　　趙金貴生性刁鑽奸猾，一雙老鼠眼一轉就是一個壞主意。當初他收留小五的時候，就打好了算盤：這孩子無依無靠，只要給他口飯吃，自己不僅能得個不花錢的長工，而且還能在鄉親們面前得一個收養遺孤的慈善美名，正是一舉兩得。誰知，就在快要過年的時候，小五突然得了病，渾身無力，眼冒金花，起不來床，心狠手毒的趙金貴卻依舊逼著小五上山砍柴。小五萬般無奈，只好拖著沉重的身子，拿上砍刀和繩子，迎著刺骨的寒風，踉蹌著上了山。

　　來到山上，小五想著自己的身世，越想心裡越難受，禁不住放聲大哭起來。突然，身後傳來一陣「沙沙」的腳步聲。小五驚恐地回過頭來，只見一位鶴髮童顏的老人拄著拐杖來到了自己面前。

　　「孩子，你有什麼傷心之事？」老人慈祥地問道。小五見老人和藹可親，便把自己的身世和遭遇一五一十地向老人說了一遍。

　　老人輕撚銀鬚，沉思了片刻說：「孩子，你不要發愁，我來幫你擺脫苦難。你自此西行二里，有一峭壁，上面有一小石窩，每到十五月亮升起的時候，那石窩裡便會冒出一塊金錠來。今日正逢十五，你快去吧！」小五聽後，急忙揮淚拜謝，哪知一眨眼，老人已沒了蹤影。王小五知道遇上了仙人，便按照老人

的指點，來到了長壽橋邊。果然在橋下的峭壁上，找到了一個山楂大的小石窩，一塊金錠在石窩裡發出燦燦的金光。

小五高興極了，他拿起金錠，轉身便走。第二天，他變賣了金錠，到藥房抓了藥，治好了病，隨後又購置了一處田園。從此，他再也不用去趙金貴家做長工了。他自耕自食，過上了殷實的好日子。

趙金貴見小五一夜之間發了橫財，四方打聽，終於知道了小五發財的秘密，只是不知道那金窩在什麼地方。最後，他絞盡腦汁，又想出了一條毒計。趙金貴把小五叫到家裡，對他說：「小五啊，過去你在我家，我是把你當自己的孩子，我一直惦著你啊。如今你年紀不小也該成親了，我想把二妞嫁給你，不知你是否願意？」二妞是趙家的丫鬟，還在小五當長工的時候，二人同病相連，早就互相有了心意。正因為趙金貴知道小五愛戀著二妞，二妞也鍾情著小五，才想出了這條詭計。他想趁要聘禮之機，誘使小五再次上山，以便派人跟蹤，找到金窩。趙金貴見小五害羞地低頭不語，知道這些話正中小五的心意。便又開口說道：「自古以來，定親都要聘禮，二妞是我的貼身丫鬟，你要娶她，也須破費些才成。」

為了救二妞出火坑，小五就尋思了起來，當初拿回的金錠，已治了病，買了田，如果現在變賣家園，二妞來了，兩人又靠什麼生活？他思前想後，別無他路，只有再次上山。

十五那天，月亮初上，小五借著月光，來到了峭壁上。正當他高高興興取出金錠，剛要往回走時，兩個彪形大漢擋住了他的去路。這兩人正是趙金貴派來跟蹤的爪牙。他們把小五毒打一頓，看清了金窩，搶走了金錠，回到趙家，把經過如實告訴了趙金貴。

趙金貴聽後大喜，第二天一早，立刻帶著兩個爪牙來到山上。他一見那石窩只有山楂那樣大，立刻皺起了眉頭，老鼠眼一轉，又打起了壞主意：「嘿，我要是把這石窩鑿得大一些，那金錠自然就會更大了。」他馬上找來工匠，把石窩鑿成了拳頭大小。

轉眼又到了十五，趙金貴不等月亮升起，就來到山上，他雙眼緊盯著金窩，一下撲到了石窩邊，伸手就抓。沒承想他抓起來的卻是一把黏糊糊的東

西，放鼻子上一聞，臭烘烘的，竟然是一手的牛糞，氣得他往旁邊一甩，伸手又抓，抓了一把又一把，誰知道回回都是牛糞，抓也抓不完。

這一下，趙金貴可火了，他一下子跳起來，剛要開口大罵，沒料想，一腳踩到他剛才甩掉的牛糞上，腳底下一滑，骨碌碌地向懸崖邊滑去。兩個爪牙一看，慌忙過來相救，結果也被趙金貴拉下了懸崖，一起摔了個粉身碎骨。趙金貴死了，二妞也從趙家跑了出來，與小五幸福地結合在一起。兩個人男耕女織，相親相愛，過上了幸福的生活。也就從那以後，點金窩再也不冒金錠了，可這段動人的傳說卻流傳至今。

點金窩傳說之二

關於泰山上的點金窩，其實在當地山民的口中還流傳著另一個大同小異的傳說。傳說在很久以前，通天街有一個旅館，生意興隆，來往客商絡繹不絕。店老闆為人實在，對住店的客商照顧得無微不至，閒暇的時候在店內也和客商住客們喝茶聊天，講述泰山的故事。

時間一久，這店老闆就發現其中有一個客商比較古怪，每年的八月份來店裡住，一住就是一個月。每天在店裡和他喝茶聊天，也不見他出門忙活營生，住夠一個月就離開了，也不見帶什麼貨物離開。如此幾年，店老闆就越發奇怪。沒見過這樣跑買賣的啊，來泰安就帶著一個包袱，走的時候還是那個包袱，平時就在店裡喝茶，要麼就在房中睡覺，偶爾出去那麼幾次，還都是深夜，這可奇了怪了。

但是架不住時間一長，習慣成自然了，這店老闆就不再疑心了，心想一定就是出門來散心的，沒什麼大驚小怪的。不知道過了多少年，店老闆年齡也大了，這客商也老了，但是依然是每年一到八月份就來泰安，來了還是住他店裡，依然是喝茶聊天。

這一天，這客商在喝茶的時候突然問店老闆：「店家，你是不是覺得這些年我很古怪，每次都空手來，走也空手走，你是不是疑惑我到底是幹什麼的？」

店老闆聞言，憨笑了幾聲，說：「起初我也尋思過你到底是幹什麼的，但是這麼多年了，我們年年相見，我早就不把你當外人了，而且老弟兄們無話不談，我還能尋思啥啊？」

客商微微一笑，喝了一口茶，說道：「都說泰山人最實在，在老兄身上可是真真地應驗了。真是沒有比老兄你更實在樸實的人了。你為人厚道，待人和善。做生意更是童叟無欺，真是個大好人。其實這麼多年，我來泰山不為別的，只為……」說到這裡，四下一看沒人，壓低聲音說道：「只為淘金。我乃

一淘金客。」

店老闆聞言不由大吃一驚，「啊？可是我從來沒見你帶什麼工具來，也沒見你帶什麼東西走啊？」

客商輕聲說：「其實在這泰山之上，有一處神秘所在，名叫點金窩。每到八月十五的夜裡，我就去這點金窩把裡面的沙子掏出來，其實這也不是什麼沙子，就是金沙啊！」

店老闆聞聽，不由大驚，這泰山上自己一年少說也得上個幾十回，怎麼有這樣的地方自己竟然不知道呢？接著就問：「不知老兄說的是泰山哪裡啊？」

客商看了看四下，悄聲對店老闆說：「就在泰山長壽橋的下面，有一處懸崖陡壁，名叫百丈崖，崖面上有一個拳頭大的石窩，水流從此而過，一到八月十五，這裡面留住的沙子就是金沙。」

店老闆聽說泰山上竟然有這麼一個神奇的石窩，而且此地正是每日他上山灌泉水的地方，真是感到無比驚奇。不過轉念一想，不由地問道：「老兄，如此機密之事，你怎麼能和我說呢？難道就不怕我是那貪財之人啊？」

客商聞聽，不覺哈哈大笑：「你若是那貪財之輩，我也不會在你這裡一住多年，我知道，你是個好人。不過，這金沙一年只可在八月十五的月圓之夜去取，早去晚去都不行，而且一年只許一次，切記啊！」說完他喝了口茶，歎了口氣：「唉，我自知時日不多了。可惜我膝下無子，縱然知道這個秘密，百年之後也是枉然。我見你心地善良，就想把這秘密告知與你，今後我便不再來泰山了。以後，這個秘密就只有你知道了。」

從那以後，果然到了八月，這客商就不來了，店老闆一直等到八月十五，也不見客商來住，知道他所言非虛。於是，他在這天的夜裡，抱著試試看的心理直奔百丈崖而去。借著月光，他果然發現了崖壁上的石窩，見裡面已經是滿滿的一層沙子，於是就用手全部掏出放進了口袋。他回家一看，果然是黃澄澄的金沙。

從此，店老闆也像淘金客一樣一年取一次金沙，不光自己的生活越來越富裕，而且還慷慨地資助周圍的窮人和鄉里。可是，沒過幾年，這店老闆年老體

衰，於是他就將這個秘密告訴了自己的兒子。他這個兒子從小嬌生慣養，儘管店老闆為人樸實，樂善好施，可是這些優點他是一點也沒繼承。

店老闆的兒子知道這個秘密之後，就在當年的八月十五偷偷溜上了百丈崖，淘金成功之後，雖然大喜過望，但有道是，貪心不足蛇吞象。他心想：這石窩子也太小了，我要是把它鑿大一點，以後淘到的金子不更多啊？

於是，第二天，他就派了個石匠來鑿石窩，鑿得大大的，這才心滿意足。可是因為這石窩子鑿得這麼大，水流一大起來，就再也攢不住沙子了，於是從那以後，點金窩就再沒掏出過金子來。

這個故事也告訴我們：與人為善，必有回報；但是貪心不足，也必然會落得兩手空空。

靈芝仙草救慈母

　　相傳在很早以前，泰山南麓有戶姓張的人家。妻子生過三個孩子都夭折了，夫妻倆四十歲上才生了一個兒子，取名張勤，第二年丈夫又不幸跌死在泰山後石塢的山澗裡。母子倆為了糊口，就讓張勤從十歲開始去給夏財主放羊。

　　一個深秋的早晨，霜白草枯，涼氣襲人。張勤趕著羊群，走過黑龍潭，來到馬蹄峪附近，羊群散開啃草，張勤呆呆地坐在石崖上。他心裡掛念著母親，母親積勞成疾，病倒大半年了。他是既請不起大夫，又無錢買藥。於是，只能四處奔波，求個「偏方」，從山上找幾樣草藥，維持著生命。回想起母親辛苦的一生，千方萬計把自己養大，自己雖十幾歲了，卻無力給母親治病，不禁傷心起來，淚流滿面。

　　突然「咩」的一聲羊叫，張勤驀然抬頭，只見一個紅衣女子從東山上飄飄而下，輕步走到張勤面前。張勤又是驚喜，又是疑惑，忙用衣袖揉揉眼睛，看到女子面如桃花，笑容親切，手捧一束靈芝，溫柔地對張勤說：「得知令堂久病，特獻靈芝治療。這束靈芝可分三次煮湯飲用，三日後你再來此相見。」張勤手接靈芝，伏身拜謝，女子伸手將他挽起，安慰說：「不要悲傷，服下此藥，你母親的病即可痊癒。」說罷，自回東山去了。張勤眼望紅衣女子的身影，一直目送到雲霧深處。卻說張勤回到家中，按照紅衣女子的囑咐，仔細煎煮湯藥，讓母親服用，果然藥服三天，病體痊癒，母子甚為歡喜。第三天早飯後，張勤趕著羊群向馬蹄峪走去，遠遠望見石崖旁紅衣拂動，紅衣女子笑顏相迎，張勤急步趕去，心中又是感激又是喜悅，激動地說道：「母親病已痊癒，我母子二人終生不忘你的救命恩情。」紅衣女子笑著說：「令堂病癒，誠可慶賀，但她年老體弱，你還要悉心照顧，今後生活若有困難，就到此地來找我。」

　　不久，這個消息被夏財主的兒子夏貴得知。夏貴是個花花公子，一心想見紅衣女子。這一天，夏貴穿戴上嶄新的衣帽，派人帶著美酒佳餚，逼迫張勤帶路一同上山。走到馬蹄峪石崖，卻不見女子到來。一直等到夕陽西下，連人影

也未見到，夏貴無奈，只得垂頭喪氣地溜回家去。

十天後，張勤在馬蹄峪石崖旁又見到了紅衣女子，女子面色肅穆，懇切地對張勤說：「我本是碧霞元君的侍女，憐你貧困，看你勤勞，誠實孝道，深為愛慕，乞得元君同意，遂取靈芝相助，現令堂病癒，元君命我不再出山。今日特來相告，再獻靈芝一束，望令堂高壽。」張勤聽了，很為留戀，但又怕夏貴再來相擾，便說：「仙妹進山保重也好，不然會招惹是非的，今雖分離，但救助恩情，永記心懷。」說罷向紅衣女子躬身告別。女子依依不捨，相視良久，才回首灑淚而去。

第二年春天，張勤的母親減衣不慎，又感風寒，病臥在床上，張勤為母求醫，剛出家門，迎面遇上了一個姑娘，容貌與紅衣女子很是相似，不覺注目詳視。卻未曾想到，這姑娘大方地對張勤說：「我叫靈芝，家住山後，今晨父母命我趕來給令堂治病，你快帶我前去。」張勤聽了，將信將疑，便與姑娘一同來到家中。只見姑娘先走至張母床前問候，然後從包袱內取出藥丸，給母親服用。果真藥到病除，張母起身相謝，姑娘對張母說：「此次前來，還有一事，父母命我給您治好病後，即與張勤婚配，永久侍候您老人家。」說完叩首便拜。張母喜出望外，欣然同意，高高興興地給兒子辦了婚事。靈芝勤勞能幹，張勤也不再給夏家放羊，一家人過上了自由團圓的生活。

雖然，靈芝沒明說自己就是紅衣女子的化身，但是明眼人一看便再明白不過了。這也是碧霞元君看中了這個善心的老實人，特此成全這對有情人。

三笑處的由來

在泰山腳下的普照寺山門前，有一塊巨石，上面鑴刻三個大字——三笑處。很多人不明白是什麼意思，其實這裡有一個美麗幽默的民間故事。

相傳，泰安城裡有三位老翁，雖都年近百歲，但並不顯老。普照寺清淨優雅，是三老經常遊逛的地方。三老中一位姓趙，家住東關；一位姓王，住在西關；一位姓劉，是通天街的老戶。

這一天，天氣晴朗，三老不約而同沿著山坡遊逛，正巧又在普照寺相遇，所以興致很高。三人圍坐在一塊大石頭上，談天說地，什麼帝王興衰，人情世故，花草蟲魚，無所不談。最後談到養生之道，三老協議，互相介紹一下自己的長壽秘訣。

九十六歲的劉翁，年紀最輕，首先說道：「我的長壽沒什麼秘訣，不過是每頓飯後，堅持散散步。」王翁說：「這就對了，飯後百步走，活到九十九啊。我長壽的訣竅就是，每天吃飯的時候不能吃得太飽，少吃一點，給肚子留點餘地。」趙翁笑道：「對啊，這就叫吃飯省一口，百歲叫不走。」

劉翁接過話頭：「一點不錯，我們三人以趙兄年齡最長，不知道趙兄有何訣竅？」

趙翁嘿嘿一笑：「老漢活到九十九，只因老婆長得醜。」王、劉二位老人聞聽，捶胸頓足，哈哈大笑，趙翁也跟著笑了起來。後人為了紀念這個傳奇的故事，便在這塊隆起的巨石上，鑴刻了三個大字——三笑處。

除了這個傳說，在泰山山民口中還流傳著另外一個傳說。據說，在清朝道光年間，泰山腳下的白玉村有個酷愛畫畫的陳允。陳允雖出身貧寒，卻自幼天資聰穎，智力過人。他學畫那才叫廢寢忘食，不辭勞苦。為了學畫，他不惜跋涉百里之遙，登門求教老畫師；為了學畫，他野菜充饑，在山裡靜觀細察。因此，他筆下的泰山，讓人看後感到，唧唧似有麗鳥飛出，淙淙如有溪水流來，悠悠宛若白雲飄逸，滔滔儼然松柏作聲，確是妙到絕處。

三笑處

　　有一次，當時的泰安知府崇恩請來各地的名師大家為他母親畫像，儘管他們苦心細作，畫得十分逼真，分毫不差，卻都未得到崇恩的歡心，最後還被臭罵一頓，趕出官府。

　　崇恩也不知從哪裡聽說陳允畫得不錯，就忙派人把他請進官府，恭維道：「久聞陳兄技藝超群，名震四方，今日煩請為老母畫像，畫成定當重謝。」說著就把他母親領來，讓陳允作畫。陳允一見便知，以前的畫師之所以被臭罵，原來是畫得太逼真了，因為崇恩的母親是個齙唇子。陳允是聰明人，他讓人折來一朵剛剛綻開的小花，讓崇恩的老母做出聞花的樣子。這樣一來，真是一美遮百醜，不僅見不到滿口的黃牙，而且顯得年輕多了。陳允安置好後，貫注全神，眼到手到，不一會兒就畫完了。崇恩一看，喜出望外，滿口稱讚不絕，旋即酒宴款待，最後又要厚金重賞，又要留他在官府就職，結果都被陳允婉言謝絕了。

　　時隔不久，崇恩官運亨通，晉升為濟南巡撫。身邊沒有二三心腹，他感到甚是彆扭，便派人來請陳允攜帶家眷一同前往，讓他掌管全省大小官吏的任免。盛情難卻，陳允只好勉強答應。

　　崇恩本想，如此重要的官職，這節那令，官吏任免，一年少說也得撈個幾千兩銀子的外快，這陳允還能獨吞？多少還不得分給他一點。可是，轉眼一年過去了，陳允卻隻字不提，一毛不拔。

　　崇恩來到陳允的住處，試探著說：「陳兄，我們交情深厚，可要有福同享啊！」陳允不知他話中有話，便謙和地說：「下官世事不知，還要請巡撫大人多多關照。」

　　崇恩早就不耐煩了：「你不要裝傻賣呆，說實話，這一年你撈了多少銀子？當初你可是分文沒花就做了官的。」

　　陳允一聽此言，竟然是說他貪污受賄。但是自己一身清白，不能受此汙辱，便慷慨激昂地對他說：「我陳某為人正直，為官清廉，甘願為民請命，決不假公濟私，巡撫大人何出此言？」崇恩不僅沒詐到銀子，反而討了個沒趣，

　　便把臉一沉，拂袖而去。不幾天，陳允便被革職了。

　　陳允回到泰山，經常到普照寺遊玩作畫，與廟裡的和尚佛寬結成密友。某年冬天，陳允來普照寺賞梅，沒想到在雲門外與崇恩不期而遇，真是冤家路窄。崇恩見陳允衣著襤褸，便假惺惺地問道：「陳兄為何這般潦倒？」

　　陳允假裝沒聽到崇恩的話語，反而對著佛寬說：「大膽的孽障，怎能隨便出入塵世，玷污佛門？」說完放聲大笑。原來以雲門為界，分為佛門靜地和塵世凡界。其實佛寬早就聽出此話是說給贓官崇恩聽的，於是也會心地大笑起來，崇恩見兩人大笑，自己有些丈二和尚——摸不著頭腦，也附和著笑起來。

　　崇恩走後，陳允便和佛寬在雲門外的巨石上，刻了「三笑處」三字，以此嘲笑崇恩的無知和官場的昏暗。

乾隆尋得木魚石

　　泰山上面有一種少見的礦石──木魚石，跟乾隆皇帝有一段傳說故事。

　　這個故事就發生在清朝雍正年間。雍正皇帝經歷了九子奪嫡最終繼承了皇位，他深知皇位爭奪的殘酷。儘管自己最終當上了皇帝，卻一直在為他的皇位繼承問題發愁，這事一直困擾著這位皇帝。最後他想出了一個辦法，就把他的皇子們召集在一起，對他的兒子們說：「你們去給朕尋找一種會唱歌的石頭，誰能找到，我就把皇位傳給誰。」此事看似荒唐，其實雍正這麼做是有用心的。一個是可以讓兒子們培養吃苦耐勞的精神，一個是希望兒子們借此體恤民情，將來好以仁治國。

　　他的皇子們接到任務以後都覺得很奇怪，這世界上哪有這種會唱歌的石頭啊？於是有的皇子根本就不去找，而有的找了幾天沒有什麼收穫就沒堅持下來。只有一位找到了，他就是後來的乾隆皇帝弘曆。

　　弘曆是怎麼找到的呢，其實也是很偶然。乾隆皇帝喜歡幹什麼呢？喜歡下江南，還有一個地方是他經常去的，就是山東，因為泰山是五嶽之首。

　　話說這弘曆沒有找到木魚石的時候，想借泰山之神的保佑來幫他完成這個心願。可是那時候的弘曆還沒有登基，是微服私訪，沒帶什麼兵也沒帶多少錢，有一次在他又餓又累的時候，就到了泰山下一個叫饅頭村的地方借宿了一晚。村裡的老人們熱情地接待了他，但是很奇怪，弘曆發現這個村裡的老人，尤其是六十歲以上的老人特別多。

　　這要放在現在根本不叫事，但是這在當時醫療條件和生活水準比較低的時代可是一件非常了不起的事。六十歲在古代那叫什麼？叫滿壽，壽命已經滿了，就等閻王來勾了啊。

　　看到這個情況，弘曆頓時提起了好奇心，他叫來村長，說明了自己的身份，問道：「請問這個村裡一共有多少戶人口啊。」村長一聽是皇子，趕忙跪地磕頭，說：「我們這個村一共有一百四十來戶。」、「大概有多少個滿壽老人

啊？」、「大概有六十多個。」

這個可不得了，看來這個村一定有不同尋常之處啊。弘曆想了想，於是對村長說：「這樣吧，你準備一下，三天後給我擺一場滿壽宴，但是你別擔心，這個錢銀我來付。」

三天後的滿壽宴，村裡的滿壽老人都坐上了桌子，弘曆起身離席向在座的老人一個一個地問過去：「老人家，你平時都吃什麼，用什麼，有什麼生活習慣啊？」哎？弘曆這是幹什麼呢？原來，弘曆是想探索長壽之道。可是很奇怪，村裡老人的生活習慣或者是飲食方面都和普通的老人沒什麼區別。這是怎麼回事呢？

弘曆這個人心比較細，眼比較尖，他就發現村裡很多的老人都拿著一個紫檀木顏色的茶杯或者是茶壺，這是什麼東西呢？弘曆好奇地拿過來一個看看。哦？居然還不是木頭的呢，很重，再仔細看看，就更奇怪了。為什麼呢？說它是木頭吧，它怎麼看怎麼就是石頭。說它是石頭吧，裡面的紋路居然是和木頭的年輪一樣。弘曆好奇地拿起來敲了敲，居然發出了叮叮咚咚的聲音，很是悅耳。頓時，弘曆心念一動，難道這就是我苦苦尋覓的那種會唱歌的石頭？

於是弘曆叫來了村長，問這是什麼東西，村長回答說：「這是種石頭，因為敲起來很像木魚的聲音，老百姓都管它叫『木魚石』。」弘曆聞聽，當時就一拍大腿！看來就是這個東西沒錯了！

於是，弘曆就和村長要了一個最好的茶壺回去，也順利了完成了父皇交給他的任務。再到後來，這弘曆就登基做了皇帝，成為乾隆皇帝。他回想起往事，於是就拿這壺泡了一壺茶，結果發現，泡出來的茶居然又香又甜，於是龍顏大悅，就下令將這兒的木魚石作為歲貢。從那以後，這木魚石就不是尋常百姓能隨便享受的了。再到後來，乾隆爺也活到了八十多歲，成為中國歷史上為數不多的高壽皇帝。這就叫：

> 何處石頭會唱歌？謎題難壞眾阿哥。
>
> 皇天不負有心人，木魚奇石留傳說。

天貺殿前孤忠柏

　　每年的正月初一、初二，岱廟就會擠滿了遊客和市民。在岱廟天貺殿前的廣場下，甬道正中有一棵不算高大的柏樹，它的名字叫孤忠柏。最顯眼的是，在樹身上朝西南的一側還有一道疤痕，而在這樹的正南不遠就有一塊扶桑石，老百姓也叫它迷糊石。據說，圍著前面的扶桑石蒙上眼睛，正轉三圈，反轉三圈，然後再往北去摸這棵柏樹上的疤痕，如果能摸准，則是吉祥之兆。這時候要是走上臺階去拜神的話，向泰山神求子則得子，祈福則得福，想發財的則可以發大財。別看說起來很簡單，但真要是蒙上眼這麼摸一遭，還真邪門，多數遊人一般都摸不准。

　　聽上去是夠玄妙的吧，再聽這孤忠柏的名字，迷糊石的神奇，相信很多人也想知道有關這棵樹的來歷。其實在這棵孤忠柏的背後還有一個感人的故事。

　　這個故事和一位皇帝有關，既然說到皇帝和泰山，就不得不先說一說泰山封禪的那些事。歷代帝王封禪泰山那是有嚴格要求的，非得要文成武功，天下太平並且有祥瑞之兆的皇帝才能行封天禪地之禮。皇上都稱自己是天子，也就是老天的兒子。封禪實際也就像是兒子來拜望父親，向老天爺彙報自己的文治武功，國泰民安如何如何，並祈求社稷平安，江山永駐。而我們老百姓爬泰山，卻是為了求得東嶽大帝和碧霞元君的保佑和庇護。從秦始皇封禪泰山開始，歷史上一共有六個半皇帝來封禪過泰山。怎麼是六個半皇帝呢？那半個皇帝是怎麼回事？

　　先說說這六位皇帝都是誰。他們分別是：秦始皇、漢武帝、漢光武帝、唐高宗、唐玄宗、宋真宗。那半個是誰？是唐高宗的老婆，皇后武則天。雖然後來武后也登基成了皇帝，但是來泰山的時候她還是皇后，作為皇后能進行封禪大典的也就只有武后自己了。其他五位皇帝的皇后可沒這個福分。

　　原來啊，按道理皇后確實是沒這個資格，但是武則天這個女人了不起啊，既有才能，又有很強的政治手腕。當時和唐高宗並稱「二聖」，那已經是前無

古人，後無來者了。為了能實現自己封禪泰山的目的，她就對皇上說：「皇上你看，封天那就好比祭拜父親，祭地就好比祭拜母親。你說讓一群和我們沒關係的老爺們去祭拜母親啊是何道理啊？誰最應該祭拜母親啊？兒媳婦啊！名正言順啊，這要說出去也好聽啊。」這一說，唐高宗還真就不好拒絕了。於是武則天就順利和唐高宗一起，舉行了封禪大典。但她當時畢竟還沒成為皇帝，所以啊，只能算半個。

說到女皇武則天，大家知道，這位女皇帝是從後宮的妃子一步一步奮鬥到皇帝位子上的。話說在最初，武媚娘被高宗皇帝李治召進宮後，逐漸得寵，不久便廢掉了王皇后，由武則天取而代之。再說皇帝李治仁厚無能，上朝不能決大事，退朝還是個老婆迷，什麼事都得聽宰相等人的。武則天雖為女流之輩，卻精通文史，富有韜略，她當了皇后以後，逐漸代皇帝批示奏折，臨朝參政。

再說武則天的兒子李顯逐漸長大以後，對母親干預朝政甚為不滿，屢有不同政見，由此觸怒了武則天而不再受重視。追隨李顯的大臣石忠為了表示對武后的不滿，拔劍剖腹。

要說這個石忠也是夠剛烈，是個正義之人。他這一身浩然正氣，閻王小鬼都怕，閻王殿裡不敢留，一縷魂魄就直奔東嶽泰山而來。原來石忠就想上泰山，面見泰山神黃飛虎，狀告武則天任用酷吏、濫殺無辜，連自己親生兒子也不放過的種種有違人倫的罪行，求泰山神明察秋毫，懲治其罪。

這在古代，女人當皇帝的事是從來沒有發生過的，五千年的傳統思想就是如此，皇上哪有女人做的啊？所以泰山神聞聽也是大吃一驚，本想加罪於武則天，但是他掐指這麼一算，武則天還真是有個皇帝命，命裡就該坐龍椅，當皇上，此乃天數啊。泰山神也是沒辦法，但是又感念石忠的耿耿忠心，有心將他留在自己身邊，於是便把石忠化作一棵柏樹，立在了天貺大殿前。因其忠義，日夜守護著泰山神，後又賜名孤忠柏，以示後人。現在那棵樹南面深深的疤痕，據說就是當年石忠剖腹的劍痕。

這就叫：

> 天貺殿前一棵樹，用手摸摸能祈福。
> 日夜守護泰山神，忠義美名留千古。

彩石溪畔鐵佛寺

在泰山的西麓，有一處絕美的所在，十里山澗，彩石平鋪溪底，波光瀲灩，奇特地質地貌，猶如潑墨大寫意。正所謂：畫入水中秀，水在畫上流。沿溪可觀賞色彩斑斕的帶狀彩石，十八億年五世同堂的地質奇觀。沿溪而上漫步於亂石鋪階的步游路可欣賞那四時不同、野趣盎然、桃花亂落如紅雨的景象。這就是泰山桃花源處的彩石溪。

卻說現在泰山彩石溪已經是一處遊覽勝地，而桃花源中的碧峰寺在以前卻被叫作鐵佛寺。寺廟裡面供著丈八高的大鐵佛，這大鐵佛其實也是有來歷的。

相傳，在碧峰寺的東邊不遠有一個大大的石頭窟窿，通著東海，終日水湧不斷。有一條海蛇從東海遊到了這裡，進了山谷，得泰山靈氣成精了。牠霸佔了彩石溪，將河裡的螭霖魚吃了個差不多，這可把螭霖仙子愁壞了。正在她一籌莫展時，卻見一隊官兵簇擁著一名器宇軒昂的將軍順溪而來。

「這不是蕭大亨嗎？」螭霖仙子認出這位將軍，不由大喜，她知道蕭大亨乃是文曲星下凡，這個事非他辦不可。

當時，蕭大亨正在陝西按察司副使的任上，得皇帝恩准回家省親，恰巧路過駱駝嶺，見莊前有藏峰寺，就下馬參拜。夜晚睡夢中，見一紅衣女子款款而來說：「我乃螭霖仙子，現在被海怪霸佔了水域，請大人施救。」說罷將一鐵佛放入蕭大亨懷中。

蕭大亨醒後，一摸懷裡當真有一尊小鐵佛。於是，他來到水邊查看，只見黃影一閃，海怪撲面而來，嚇得蕭大亨趕快扔了鐵佛，拔腿就跑。卻未曾想到，鐵佛在空中迅速變大，足有丈八高，轟然落地，穩穩地將海蛇壓在了身子底下。蕭大亨回頭看得真真切切，知道是佛祖顯靈了，就籌錢修建了寺廟，取名鐵佛寺，專門供奉大鐵佛。有鐵佛保護，螭霖魚在此處也不斷地繁衍增多起來。後來，人們將鐵佛又移到了元君廟，將這個廟就改成今天的碧峰寺了。

鐵佛寺（碧峰寺）

這就叫：

天造一處彩石溪，桃源深處設福地。

文曲星君擲鐵佛，驅散邪魔留傳奇。

禪夢點化玉泉寺

　　泰山玉泉寺，位於岱頂北，因為該寺廟南有穀山，東有玉泉，故而又名穀山寺，也有叫穀山玉泉寺的，還俗稱佛爺寺。南北朝時期由北魏高僧僧意法師創建，後屢建屢廢，1993 年在舊址上重建大雄寶殿及院牆。遊玉泉寺有「四千」可看，分別是千年古銀杏、千年古板栗樹、千年古松樹、千年古寶殿。

　　玉泉寺院內有千年銀杏樹，參天蔽日。環望院內，大殿高聳，古樹挺拔，碑碣肅立，一派古剎風貌。寺後山崗上有一古松，樹冠如棚，蔭蔽山崗，人稱「一畝松」，是泰山上最大的一棵松樹。寺東蘋果園內石砌地堰下有一古泉，名玉泉，常年泉水不斷，大旱不涸，水質純淨，清洌甘甜。泉旁一石刻，上有隸書「玉泉」二字，是金代大學士党懷英所書。寺兩側山崗上因有天然大腳印嵌在石內，故俗稱東、西佛腳山。寺廟的南邊是穀山。穀山屹聳特異，絕頂上孤松挺秀，俗名定南針。寺前的山谷則因發現「羅漢」神跡被稱作佛峪流傳至今。關於玉泉寺的傳說，也就從這處佛峪的神跡開始。

　　相傳，在泰山上，有一個獵人常年在蓮花峰下打獵。可是有一年，這個獵人就在山谷之中發現了一尊羅漢像，邪門的是，每當遇到這尊羅漢像時獵人這一天就沒有收穫。

　　為此，獵人十分惱火，準備點燃柴火燒了羅漢像。但正準備燒的時候，羅漢像卻自動移向高處，怎麼燒也燒不著。獵人見狀，大驚失色，恐怕是觸怒神靈，連連懺悔。當天晚上，山下的老人和孩子同時做了一個夢，夢見一位僧人說：「老衲久隱蓮花峰，山中進來了獵人卻想用火燒我。」於是，就有人問僧人的名字，僧人說他叫雲。

　　眾人夢醒後十分詫異，就相約去蓮花峰反復尋找，真的在山谷深處找到了一尊羅漢像。於是，眾人抬著羅漢像下山，可是走著走著，忽然怎麼抬也抬不動了。眾人見此處岩巒疊重，綠樹成蔭，背山面溪，頓悟佛意，就地為羅漢像興建了佛寺。

玉泉寺

　　時光荏苒，千年已過，穀山寺不知經歷了多少次的興衰。到了金代，一位法號善甯的高僧發現了這塊寶地，他歷盡千辛萬苦光復寺院，後經法郎、智崇等高僧住持，禪寺達到了較為輝煌的地步。這時，寺東的玉泉可灌可飲，作用漸顯，於是禪寺便有了穀山玉泉寺的名字。據穀山寺敕牒碑記載，西元1206年金泰和六年，西元1209年金大安元年，智崇住持從尚書禮部求來兩份牒文，經章宗皇帝應准賜額「玉泉禪寺」。

　　這就叫：

　　　　禪夢點化玉泉寺，佛爺慧眼識勝地。

　　　　古樹古泉古寶殿，山谷深處留神奇。

貴人生在貴人峰

話說在徂徠山太平頂的東南方向有一座山峰，孤峰沖霄，上下如削，猶如擎天一柱。老遠望去就像山巒之間站著位老人似的，這就是有名的貴人峰。古人云：泰山有丈人，徂徠有貴人。這可不是攀比泰山丈人峰，更不是牽強附會，其實這就是大自然鬼斧神工，天造地設的巧合而已。有這麼一個大富大貴的名字，這其中必然就有妙不可言的傳說。

在很久以前，徂徠山下的王家莊有一個藥鋪。藥鋪的王掌櫃是一個心狠手辣、視財如命的傢伙，認錢不認人，沒錢不給藥，所以人送外號王斂錢。

俗話說得好，開個藥鋪，強似劫路。這話一點也不假，王斂錢的藥鋪開了十來年，富得他上下流油了。家裡娶了一妻三妾，可就是沒有孩子，到了四十歲，這傢伙也真沉不住氣了。王斂錢查藥典，訪醫師，聽說何首烏能滋陰壯陽，延年益壽，長生不老。當然，這樣的何首烏肯定不是一般輕易能見著的何首烏，而是傳說中的千年何首烏，幻化成人形的那種。這個王斂錢就想起小時候曾經聽老一輩人講過，說在這個徂徠山裡有一棵千年的何首烏是鎮山之寶，便決心把它找到，挖出來。

於是他親自帶著十來個人到山裡尋找。王斂錢在山裡找了三天三夜，終於在茶石峪西邊的一個大山澗裡找到了一棵超大的何首烏苗。這得有多大呢？光這何首烏的秧子就和雞蛋似的那麼粗。王斂錢一看大喜，憑著他多年經營藥鋪的經驗，像這樣的何首烏即便不夠千年，也得有上百年的歷史，真乃一棵寶物啊。可是把這個「壞棗」給高興壞了。

但是採藥的人都知道，但凡見了這樣的寶物必須採取兩種措施。第一是回避，不要採它，畢竟是有靈氣的寶物，輕易動不得，以免傷人；第二，真要採的話必須得把牠拴死，然後開採。王斂錢也是從小採藥的人，這一點他非常清楚。於是，他就讓眾人用紅絲線把這何首烏捆了個結結實實，然後再慢慢挖掘。

卻說在這採藥的一幫人當中，有一個小夥子名叫李小二，心地善良，老實憨厚。這小二也是出身採藥世家，小時候就常聽老人講見了寶物要放生，生長千年不容易。眼見這何首烏被五花大綁，捆了個結實，就動了惻隱之心。在綁絲線的時候，他多了個心眼，他拴的繩子繫了個活扣，沒拴死。

王斂錢見把繩子拴好了，就指揮眾人挖了起來。眾人挖了有兩個時辰，只聽「唭嚓」一下，「哎呀」一聲，一個東西被挖出坑外。王斂錢拾起來一看，好像是人的腳指頭，還滴著血。王斂錢又驚又喜，趕忙說道：「到了，快挖！」

話音沒落，只見整個何首烏秧子晃了三晃，地下的主根不見了。在離他們十多步遠的地方站著一個黑臉老頭，赤著腳，左腳上還滴著血，厲聲喝道：「好狠毒的傢伙！老夫也是大家貴人，在此修煉千年，沒想到遭爾等小人暗算！」王斂錢愣了片刻，馬上回過神來，急忙喊道：「快抓住他，他就是千年之寶！」

但見這黑臉老漢把手一招，這李小二不由自主地來到他的跟前，老漢把手搭在李小二的肩上，二人向北走去。其餘的人此刻就像腳底下砸了釘子，釘在地上，動也不能動了，眼看著二人上了北面的山峰，飛升而去，從此這座山峰就叫「貴人峰」。

老漢腳丫子滴血的地方，來年春天，都長出了一棵棵的何首烏苗子。直到現在貴人峰下的何首烏苗最多，但是再也挖不到大的何首烏了。王斂錢見老人把李小二帶走了，知道是李小二繫了活扣救了他，後悔得了不得，但也沒法，只能率眾人回到家裡。說來奇怪，到家以後，所有人的左腳都感到很疼，人人都成了左瘸子。從此以後，這家藥鋪就成了瘸子藥鋪了。

這就叫：

貴人生在貴人峰，貴人峰下有精靈。
貴人傳說警後世，善惡有報自分明。

李杜之泰山情緣

　　我們常說山是石頭的，堅硬，冷峻，默默無言；詩則是感性的，柔韌，炙熱、灼灼欲燃。山與詩又遠又近，詩和山無緣而又有緣。泰山上刻著不朽的李杜，李杜筆下卻有著一座永遠的泰山。泰山是天下第一山，李白、杜甫是我國古代的詩仙和詩聖。泰山與李杜聯繫起來，是名山與名人，名副其實。

　　在泰山的東南方向有座名山叫作徂徠山，山下有一城鎮叫作舊縣。早在唐代，那時候的泰安城其實就是在舊縣這個位置，當時叫作乾封縣。而李白在徂徠山隱居六年，留下了「竹溪六逸」的典故，與杜甫一生中最後一次見面就發生在了這裡。

　　可能大家有所不知，李白一生有兩個追求，一個是成仙，一個是當官。成仙大家都理解，他本身外號就是詩仙，而泰山本來又是座神山，所以在泰山一帶隱居成就神仙夢也是很正常的。那為什麼想當官卻要來泰山呢？

　　原來啊，李白為了求官，可以說托了不少關係。其中唐玄宗的妹妹玉真公主給他指了條名路。原來唐玄宗計畫要來封禪泰山，而徂徠山和乾封縣正是封禪的必經之路。李白在此隱居，一來為修身養性，二來在皇帝到來的時刻，可以顯現一下的自己的才華，從而得到重用。通過玉真公主的舉薦，再加上自己詩詞歌賦的深厚功力，果然在唐玄宗封禪泰山期間，李白受到了皇帝與楊貴妃的賞識，從而回到了長安，進入了政界。

　　但是話說回來了，李白畢竟不是個當官的料。官場的腐敗和阿諛奉承他是極為看不慣，也因此得罪了貴妃的弟弟楊國忠和太監高力士，最終被皇家掃地出門。憂憤之下，李白懷念起了在泰山徂徠山的美好時光，於是就又回到了徂徠山，並娶妻生子，在徂徠山一隱居就是六年。在這個時候李白也登上了泰山，被泰山的魅力深深吸引。屢屢不得志的李白，站在泰山之巔，彷彿置身仙境，感覺自己化作了神仙，也發出了「天門一長嘯，萬里清風來」的經典名句。也正是在這個時候，兩位偉大的詩人李白和杜甫有了他們一生中最後的一

次會面。

　　杜甫比李白小十一歲，唐天寶三年，兩個人在洛陽第一次會面，當時李白已經是名滿天下的大詩人，而杜甫卻是初出茅廬，非常仰慕李白的大名，兩個人相見也是惺惺相惜。之後不到半年，二人就在徂徠山相遇，最後在兗州分手。李白去了江南，杜甫則去了長安。從此以後二人再也沒有見過面。但是他們的友情卻十分深厚，杜甫經常想念李白，也非常讚賞李白，寫下了很多讚美和思念李白的詩句。而李白也十分懷念自己這位小兄弟，他也寫道：「思君若汶水，浩蕩寄南征。」網路上對李杜之間的情誼爭議也很多，有人說為什麼杜甫給李白寫了這麼多詩句，而李白卻不回應，其實也不是不對，就是回應得少而已。為什麼回應得少呢？大概是因為李白畢竟是杜甫的長輩，多少也得保留點面子吧。

　　杜甫來到泰山以後，也興奮地登上了五嶽獨尊，並寫下了聞名天下的《望嶽》。這首詩一般在杜甫的各種詩集裡面都是排在第一位，可見這首詩歌的獨特魅力。其實杜甫在寫這首詩的時候還很年輕，大概只有二十四五歲。

　　李白和杜甫雖然相差十一歲，但是有幸的是，他們兩個曾經相會在泰山腳下，他們的到來給泰山增添了不少光彩，而泰山也見證了中國歷史上最偉大的兩位詩人的深厚友情。

　　最後，還是讓我們回味一下杜甫的這首《望嶽》：

　　　　岱宗夫如何？齊魯青未了。
　　　　造化鐘神秀，陰陽割昏曉。
　　　　蕩胸生層雲，決眥入歸鳥。
　　　　會當凌絕頂，一覽眾山小。

羊角坊的來歷

　　在泰山的摩天嶺後邊有一塊地勢平坦的地方叫羊角塢，這裡芳草碧綠，泉水長流。在羊角塢的西面，是白羊坊，這兒山峰觸天，石崖峭立，其下有白羊洞。這一帶是泰山一個風景優美的地方。其實，白羊坊還有一個關於修建碧霞祠的傳說。

　　相傳在當年，朱元璋做了明朝的開國皇帝，傳下旨來，要將原來岱頂上小小的昭真觀改建成碧霞元君祠。要修得金碧輝煌、宏偉壯觀，並且全部用青磚紅瓦。但是工程這麼大，山又高，路又陡，磚又沉，瓦又重，這一路之上全靠肩挑人抬，可想而知對於修建泰山的民工來說是個累死人的活兒啊。

　　開始往岱頂運料的那一天，挑夫上百人，可是每人只能挑兩塊磚或者兩片瓦。從山腳向山頂，一個挨一個，個個累得汗流浹背，直喘粗氣。眼看到了十八盤，抬頭一看，盤道直上直下，讓人頭暈目眩直打軟腿兒。大家放下扁擔，想歇歇腿兒，喘口氣。

　　就在這時，山膀上傳來一陣山歌聲，那歌聲悠悠自得。挑夫們抬頭一看，只見一個放羊的老頭，懷裡抱著一根鞭子，邊唱邊向大家走來。他身後跟著一群白羊，遠遠看去就像一大片的白雲一樣，羊兒們也都悠然自得地啃著草。那放羊的老頭走到盤道旁，歪著頭，瞧瞧扁擔，又打量打量挑夫們的可憐樣子，哈哈大笑。笑罷，唱起了一首《蹊蹺歌》：「蹊蹺蹊蹺真蹊蹺，山高不如小廟高。兩條腿的喘粗氣，四條腿的盡逍遙。」

　　挑夫們一聽，氣得眼都紅了。有的說：「我們累成這個樣子，這老頭還罵我們。」有的人跳起來，想上前抓住老頭講理。可是一轉眼，這放羊的老頭卻已經是無影無蹤了。再看山膀上，那群白雲似的羊群也不見了。眾人覺得納悶，湊在一起，琢磨那四句歌謠的意思。

　　這「兩條腿的喘粗氣」，說的就是這些累死累活的民工，那「四條腿盡逍遙」說的不是這羊群嗎？兩條腿的登山艱難，而這四條腿的卻一馬平川，絲毫

不費力。這老頭不就是說我們這一幫人還不如這羊群嗎？那如果換作是羊群來馱磚瓦上山，豈不是省了我們的力氣？這一琢磨，大家高興地拍手大笑。

「哎呀，這老頭一定是魯班化身。他笑我們太笨了，何不讓四條腿的運這些磚瓦呢？」其中一個民工興奮地說道。

「對對對，一定是仙人來指點我們了。」於是，眾人向山膀的方向拜了三拜，感謝老人的指點。打那以後，大家扔下了扁擔，趕起了羊群，讓每隻羊馱一個磚瓦，一人趕上百隻羊，從山下到山頂，又快又穩當，結果沒兩天工夫就把磚瓦運完了。

這正是：

　　　帝王登臨泰山贊，碧霞祠裡起香煙。
　　　五嶽獨尊氣勢高，勞動智慧代代傳。

藥王和二虎的傳說

話說藥王殿坐落在泰山海拔約八百公尺處的地方，又名金星亭，建造年代已無從考證，坍塌以後由清朝著名建築師魏祥重建於道光年間。魏祥，字致和，祖籍山東章丘，後來遷到歷城居住。

魏祥小時候家裡很貧困，沒有錢上學，只能靠為別人蓋房子來養活母親。魏祥雖然沒有上過學，但是他自幼善於思考，十多歲就苦學建築技術，練就了一手高超的技藝。

有一次修建山東巡撫署，魏祥也參與其中，但是巡撫對工頭的設計很不滿意。魏祥便在散工後仔細琢磨，心裡想著設計圖，就不覺地在地上劃來劃去，正巧被路過的巡撫遇到，看到他設計得很好，於是便讓魏祥承建工程。也正是因此讓魏祥一舉成名。

藥王殿設計精巧，雖然只有一間屋子，卻沒有孤零零的感覺，反而在古樸的盤道上顯得別具特色。藥王殿門朝西，是石頭砌成的，四個角均為石柱。整個殿是歇山頂無梁檁結構，沒有房梁，憑藉著石柱把屋頂給支撐起來的。

而藥王殿裡供奉的是唐朝大醫學家孫思邈，也就是我們常說的「藥王」。關於藥王孫思邈在泰山上還有這麼一段離奇的傳說故事。

原來這裡是沒有任何建築的。有一天，孫思邈想到東山採藥，順著盤路剛上去「峰迴路轉」。只聽耳邊「嗷」地一聲，卻見從大樹後猛地跳出了一隻斑斕猛虎，穩穩地蹲坐在了路當中，擋住了藥王的去路。

孫思邈見猛虎攔路，嚇得汗毛倒豎，兩眼一閉，長歎一聲：「我命休矣！」可是，他閉上眼睛老半天，一點動靜也沒有。他偷偷地睜眼一瞧，見那老虎也一動不動，正瞪著個大眼可憐巴巴地看著他呢。孫思邈這才出了一口大氣，略一沉思，怯生生地問了句：「你想吃我嗎？」這老虎好像聽懂了他說的話，搖了搖頭。

藥王殿

　　「你是不是想讓我給你看病？」話音剛落，但見這老虎一個勁點起頭來。於是，孫思邈大膽地走到跟前問：「你哪裡有病？」老虎一聲低吼，張開了嘴，孫思邈一看在牠的喉嚨裡卡著一支銀釵，傷口處已經發炎了。莫非是吃了一名婦女？孫思邈稍一閃念，哎，還是先救牠一命吧。孫思邈又對老虎說：「虎兄，我給你拿銀釵的時候，得先撐住你的嘴，你可要忍住啊。」老虎又點了點頭。孫思邈就趕緊拿出了他搗藥的藥杵，撐在了老虎的嘴裡，小心翼翼地伸手把銀釵輕輕地拿了出來，然後又輕輕敷上了藥。孫思邈擦了擦汗，轉身要走，抬頭一看，差點坐地上，原來東側巨石上竟然還立著一隻老虎，「這回可真是完了！」

　　他大喊一聲，丟下藥箱子就想跑，可這兩腿發軟，哪裡能跑得出去，另一隻老虎縱身一躍就攔在了路上。「我命休矣！」孫思邈又閉上眼了。可過了一會兒還是沒動靜，睜眼一瞧，只見兩隻老虎圍著他的藥箱子打轉，一會兒的工夫塵土飛揚，愣是給扒出了一塊平地。令人奇怪的是，兩隻老虎朝他那早已摔爛的藥箱子作起揖來了，有模有樣。孫思邈這才恍然大悟，這不是中天門二虎

廟裡的二位虎神嗎！這裡可正是祂倆的地盤。

　　「你們莫非要送給我片地方，讓我住在此處採藥？」孫思邈若有所思地問道。二虎聞聽是連連點頭，飛奔而去。從此，孫思邈在泰山也就有了一藥箱之地。他在此地搭了個帳篷，無人敢動，因為那是二虎神親自送給他的。而為了紀念藥王，後人就在他的藥箱處建起來了藥王殿，歲時祭祀。

天牢獄和小小雀的故事

　　話說，在泰山山後的後石塢，山高溝深，怪石林立，古松參天，遮天蔽日。在這後石塢的深處有一條形似葫蘆，地勢平坦且又掛滿了荊棘藤條的一條長溝，名字叫作天牢獄。一聽這名字就覺得陰森恐怖，讓人膽戰心驚。民間傳說，這裡就是泰山老奶奶為懲罰民間不肖子孫所設立的牢獄。

　　話說在紅灣河邊住著一戶人家，老夫妻年近半百，膝下無兒無女。人活半百沒有子嗣，夫妻倆說不出的淒涼和無助，整天愁得吃不下飯，睡不好覺，天天求神拜佛，年年三月三上泰山拴娃娃。說來也可能是他倆的誠心感動了神靈，就在老漢五十歲的這一年，妻子果真給家裡生了一個兒子。老來得子，夫妻倆甭提多高興了，捧在手裡怕摔了，含在嘴裡怕化了，反正是怎麼愛都愛不夠。因為生下來膚色有點黑，夫妻倆就給孩子起名叫小小雀。泰安話小小雀其實指的是麻雀，正所謂賴名好養活。

　　小小雀自打生下來就像個病秧子似的，三天一小病，五天一大病，可把這老兩口折騰得夠嗆。夫妻倆四處求名醫，八方許大願，總算一點一點地把這孩子拉扯大了。

　　這個嬌生慣養的小小雀從小就是個歪手的活不幹，油瓶子倒了不扶的主，天天過著飯來張口、衣來伸手的生活。可是有一樣他在行，什麼呢？會吃！從學說話開始，他就知道好東西好吃，什麼好吃要什麼。而且知道的好東西也多，要的還全。夫妻倆疼孩子，總是千方百計地滿足他。拉扯這麼個吃喝玩樂的大少爺可費勁了，沒幾年，老漢累得腰直不起來了，老太太也是操勞得臉上褶子一大堆了。

　　這年冬天，小小雀在外面玩耍夠了，回到家就要鮮韭菜包餃子吃，這可難壞了夫妻倆。這寒冬臘月裡，上哪裡去弄鮮韭菜呢？小小雀聽說不給他做，趴在地上打滾碰頭，大哭大鬧。任憑他倆好說好勸，小小雀就是非要不可。老漢實在沒辦法，只好說：「為父實在沒本事了，你就打幾下你爹，當吃了韭菜餃

子吧。」

結果，這小小雀真從地上爬起來上前走了兩步，照著父親的臉搧起來，直打得老漢眼淚直流，母親死命拉扯著方才住了手。當夜，這老漢傷心過度，悲憤地離開了人世。

父親被他氣死了，小小雀不但不知悔改，反而還無事人一般地對哭成淚人的母親說：「死了更好，有好東西都是我的。」

老漢死後，小小雀更是放蕩自由，他肩不挑擔，手不提籃，想吃什麼，就讓母親去做，願玩什麼，就逼母親快拿。母親稍有怠慢，輕則是罵，重則就打。老母親只是暗暗把淚咽到肚子裡，盼著小小雀長大成人，開了心智，懂了事，就知道孝敬了。

眼看著小小雀長到十八歲，山溝裡也就拴不住這頭「野叫驢」了。他聽東莊李財主說，城裡有樓臺酒館，還有唱戲耍大刀的，心裡想去見見大世面，玩個開心。便糊弄母親說是到泰安城做買賣，賺大錢，趕快給他準備些本錢。母親聽著心想，兒子知道做買賣賺錢了，有了過日子的心意了，心裡歡喜得了不得，急忙湊了些錢，交給小小雀。還專門給他做了雞蛋麵送行。

小小雀手裡有了錢，天天喝酒吃肉，今天聽大戲，明兒逛岱廟，還結交了一群狐朋狗友在一起玩樂。

一天黃昏，小小雀剛和那夥兄弟分手，走出岱廟南門，迎面碰上一個打扮豔麗的女子朝他抿嘴微笑，雖然這女的瓜子臉上有不少皺紋，但渾身上下濃妝豔抹仍有幾分姿色。小小雀不由站住了，兩眼直勾勾地盯著那女子。那女子看了一眼小小雀的呆樣，笑嘻嘻地飄然而去。從這天起，小小雀的魂可就被勾走了，每到黃昏他都站在這裡，等候那女子。日久天長，兩個人眉來眼去，漸漸地就相好上了。

原來，這女子是東城的一個戲子，她看到自己年華老去，恰巧又見小小雀手裡有錢，猜想必是富家公子，便向他賣弄風騷，以身相許，想著給自己當靠山。

小小雀和這女子可真是王八看綠豆——對了眼了。夜間鬼混嫖賭，白天吃

遍城裡各家酒館，不多日，小小雀就把錢花了個精光。他在這女子面前打腫臉充胖子，背地裡偷偷地溜回了家。自從小小雀走後，母親強打著精神，耕種著坡裡的三分薄田，心裡盼著小小雀浪子回頭，做買賣發了財，再娶上個賢慧老婆，說不定自己老來享福呢。她吃糠咽菜，想著攢下點物業好讓兒子成家過日子。這天，小小雀氣喘吁吁跑回家，娘也沒叫一聲，張口就要錢。

這可急壞了母親，自己一個病懨懨的老婆子到哪裡去弄錢呢？小小雀見真的拿不出錢，不由分說就把幾隻雞、一頭豬和屋裡值錢的東西斂著拿去換錢。母親護著不同意，小小雀惡狠狠地把母親推倒在地，搶著就走。母親爬起來，看著揚長而去的小小雀和被清洗一空的家，傷心地大哭起來。

突然，她覺得頭昏耳鳴，眼前冒出了金花，但還沒等明白過來，就重重地跌倒在門檻上，什麼也不知道了。待她醒來，眼前一片漆黑，使勁睜大眼，還是什麼也看不到。就這樣，小小雀活活氣瞎了母親的眼。

再說這小小雀回到城裡，非常場面地辦了酒宴和那戲子訂了婚，又一陣吃喝玩樂，小小雀兜裡的錢所剩無幾了，才勸著戲子和他一塊回家。這女子一進大門，看到破屋爛牆，一片荒蕪，正屋裡，一個滿頭亂髮，衣著破爛的老婆子手裡拿著破瓢摸索著舀水，臉一下子就拉長了足有一尺，朝著小小雀又罵又打，連哭帶鬧。嚇得小小雀磕頭告饒，還小聲地貼在女子耳朵上嘀咕了幾句。

當晚，小小雀裝著很親熱的樣子對母親說：「娘，您年紀大了，眼又看不見，住大屋不便當，您就搬到東頭那間小掛屋裡去住吧。一來您清心，二來兒媳婦伺候您也方便。」說著背起母親就往外走去。母親趴在小小雀的背上想：這回兒子真變了，多少年沒喊個娘，今天叫得還怪親呢。心裡也感到熱乎乎的。

可走著走著，母親犯了嘀咕：怎麼還沒到小掛屋？想問問，嘴被被子捂得嚴嚴實實，使勁喊也喊不出聲了。一會兒就急得渾身都冒了汗。走了三四個時辰，小小雀才把母親放下，把被子給她用力裹了裹，說了聲「到了」，就再也聽不到動靜了。

也不知待了多長時間，母親才從被子裡掙脫出來，她驚慌失措地四下摸了摸，到處都是冰涼的亂石，這才明白自己被兒子扔到荒山野溝裡來了。這一

下，老母親的心可就涼到底了。就在這時，對面不遠處傳來一個老婦的聲音：「小小雀他娘……」

母親感到非常奇怪，在這荒山野坡哪兒來的人聲？接著又聽到那老婦說：「我是來救你的。」母親悲傷地搖搖頭說：「您是人也罷，神也罷，別哄我這瞎老婆子了。唉，親生兒子都把我扔到這裡，您救我有何用啊？」說著，兩眼一閉，絕望地流下了兩行熱淚。

就在這時，那老婦悄悄地走近她，用手指沾著草上的露珠在她眼上輕輕地點了幾下。母親頓時覺得一股透心的涼爽從眼睛傳遍全身，她猛地睜開眼，眼前竟是晴空萬里，山野裡翠柏蔥綠，百花嬌豔。再定眼近看，一個老太婆站在眼前，她微笑的臉上滿是慈祥。但見她左胳膊上挎著小籃，右手提了個瓦罐，母親連忙向前一拜，問道「老姐姐，您是？」

「先別問了，這是單餅，這是米湯。你快吃吧。」老婦把竹籃和瓦罐放在母親跟前，接著說：「吃飽後，你從這裡順溝往下走不遠，河邊有一片竹園，那裡住著個厚道的小夥子，你就在那兒住下吧。小小雀已經犯了欺父滅母之罪，他不再是你兒子了。那個小夥子從今往後給你做兒子，他會孝順你的。」說完，刮起一陣清風，人就不見了。

母親明白自己是得到了泰山老奶奶的搭救，忙朝泰山的方向磕了三個響頭，沿著泰山老奶奶指的路向竹林走去。

再說小小雀，自把母親背到山溝裡，也沒過幾天舒坦日子。今天小小雀不生病，明天他老婆准有災。不多日就把一個家折騰光了，他們只好搬到人家一個看場棚子裡去住。小小雀被逼得沒法，也只能拖著病身子幹買賣。

這天黃昏，小小雀趕著從曆城販來的一群羊往回走，走到安駕石旁，天已經全黑了，小小雀不由地揚著鞭子快走，走著走著，前面的頭羊不走了，還一個勁地往中間擠。小小雀急了，罵罵咧咧地上前一看，只見一群狼張著血盆大口攔在路中央。

小小雀大吃一驚，忙向後退，剛退幾步，聽到身後傳來「哈嗒、哈嗒」的聲音。轉臉一看，後面也有一群狼嘴裡流著口水，堵住去路，這可把他嚇毛

了，身上的冷汗一個勁地往下淌。他哪裡還顧得上羊群，慌忙朝西面的一條小路退去。他退了一步，兩群狼跟一步。一直退了一整宿，兩群狼也跟了一整宿，一直退到了天牢獄，那狼群才蹲在溝口不動了。小小雀見狼群不走了，拔腿就跑，剛跑到天牢獄中央，腳就被地上長的荊棘藤條死死纏住，再也動不了了。

這時天已大亮，漫山荒野一個人影也沒有，陰森森的十分嚇人。一隻山鷹「呀呀」地從泰山上飛下，一下扎到小小雀的頭頂上，用利爪勾瞎了他的雙眼，又用嘴啄開了他的頭。就見從小小雀的頭顱裡面飛出了一隻黑老鴰來，從那以後泰山周圍就開始流傳出這樣一首歌謠：

> 小小雀，尾巴長，娶了老婆忘了娘。
>
> 把娘扔到山溝裡，老婆背到炕頭上。
>
> 恨你這個忘恩狼，下你天牢獄，變隻黑老鴰，尾巴黑又長。

泰山黃精的故事

話說這泰山林木茂密，藥用資源豐富。據說，在泰山上大約有一千二百多種中草藥和菌類。其中何首烏、四味參、紫草和黃精被稱為「泰山四大名藥」。

泰山黃精古之稱為「仙人之遺糧」，益壽之靈藥，屬百合科多年生草本植物。生於陰坡的石壁、雜草叢中和樹下。黃精具有降血壓、降血糖、降血脂、防止動脈粥樣硬化、延緩衰老和抗菌等作用。

據說在明朝的時候，有一對從河南經商到泰安的中年夫婦，在城裡通天街開了一個小商鋪，專門出售日用雜貨，儘管利潤十分微薄，日子倒還勉強湊合。這一年，夫妻生下一女，取名寶珠。

寶珠長到十八歲時，父母不幸同時染上瘟疫，病情一天天地加重。寶珠為了給雙親治病，變賣了所有的家產，請遍了方圓幾十里的郎中，採盡了泰山上的名貴藥材，雙親的病總算慢慢好了起來，可家裡卻欠下了一大筆的債務。債主一天催幾次，寶珠實在沒辦法，只好賣身為奴，到城西一戶姓王的地主家裡當婢女。

有一年，王財主一個叫張扒皮的朋友來泰山遊玩。見寶珠模樣長得俊俏，姿色超群，心中頓生邪念，就把寶珠買了去。寶珠到了張扒皮家裡，張扒皮就想讓她當小，寶珠寧死不依。後來，寶珠偷偷跑回了泰安，母女相見大哭一場，父親對妻子說：「珠兒偷偷跑回來，姓張的定會來這裡抓人，我看不如讓珠兒上山躲避一下，等過了風頭再計較。」妻子也覺得丈夫言之有理，便趁著天還沒亮，將寶珠送到了山上。

從此，寶珠便在山中獨自生活，住著山洞樹叢，吃的是野果野菜。有一天，寶珠挖到了一個像蘿蔔一樣的東西，一嘗，挺好吃。以後她就專挖這種東西吃。就這樣過了兩個月，寶珠漸漸感到自己走起路來輕飄飄的，丈把寬的山澗她輕輕一跳便可過去。天長日久，她竟能輕鬆地徒步追上野山羊了。轉眼就過了兩個年頭，一天，一個漢子進山打柴，走到扇子崖附近，突然看到一個

披頭散髮的妖怪，身輕如燕，上山攀岩如履平地，嚇得這個漢子沒命地跑下山來。回來就說泰山上出了個會飛的魔女。這消息一傳開，嚇得誰也不敢上山了。泰安的知縣知道後，便派大批衙役進山來擒拿妖怪。果然，在扇子崖附近發現了這個魔女，那些衙役一看這「妖怪」走起路來一陣風，穿山跳崖像飛一樣，自知不是對手。他們便想辦法在「妖怪」經常出沒的地方安上了幾個大網，最終把這個魔女網在其中。

原來這個所謂的魔女不是別人，正是逃進深山的寶珠。根據寶珠訴說的情況，人們也就發現了她常吃的那種蘿蔔一樣的東西，後經李時珍查實和考證，證明此物乃是一種藥材，叫泰山黃精。後來，泰山黃精就寫進了李時珍的不朽巨著《本草綱目》。

老翁難倒乾隆帝

在歷史上，乾隆爺可以說是來泰山次數最多的皇帝，官方記載就有十次，而民間傳說則說乾隆皇帝先後十一次駕臨過泰山。當然，這位千古一帝在泰山也留下了許多許多膾炙人口的故事。而乾隆爺被一位泰山老翁折服的故事卻是很多人不知道的。

話說，在泰山中路登山盤道上，有一座石橋，橫跨東西，遠遠望去，就像是盤道突然拐了個彎，過橋後又拐了回來。這座橋名為登仙橋，但是在民間又被稱為「東西橋子」，關於這「東西橋子」就有一個和乾隆爺有關的傳說故事。

相傳，清朝乾隆皇帝來泰山祭祀，走到「東西橋子」附近，路見一位白髮老翁挎著籃子，在路旁撿拾柏籽松枝，便對他產生了興趣。

一個草民百姓，何以能引起皇帝的興趣？原來，乾隆在京裡，時常聽到文武官員稱山東人叫「山東侉子」、「齊魯棒子」，他不解其意，有心問個明白，又怕丟了皇帝的架子。後來，他和皇后談起此事，才知「侉子」、「棒子」是對山東人一種輕蔑的稱謂，說他們笨頭笨腦、傻裡傻氣的。想到這裡，乾隆皇帝就想來戲弄戲弄這個「棒子」。

乾隆爺令轎夫停住轎子，從轎窗伸出半個腦袋，對老翁說道：「老頭，你來回答朕的問話。」

老翁身居山裡，哪裡見過這前呼後擁的陣勢？他見皇帝親自問話，嘴唇都嚇得發顫了。只見老翁趕忙下跪磕頭，說：「萬歲在上，小人實在不敢啊。」

「恕你無罪，起來。你聽著，你手裡拿的什麼啊？」

「是籃子。」

「幹什麼用的啊？」

「盛東西的。」

「哈哈哈……盛東西？朕看還能盛南北呢！」

「萬歲在上,籃子只能盛東西,不能盛南北。」老翁聽出乾隆是有意取笑自己,於是一本正經地說。

乾隆聞聽,嚴肅地說道:「怎麼,朕偏要盛南北。」一番詢問之後,老翁倒是也不似先前那麼緊張,拱手向乾隆爺說道:「萬歲,按天干、地支、五行來說,東方甲乙木、西方庚辛金、南方丙丁火、北方壬癸水。古語道,紙裡包不住火,竹籃打水一場空。紙乃木之造,籃乃條之編,籃子盛北水漏淨,盛南燃成灰,拾籃碎木能燒飯,挎籃金子買衣穿。因此,籃子只能盛東西,不能盛南北。」

乾隆皇帝本想捉弄這個老頭,不想老頭卻旁徵博引,侃侃而談,說了這一大通,而且說得頭頭是道,句句在理,連乾隆也不得不點頭稱是,不禁脫口而出:「侉子滿山東,棒子遍齊魯,聽此一席話,勝讀十年書。」

紀泰山銘

　　在玉皇頂盤路東側，有一處峰巒絕壁，俗稱「大觀峰」，也叫「彌高岩」，上刻唐玄宗禦制《紀泰山銘》，俗稱唐摩崖碑，高 13.3 公尺，寬 5.7 公尺，碑文書 24 行，滿行 51 字；碑額高 3.95 公尺，隸書「紀泰山銘」。摩崖碑上刻有 1008 個字，是唐玄宗東封泰山歌功頌德的紀事碑，曾多次貼金。它體偉幅巨，飛龍蟠首，金光奪目，蔚為壯觀。

　　《紀泰山銘》是唐玄宗到泰山封禪時的遺跡，其中全文的最後兩句說道：「道在觀政，名非從欲。」是很有氣魄的。開元十三年，唐朝正處於鼎盛時期，玄宗為了宣揚國力，挑選各種顏色的馬各一千匹，組織了浩浩蕩蕩的隊伍來泰山，舉行封禪大典。

　　話說玄宗率領封禪大軍，從長安來到汶河之濱。剛過汶河，河水還非常平穩，水波不興。可是到了河中央，霎時間這河水卻變得是白浪滔天，遠處竟然還有一條黑龍在河中翻滾。玄宗不覺心裡一驚，當即手拉弓弦，向黑龍射了一箭。剎那間，這黑龍不見了，河面又恢復了原來的平靜，玄宗也就順利地渡過了汶河。

　　遇見黑龍之事始終讓玄宗心神不寧，心裡老犯嘀咕，便問封禪使張說。張說本來就是個順情說好話的人，不假思索，便順口答道：「啟稟萬歲，這黑龍乃是汶河之神，蛟龍起舞，迎接陛下，自然是吉祥如意，乃是祥瑞之兆。」玄宗聞聽，不覺大喜。

　　當玄宗的大隊人馬來到中天門，已是中午時分，剛剛還是晴空萬里，猛然間又狂風驟起，一時刮得天昏地暗，走石飛沙。玄宗心裡不禁焦躁起來。

《紀泰山銘》大觀峰

　　張說急忙上前安慰道：「陛下不用著急。風從東來，是海神前來迎駕帶起之風，一會就過去了。」玄宗當即設置祭壇，對天禱告。不一會兒，果然就風息樹止了。

　　玄宗繼續前行，來到南天門，只見山上雲繚霧繞，縹縹緲緲，遠處尚有金石絲竹之聲傳來，張說忙恭維道：「陛下，您聽，山神已奏起了迎賓的樂章。」於是，玄宗更加高興。

　　第二天，大典完畢之後，天上出現了一片五彩雲霞，一群白鴿在雲霞四周輕快地飛翔。官員們都前來向玄宗道喜，說這是瑞雲呈祥，白鴿道喜，一時間玄宗竟飄飄然起來。他興致大發，當即封泰山神為天齊王，隨行人員也都加官晉爵。玄宗還下令在大觀峰下鑿出巨大的摩崖石碑，以炫耀自己的功績。

　　碑文《紀泰山銘》由玄宗親自撰寫，用隋唐風行的八分書體鑿於石崖之上，字大一尺見方，其書渾厚蒼勁，「若鸞鳳翔舞於雲煙之表」，碑銘典雅，遒逸婉潤。整個石碑佈局勻稱，結構謹嚴，氣勢雄偉，真可謂是泰山上的一處勝跡。

泰山「灶王爺」

　　傳說很久以前，泰山有一個叫張郎的人，家境貧寒，經人介紹與鄰村的姑娘趙氏結下姻緣。趙氏長得眉清目秀，身材出眾，來到張郎家後，起早貪黑，日夜操勞，在很短的時間內，家境便有了起色。他們蓋了房子又置地，過起了令人羨慕的生活。日子一長，張郎便有些不知所以了，覺得現在的日子過好了，不用再去辛辛苦苦地勞動了，便整日過著遊手好閒的生活。

　　這一天，張郎叼著煙袋在自己家門前的大樹下納涼，從南邊過來一個算命先生，看到張郎後便一個勁兒地搖頭，張郎感到奇怪，便問算命先生：「先生為什麼搖頭啊？」

　　算命先生說：「你本是富貴之人，有大富大貴的命相，只可惜家裡有一妖人，恐怕耽誤了你後半生的幸福。」

　　張郎一聽，那還了得，忙請先生指點迷津。先生不慌不忙地說：「解鈴還須系鈴人，休了妻子便可。」張郎一聽，對先生又叩又拜，一回家就要休妻。趙氏一聽他要休妻，心就涼了半截，再三勸告之後，仍無效果，最後只得央求張郎道：「夫君既然鐵了心要休我，我只求夫君送我一牛、一車、一破棉襖，再加一隻公雞，我要用牛拉車，用棉襖避寒，公雞可以提醒我早起。」

　　張郎一聽，這些東西也值不了幾兩銀子，就欣然答應了趙氏。趙氏拿了這些東西，一步一回頭，叫一聲張郎，走了一百步，回了一百次頭，叫了一百次張郎，張郎卻連頭都沒有回一次。俗話說，一日夫妻百日恩，妻子是無論如何也沒想到張郎竟然如此絕情，一時間傷痛欲絕，只得深一腳淺一腳地往前走。

　　也不知走了多久，走到一個村莊後，又累又餓暈倒在了一戶人家門前。當她醒來的時候，發覺自己已經躺在了床上，床前坐著一位老夫人在做針線活。原來是老夫人救了她，這是一家貧苦人家，家裡一老一小倆口人，兒子已經三十幾歲，由於家境貧寒，尚未娶妻。趙氏瞭解到這些之後，便對老人說：「老人家如果不嫌棄，就讓我做你的兒媳吧。」老人一聽，樂得趕緊叫回在地裡幹

活的兒子，兒子一看趙氏長得如此標緻，高興得不得了，當晚兩人就拜堂成親了。之後，趙氏一如既往的勤勞，丈夫也是早出晚歸，兢兢業業，很快家裡就富裕起來。

話說張郎休了趙氏之後，又娶了一房富家之女做太太，富家女不會理財，不會勞作，只圖享受，兩人整天好吃懶做，很快就把家裡的財產敗光了。賣了房子賣了地，妻子一看家裡沒有什麼東西了，撇下張郎一人，自己走了。這時的張郎又想起了前妻對自己的百般照顧，經常痛苦地流淚，最終導致雙目失明，生活無法自理，只得沿街乞討。

這一天，張郎恰巧來到了趙氏的村莊，趙氏聽到了張郎的乞討聲，又恨又氣，可是畢竟夫妻一場，就做了一碗麵，放上了一枚戒指、自己的一根頭髮，然後把張郎叫到了自己的廚房裡，張郎好久沒有吃飽肚子了，知道有吃的，就狼吞虎嚥地吃起來，突然「嘎嘣」一響，張郎把戒指咬爛了，他卻認為是沙子吐到了一旁，然後接著吃，又吃到了頭髮，這頭髮是那麼長，怎麼也揪不斷，這時，趙氏從外面走進來。「你這個沒良心的東西，你可還認得我？本想送你一枚戒指讓你糊口幾天，你還吐到了一旁，如此看來，你還真是個窮鬼啊！」

張郎一聽是前妻，又知道人家現在日子過的很紅火，再想想自己當初對人家是那樣的無情，頓時感覺無地自容，憤然一頭撞死在了趙氏家的灶台前。趙氏畢竟是有情有義之人，為了紀念張郎，就請畫師畫了一張張郎的畫像供奉在灶台前。日子一長，大家都覺得這張郎的畫像就是趙氏家日子過得好的原因，於是紛紛效仿。到後來乾脆用紙畫作張郎的樣子，張貼在自家灶台之上。

許多年過去了，大家也就把張郎改叫作灶王爺了。現在，每到臘月二十三小年的時候，家家用豐盛的飯菜來敬奉灶王爺，以求來年風調雨順，五穀豐登。

碧霞元君與羅漢崖

在泰山紅門的東北方向，有一座山崖，叫羅漢崖。崖上有一條兩丈多長、一丈多深的車轍溝。據傳，那是當年十八羅漢推車時留下的車轍溝。

話說這泰山共有大小山峰六十九座。關於這六十九座山峰，還有一段有趣的傳說。想當初，碧霞元君剛當上泰山神主的時候，泰山還是一座孤立高聳的山峰。為改善這裡的地形，碧霞元君曾同天宮封神的姜子牙吵了一架，也毫無結果。為此，碧霞元君整天悶悶不樂。這一天，她聞聽玉皇大帝來泰山巡遊，靈機一動，計上心來。

她命令泰山守護大神王靈官用震山金鞭把泰山削成了一座孤仍千丈的獨峰，山上光禿禿的，沒有一棵樹，也沒有一棵草。這一天，玉皇大帝來到了泰山，只見泰山周圍懸崖四立，對此情此景也是感到十分驚訝。

正在這時，碧霞元君趕了過來，對玉皇大帝說道：「大帝呀，你把我封到這裡，名為五嶽之長，可這孤零零的一座山，老百姓連進香朝供的路也沒有，我可怎麼熬呀！」說著說著便哭了起來。

玉皇大帝也是被碧霞元君哭動了心，安慰道：「元君呀，莫要苦惱，朕派人給你修條天梯不就行了嗎？」碧霞元君聞聽，反而哭得更厲害了，邊哭邊說：「那天梯是凡人百姓能走得了的嗎，這不是糊弄我嗎？」

玉帝轉念一想，也是啊，可怎麼辦呢？這時，只見太上老君走了過來，說：「陛下，泰山既為五嶽之長，何不從其他四嶽勻一些小的山峰給她，既助了泰山之威，又為泰山搭了天梯。」

玉帝一聽，對呀！可勻多少呢？思索片刻，說道：「上天七十二神位，就給泰山勻出七十二座山峰來吧。今後我再來泰山，文武百官也都有個座位了。」

於是便下旨讓十八羅漢推著神車，從西嶽華山、中嶽嵩山、南嶽衡山、北嶽恆山中各選了十八座山峰，推到泰山來。這禦旨一下，碧霞元君自然是非常

歡喜。這樣一來，不僅擴大了地盤，還增峰添嶺，壯了泰山的威風。然而，姜子牙知道此事之後卻不高興了。他細細一算，這樣一來，泰山豈止是五嶽之長，按碧霞元君所管轄的範圍，當個天下眾山之長也差不多了。於是，他暗使巧計，在泰山的汶河橋上拆了幾塊石板，想讓眾羅漢翻車，把運來的山峰卸在遠離泰山的地方。

可誰曾想到，碧霞元君對此早有提防，早就暗中派人一路上清理道路，把那汶河的橋面又修好了。

這一天，十八羅漢的車子一輛接著一輛，順利地通過了汶河。眼看就要全部過河了，姜子牙可急眼了，也顧不上什麼面子不面子了，一個人跑到橋頭，攔住了最後一輛車。只見他用肩頭一扛，「咣當」一聲，最後一輛車就給頂翻了，車上有四座山峰被倒在了汶河南面。後人便把這四座山叫作徂徕山，意思是被姜子牙阻攔下的山。而其餘的則順利地到達了泰山，由於車載過重，便在石崖上碾出了一道車轍溝。

從此，泰山上便多了六十八座山峰，加上泰山主峰，成了今天的六十九座山峰了。

碧霞元君與善惡洞

很早以前，徂徠山下有一個小夥子名叫王小，父母早亡，他獨自一人過日子。王小憨厚老實，心地善良，平時修橋補路，為人排憂解難，窮人都很喜歡他。

這一年，山前大饑荒，窮人家都揭不開鍋，連樹皮草根都剝淨吃光了，陽春三月青黃不接的時候更是難熬。

三月三，種子發芽向上鑽。種高粱的季節到了，王小一粒種子也沒有，只好拿著口袋來到了老財主笑面虎家。

笑面虎正喝著茶，見王小走來，忙站起來笑嘻嘻地說：「來了，快來喝茶。」說著，接過口袋拉著王小的手來到茶桌前。

王小說：「大叔，我想來借點高粱種。」

「哈哈哈，們還說什麼借不借呀，你用多少？」

「一斗就行，多少利？」

「還能多要你的？五分利，秋後有就給，沒有拖一年也晚不了。不過你要的是高粱種，我的高粱沒篩沒簸的，你把口袋留下，明天來拿吧。」

打發王小走後，笑面虎夫妻倆可就開始忙了，他們拿出一斗高粱種子放在鍋裡煮上了，煮熟後又烘乾，整整忙活了一夜才裝進王小的口袋裡。

這笑面虎使的把戲，王小哪裡知道啊。實在的王小把高粱種背到家裡就種上了。七八天後滿地裡就出來一棵高粱苗，這可把王小急壞了，這到底是怎麼回事呢？

原來這一粒高粱種是笑面虎沒留意掉在鍋臺上的，所以只出了這麼一棵。地裡只長了一棵高粱，王小也不灰心。整天鋤草、施肥、澆水，侍弄得好好的。這棵高粱還就邪了，一個勁地猛長，最後竟長得像棵樹那樣高大，這可把王小樂壞了。

秋天到了，王小費了一天的工夫才把高粱砍倒、打好。就在這時，一個老太婆一手拿布袋，一手拄拐棍來到這裡，說：「孩子啊，俺家斷頓了，給我點高粱行嗎？」王小二話沒說，就給老太婆裝了滿滿一布袋。老太婆說：「行了，行了，多得背不動了。」王小點點頭說：「背不動，我送你去。」

二人進了徂徠山，路越來越難走，王小也累得氣喘吁吁，汗流浹背。這時，老太婆忽然向一個絕壁走去，絕壁立即出現了臺階，踏上臺階來到絕壁跟前，絕壁好像兩扇大門，「嘩啦」一聲就開了。

王小進了洞，見裡面金碧輝煌，真是另一番天地。兩個青衣童子上前接過了王小的口袋，將他領到了待客廳，老太婆說：「你是個好人，需要什麼就跟我說吧。」王小說：「莊稼人，忙一年，只要有高粱吃就行了。」老太婆笑著說：「那你就再把這袋高粱扛回去吧。」

王小扛著這袋高粱回到家裡，找出了破甕破缸準備盛高粱，誰知一倒，缸滿了，又一倒，甕也滿了，一會兒工夫，整個屋裡、院子裡都滿了。王小說：「夠用的了，夠用的了。」話音剛落，口袋脫手而出，飛走了。

王小還清了笑面虎的賬，又幫助四鄰八舍街裡街坊還清了賬，把剩下的高粱分給了眾鄉親們，從此後，不缺吃不缺穿地過日子。

這件事被笑面虎知道了，他很納悶，就跑到了王小家打聽。王小是個老實人，就把事情的經過一五一十地說了一番，笑面虎心裡有了主意。

第二年種高粱的時候，笑面虎又煮了一斗高粱種，特意扔上了一粒好的。七八天後，地裡也長出一棵高粱苗，他也是天天澆水、施肥，高粱也長得像棵樹。收完高粱後也來了個老太婆向他要高粱，他也滿口答應，不等老太婆把話說完，就裝了滿滿一口袋高粱，拽住老太婆說：「走，我給你送去。」

二人來到洞裡，笑面虎也受到了熱情招待。吃飯後，不等老太婆說話，笑面虎就搶著說：「我來一趟不容易，你不給我點什麼嗎？」

老太婆說：「你要什麼東西呢？」

笑面虎說：「我缺的東西太多了，光欠別人的糧食就好幾千斤，金銀財寶好幾萬兩，什麼時候才能還清呢？」說著說著就哭了起來。

老太婆說：「你不要難過，我給你寶貝，你需要什麼就和它要，保證讓你滿意就是了。」

說著把高粱倒出來，把口袋遞給了笑面虎。笑面虎接過口袋，喜得不知說什麼好，急急忙忙出了洞門。剛一出洞，兩扇大門就關上了。笑面虎看了看小口袋，就急著說：「給我一錠二十兩的大元寶。」

話音剛落，一錠金光燦燦的大元寶就落在了口袋裡。他高興壞了，連忙又說：「給我來匹大白馬。」剛說完一匹大白馬跑到他跟前，他翻身上馬，一路騎馬來到家裡。

他老婆正在家裡等著他的喜訊，一見他騎著大馬，可把她樂壞了。笑面虎是個小氣人，他怕寶貝被人發現了，早就把它藏在腚後頭，紮在腰帶上，用大褂蓋著。來到屋裡，他老婆問帶來什麼寶貝，笑面虎喜得說不出話來，只是兩手緊緊地捂著腚讓她老婆猜。他老婆急了，轉到他身後把他雙手一拿，嚇得尖叫一聲坐在地上。原來，笑面虎的腚上長出一條一尺多長的尾巴，上面都是毛，好似狗尾巴一樣亂搖亂擺。笑面虎一摸也嚇了一跳，用手一拽，好像抽筋一樣疼。他連忙把尾巴放在褲子裡，用帶子綁住，又換上一件好大褂。但是甭管怎麼打扮，那條尾巴是藏不住的，總是露在外面一尺多長，他老婆看了看他拿來的元寶，原來是塊火石蛋，又跑到馬棚裡看看他騎來的馬，原來是紙糊的。

笑面虎和王小從同一個洞裡得來的寶貝卻不一樣，真應了那句「善有善報，惡有惡報」的真言。因此後人就叫這洞為「善惡洞」。據說那個老太婆就是泰山老奶奶碧霞元君。

碧霞元君智鬥龍王

很早以前，泰山老奶奶居住在徂徠山的太平頂上。她抑強扶弱，救助貧民，老百姓有什麼災難和疾病，只要和她說一聲，泰山老奶奶就能讓人逢凶化吉，遇難成祥。

那時候，泰山周圍是一片大海，海面上有許多島嶼，有的島嶼還連成了一片。在這些島上住著一些人，他們也是春耕秋收，安居樂業。卻說有一年，忽然刮起了一陣從沒見過的大風，下了一場從沒見過的大雨，致使許多人家的房屋倒塌，良田受災。原來是東海龍王到了泰山，在山上住下來了。自從龍王來了，泰山的周圍就經常刮大風，下大雨。受了幾次災後，有的人就到徂徠山上和泰山老奶奶說了。泰山老奶奶聽了後非常生氣。

天還沒亮，泰山老奶奶就到了泰山找龍王。一直等到天亮後，東海龍王才伸著懶腰起來。泰山老奶奶怒氣衝衝地說：「老龍王，這泰山我早占了，你憑什麼到我山上來呢？」老龍王哈哈大笑說：「好你個碧霞元君，你別胡扯了，這山我已占了好久了。」

兩人為這事爭吵不下，就到天宮找玉皇大帝去評理。玉帝問東海龍王：「你說你占了泰山，有什麼證據呢？」

東海龍王說：「我把一隻龍角埋在泰山最頂峰了。」玉皇大帝又問泰山老奶奶：「你說你占了泰山，你有證據嗎？」泰山老奶奶說：「我把一隻繡花鞋埋在泰山最頂峰上了。」玉皇大帝一聽立即高興地說：「好辦了，既然你倆埋在了一個地方，肯定是埋在上邊的占得晚了，誰占得早泰山就歸誰。」說罷，就同東海龍王、泰山老奶奶來到了泰山。玉帝命人在泰山上這麼一挖，原來是龍角在上，繡鞋在下。東海龍王原以為自己去得早，一看就目瞪口呆了。原來是泰山老奶奶到了泰山後，趁著天不亮，把繡鞋埋到龍角底下了。東海龍王雖然輸了，可一點也不想離開泰山，他對玉帝說：「玉帝，就算碧霞來得早，那泰山也該有個邊界，請問這邊界怎麼劃分啊？」

　　玉皇大帝聞聽竟然一時沒答上來。於是，東海龍王得意地挑釁說：「要不這麼辦，碧霞元君，你往東射一箭，箭落的地方以西歸你，以東歸我如何？」

　　泰山老奶奶眼見龍王耍賴，自然是氣壞了。她索性拿起震天弓，搭上神翎箭，「嗖」地一聲就向東射去。誰曾想到，那支箭一直飛了三天三夜，飛出去了一千多里路，最後落到了蓬萊附近的海裡。

　　東海龍王這下可後悔了，當著玉皇大帝的面，東海龍王再也無法耍賴了。

　　可是，這老龍王也不是個省油的燈。龍王靈機一動，又使了個壞，他把水底下的泥土都沖走了，到東海這一路上只剩整塊大石頭，一點泥土也沒有。這一下，老百姓可被害苦了，他們又來找泰山老奶奶。泰山老奶奶聽後心裡暗罵東海龍王。但這難不住她，那時泰山只有一個頂峰，頂峰突起在一個又高又大的土堆上。泰山老奶奶一踩腳，這土堆就裂開了縫，就看那土一大塊一大塊地往四處擴張，一直把東海的那塊大石全覆蓋了起來。從此，泰山才有了一道道深溝，才有了一座座突兀的山峰。

　　可是光有了土還不行，東海龍王為了報復泰山奶奶，一年到頭沒下一滴雨，沒下一片雪。沒法種莊稼，老百姓還是沒法活，他們只好再去找泰山老奶奶，泰山老奶奶這次氣得牙尖都發了疼。

　　卻說這一天，泰山老奶奶不遠千里來到了東海邊。趁龍王不注意，一箭把龍宮的門射穿了一個洞。那又鹹又苦的海水日夜不停地往裡湧，東海龍王怎麼也堵不住，只好拿著泰山老奶奶的箭到泰山來求饒。泰山老奶奶毫不顧惜地把頭髮剪下一半給了東海龍王，對他說：「用這些頭髮就能堵住那個洞。但是，你再不到這一帶下雨，我的頭髮就會發熱，我的頭髮一熱，你那堵洞的頭髮就要化成灰燼，到那時你再後悔就來不及了。」東海龍王急忙拿著頭髮回東海去了。

　　從那以後，泰山一帶年年風調雨順，五穀豐登，人們為了酬謝泰山老奶奶就給她送錢花，送飯吃。泰山老奶奶做了好事不求報答，於是躲起來了。從那以後人們就再沒有見過泰山老奶奶，可是她做的好事卻深深刻在了人們的心裡。

給泰山刷盤路的傳說

每逢農曆三月二十日至三月二十八日，泰山的四周總是要下場大雨，當地人都會說：「這是給泰山老奶奶刷盤路呢！」

泰山老奶奶就是碧霞元君，想當初，她用埋繡鞋的辦法成了泰山之主以後，誰知這姜子牙卻覺得玉帝偏心碧霞元君，衝著玉皇大帝說：「人人都說天地不公，神鬼有私，聖上如果不一公二斷，讓天下人知道您有私心，可得想想後果。」

玉帝一想也有點後怕，因為他確實想讓碧霞元君來當泰山之主，假若天下人都知道他懷有私心，如何面對眾神？豈不是有損自己的權威？可是，向人難向理，玉帝低頭一想，心生一計，便對姜太公說：「你暫且回去，朕不出三天就叫她主動把泰山交給你。」

姜子牙聞聽，半信半疑地問：「要還要不過來呢，你怎麼叫她讓出來呢？」玉帝說：「這你放心，泰安神州三年不下雨，把這一方人民都趕跑，沒人給她香火，還怕她不走，到那時泰山不就是你的了嗎？」姜子牙一聽言之有理，也就不再鬧了。玉皇大帝這一道聖旨，泰山四周的百姓可遭了殃，大旱了半年，天河流盡，地河枯竭，旱死春禾，無法播種。老百姓沒有辦法，就到泰山上向碧霞元君求救，讓她降點甘霖，救濟這一帶的老百姓。雖然碧霞元君知道這是玉帝的意思，去求情也無用，但也不忍心這一方的老百姓都餓死。於是，她還是硬著頭皮親自去找玉帝。

卻說這一天，碧霞元君拿了件人間寶物去找玉帝。它的價值比玉帝的所有明珠都值錢。碧霞元君進了大殿，老遠看著玉帝陰沉著個臉，元君趕忙賠著笑臉把寶物呈上說：「陛下，這二年我坐了泰山，人間的寶物不斷送來，我也捨不得要，都給你留著呢，有一些我還叫不上名來，這是一件很平常的，先獻給你吧。」

玉帝心中雖然有氣，但看到碧霞元君送寶來，內心裡還是歡喜得了不得，

看了看碧霞元君，關切地問道：「這幾年你的日子怎麼樣？」

元君說：「自我坐了泰山，香火正旺，可我還一心掛著聖上，捨不得佔用香火供果，就在泰山頂上修了您的神廟，塑了聖像，您那裡香火更旺，數也數不清，帶也帶不動，您何不抽空去查看一番。」玉帝心中大喜，心想今天閑來無事，不如就和碧霞元君一起到泰山頂上去看看。

玉帝和元君來到玉皇大殿，只見修得金碧輝煌，進門一看，一堆又一堆的好似小山一樣，究竟是什麼東西一點也看不清楚，都被塵土蓋住了。玉帝的金像端坐在寶座上，上面滿是塵土，兩個侍童正給神像揮掃擦拭。可是前面擦過去，後面又落滿了塵土，怎麼也擦不淨。元君扒開了神像前的一堆塵土，足有四指厚，裡面露出了金燦燦的金元寶和各種奇珍異寶。

就在這時，只見有幾個人在搬東西，有的抬，有的扛，但搬的究竟是什麼卻看不清楚。光看他們搬的東西上塵土就足有四指厚。而且，這幾人穿著的衣服上也是一層厚厚的泥土。不知道的還以為這是一群抬泥土的泥瓦匠呢。

幾個人抬到玉帝面前，行大禮以後，用雙手扒開塵土，原來抬的竟然是雞魚豬肉和金銀財寶。玉帝眼見如此，大吃一驚，忙問碧霞：「怎麼？人身上滿滿的塵土也就罷了，怎麼這供品上也是塵土？這豈不是糟蹋供果？」

元君無奈地說：「只因這山上風沙太多，地又乾燥，盤路又髒，都被沙給玷污了。」玉帝說：「那怎麼辦呢？」元君說：「只要刷刷盤路就好了！」

玉帝聞聽，趕忙問：「那誰能幹這個活兒呢？」

「我看東海龍王最合適。」玉帝聽碧霞這麼一說，一想也是這麼回事，於是就降了一道旨，令東海龍王在每年的三月二十八以前來泰山刷盤路。所以每逢這一天，泰山周邊總要下雨。其實玉帝大殿裡的塵土以及送禮人身上的土，都是泰山老奶奶變的，玉帝至今還蒙在鼓裡呢。

長塋的傳說

話說徂徠山有個地方叫長塋，據說是一座墳墓，足有幾十丈長。墓的主人姓王，叫什麼名字就不知道了，只知道他的外號叫賭鬼，一輩子娶了十五個老婆，死後葬在一起，形成了一個很長的墳塋。

只說王賭鬼年輕的時候，家庭比較富裕。父母只有他這一個兒子，什麼事都由著他。王賭鬼別的事都不在意，就是鍾愛賭博。開始的時候，父母認為孩子小，大了就好了。誰知道隨著年齡的增長，他的賭性越來越大，原來的小玩發展到後來一次賭注就是一頭牛、二畝地，再大的家產也經不起這樣糟蹋。

父母被他活活地氣死了。從此後，他更像是脫了韁繩的野馬一般沒管頭了。不到兩年的工夫，他把偌大個家業輸了個精光。身無分文的窮鬼就是賭癮再大，別人也不同他賭了。他沒辦法，就夜裡偷，白天賭，偷到什麼就賭什麼。

這一天夜裡，他竄了半夜連隻雞都沒偷到，心裡著急，就無精打采地來到山神廟裡。借著月光，見山神廟的供台石桌子上躺著一隻大狐狸。他心中大喜，心想：狐狸皮可是最貴重的東西，有了它就能再去過把癮。連忙用繩子偷偷把狐狸捆了個結結實實，倒掛在了樑上，等待天明，準備剝皮。

誰承想，這狐狸也不是一般的狐狸，是一隻千年得道的狐狸精。只因為晚上喝了些杯中之物現了原形，躺在這肅靜的地方睡著了，沒想到遭了厄運。等到天交四鼓，狐狸精醒了，見自己被吊在樑上，石桌上還躺著一個人，什麼都明白了，就口吐人言：「這位君子，你想把我怎麼樣？」王賭鬼正在睡覺，聽見說話聲，嚇得一哆嗦，折身而起，揉揉眼問道：「你是誰？」

狐狸精說：「我就是你逮著的這隻狐狸。但我也不是一般的狐狸，已修煉了近千年，今日你只要放了我，你要什麼有什麼。」

「真的嗎？」

「我敢對天發誓，憑著我的道業，要滿足不了你的要求，遭天打五雷

轟。」

「那好，我什麼也不要，我只要錢。」

「要多少？跟我說個數吧！」

「我要無數的錢，永遠花不完。」

狐狸精一聽，奇怪地問：「你要那麼多錢幹什麼用呢？」

「我要賭博。」

「除了這個還要什麼？」

「什麼也不要了。」

「那好，你放了我吧，我答應你。」

王賭鬼一聽，可找到了財神爺，忙把它放下來。狐狸精一下來，在地上打了個滾，變成了一個大姑娘，從腰裡掏出了一個銀元寶，吐了口唾沫在上邊，遞給王賭鬼說：「公子，你拿上它上賭場，場場必贏，想贏多少贏多少，決不食言。」說完就不見了蹤影。王賭鬼拿著銀元寶，將信將疑，呆呆發愣，最後決定拿它試試。

你別說，可真靈驗。王賭鬼拿上銀元寶上了賭場，真是下場必贏，想贏多少贏多少。僅有半年的工夫，日子就發起來了，蓋好了房子，重修了賭場，家裡雇有看家護院的打手。四里八鄉愛賭的人都向這裡聚集，都是來者必輸。一進了臘月，四里八鄉都是車裝馬載向他家裡運錢，還他的賭債。他家裡到處都是錢，屋裡是錢，院子裡是錢，鋪的是錢，蓋的是錢，除了錢還是錢。

有人看上了他的錢就張羅著給他說老婆。可是老婆最長的一年，短的蜜月還沒過完就暴病而死。十五床老婆全死了，到最後他還是孤身一人，守著花不完的錢。因為他當時說過，除了錢什麼都不要，真是出口是願，絕無空言。最後窮得他光剩錢了，想想也沒什麼意思，就踩著錢，在錢垛上懸樑自盡了，同他的十五個老婆埋在一起，形成一個很長的長塋。

這就叫：

　　　　金錢本是身外物，死鑽錢眼怎幸福。
　　　　窮得只剩一屋錢，無妻無子白受苦。

泰山顯真草的傳說

　　話說在很久以前，在泰山腳下有個榮高鎮，鎮上有個員外名叫榮占岳。俗話說：「窮愁吃穿，富憂壽短。」榮占岳有錢有勢，什麼也不愁，就怕自己活不長。為了求長壽，他天天供佛爺，四季拜泰山，到處尋訪益壽延年的靈丹妙藥，不惜代價，不擇手段。

　　這天，榮占岳在岱廟朝拜了泰山神，傍晚時乘著小轎回家，迎面碰上個雲遊道人。只聽道人口中念念有詞：「泰山神寶靈芝草，病人吃了病自好。老人吃了能還童，少年吃了永不老。」聽了這話，榮占岳忙讓轎夫停下轎，他走近道人，作揖說：「如何才能得到這泰山神寶啊？請真人指點。」

　　道人又念念有詞：「泰山去採靈芝草，好壞善惡自分曉。財色凶頑去採草，狼蟲妖魔吃個飽。純誠善潔去採草，除夕三更獨身找。神寶就在蓮花洞，看爾敢找不敢找。」聽罷這番言詞，榮占岳當場嚇得面如土色。當他緩過神來的時候，道人早已飄然去遠。

　　受了道人的點化，榮占岳既喜更愁。喜的是他知道了採尋長生不老藥的方法，愁的是他明白自己不是什麼善人，也沒辦什麼好事，根本就不具備採寶的條件。為此，榮占岳吃不香，睡不寧，臉色黃了，身上瘦了，就像害了大病一樣。

　　有一日，榮占岳正獨自在大廳中心煩意亂地想心事，突然他的小老婆吵吵嚷嚷地闖進門來：「可不得了啦，門風喪盡了！」

　　榮占岳心中正煩，沒好氣地說：「吵嚷什麼？」

　　「唉喲，長工高山和丫鬟玉梅，在廚房裡……」

　　「在廚房幹啥？」榮占岳急問。

　　「在……甭問了，你快把玉梅賣掉吧！她是個妖精，留著是一大害呀……」

　　卻說這個丫鬟玉梅，年方十九歲。六年前父母雙亡，為了還債，被迫到榮府當了丫鬟。和她一起長大的姨表哥高山，這年二十一歲，是玉梅明媒紅帖的未婚夫。為了幫玉梅還債，也到榮家做了長工。榮占岳和小老婆把這對相親相愛的年輕人看成了眼中釘，明裡暗裡變著法兒想拆散他們。

　　榮占岳聽後，臉上露出狡詐的笑容，說道：「這事交給我了，你放心，我自有妙方整治他們。」

　　小老婆走了以後，榮占岳立即派人叫來高山。等高山走進大廳，榮占岳皮笑肉不笑地問：「高山，你到我府幾年了？」

　　「六年了。」高山直截了當地回答。「那我待你如何？」

　　高山心裡想，你待我還不如狗呢！但嘴裡卻巧妙地回答：「你待我如何你知道，我也明白。問這做啥？」

　　「明白就好。」老奸巨猾的榮占岳嘿嘿一笑，怪聲怪氣地問，「你喜歡玉梅吧？」

　　高山聽了一怔，但覺得自己問心無愧，便理直氣壯地說：「我和玉梅是從小一起長大，由父母做主、明媒紅帖定的未婚夫妻，咋能不喜歡她？」

　　「你們父母能給你們定親，卻不能給你們成親。」榮占岳斜起三角眼，盯著高山：「員外我想成全你和玉梅。怎麼樣？」

　　高山不相信自己的耳朵，喃喃地說：「真的？」

　　「是真的。」榮占岳接著說，「不過，你要給我辦成一件事。辦成以後，我就可以把玉梅家的欠債一筆勾銷，由著你們離開這裡。」

　　「要真能這樣，別說給你辦一件事，就是十件八件我也願意！」高山痛快地說，「但不知辦件什麼事？」

　　「上泰山去採棵草。」高山不解地問：「什麼草？」

　　「靈芝仙草。」

　　一聽這話，高山心裡涼了半截，搖搖頭說：「光聽說泰山有靈芝仙草，但沒見誰採到過，這事不好辦。」

「只要真心在，方法我自有。」榮占岳遂把道人的話減頭去尾對高山說：

「泰山神寶靈芝草，除夕三更獨身找，寶草就在蓮花洞，看爾敢找不敢找。」聽了這話，高山知道了採寶的地點、時間，他好似看到了一絲希望，再一次問榮占岳：「我給你採回仙草，你真能答應我和玉梅離開此處？」榮占岳裝出毫不含糊的樣子說：「你一手交給我仙草，我一手交給你玉梅。」

「說話算數？」

「板上釘釘！」

「空口無憑。」

「立字為據。」

當場，榮占岳寫了字據，並交給高山。等高山一出大廳，小老婆從屏風後出來，沒好氣地說：「你昏頭了？你真讓他們去過好日子......」

「你真是頭髮長見識短。」榮占岳打斷小老婆的話，眯著三角眼說，「只要他把仙草給我弄來，往後的事還是我說了算。」

轉眼到了臘月三十，吃罷早飯，高山把錚光的砍柴板斧別在腰間，又帶上些火種，就要動身。這時，玉梅送來一包乾糧，囑咐說：「高山哥，要是採不到仙草，你也要早點回來，千萬別死心眼。」

「不！」高山堅定地說：「採不回仙草，我們就沒有出頭的日子。只要泰山上有，就是赴湯蹈火也得採回來。」然後，他十分關切地叮嚀：「玉梅，明天天黑前我回不來，你也要快想法離開這鬼地方。」

玉梅含淚點點頭，哽咽地說：「高山哥，一路上你要多加小心。」就這樣，高山辭別玉梅，直奔泰山而去。傍晚時候，他趕到了岱宗坊。

高山掏出乾糧，一邊吃一邊開始登山。他過了紅門，穿過萬仙樓以後，天就全黑了。這大年除夕，誰不在家過團圓年？一路上，高山見不到一個人影。

剛剛攀登到迴馬嶺，突然，一隻惡狼張牙舞爪地攔在了盤道上。高山「唰」地一下抽出腰間板斧高高舉在手中，厲聲喝道：「我高山一不做惡，二不行騙，為求生路才上泰山來的。哪個敢攔我不放，我就和他拼個你死我活！」說著，就大步朝惡狼衝上去。惡狼見此情勢，竟然被嚇得夾著尾巴溜走了。

　　翻過中天門，登上朝陽洞，很快便到了對松山山口。這裡兩山蒼松密佈，夾著一條深谷，盤道就劈在半山坡上。高山正走著，突然狂風大作，飛沙走石，只見一條奇形怪狀的大蛇，從百丈懸崖上的松林中探出半截身子。牠的兩眼閃著瘆人的藍光，張開的大口就像一個大門，兩顆恐怖的大牙露在外邊，滿口毒氣四溢。高山彷彿不由自主地被它吸了起來，飄飄然朝牠的血盆大口裡鑽去。

　　眼看高山就被吸進大蛇的口中了，高山突然雙腳用力，在大蛇的下唇上一蹬，縱身躍出丈餘。不料，那蛇的大口一閉一張，又把高山吸了回去。說時遲，那時快，高山猛地抽出腰間板斧，用盡全身氣力，左右開弓，只聽「啪、啪」兩聲巨響，把那大蛇的兩顆大牙打落在地，立時鮮血直淌。大蛇怪叫一聲，化作一束火光騰空而去。而高山也仰面朝天跌落在盤道上。

　　高山定了定神，站起身來，擦擦臉上的汗，不由自言自語說道：「真是好險吶。」接著，他不顧身上的疼痛又攀登起來。

　　高山正攀登在緊十八盤的最險陡處，突然面前一片黑乎乎的東西擋住了盤道。高山正納悶，就聽一個聲音哈哈笑著說：「高山小娃娃，你碰到我山魔王，就休想登上泰山去了。」

　　高山一驚，心想：上不去山一切就完了。這可咋辦？和這個龐然大物硬拼嗎？不行。就這樣空手逃回去嗎？更不行。對，先和它鬥鬥智再說。於是，高山也哈哈大笑一聲，用挑釁的口氣說：「山魔王，你能擋住我上山的路，卻擋不住我下山的路。俺不上山了，你還有啥能耐？告辭了。」說罷，他轉身就朝山下走。

　　「且慢！」山魔王喝住高山，狂笑著說：「你這小娃兒，難道不知我山魔王的厲害？我既能擋住你上山的路，也能擋住你下山的路。」

　　「高山不信。」

　　「當場試試啊。」山魔王氣呼呼地說道：「要擋不住你下山的路，算我枉混千載。」

　　「好，當場試來。」

這時，只聽山魔王念念有詞：「山魔王，混千載，能變高來能變矮。矮，矮……」隨著這聲音，山魔王果然漸漸變得矮小起來。過了抽袋旱煙的工夫，

它竟變得和常人差不多大小了。接著便和高山調換了位置。高山由盤道下方

移到上方，山魔王則由上方移到了下方。這一來，高山胸有成竹了，笑著說：「我就看你咋擋住我下山的路？」山魔王也不回話，又嘟念起來：「山魔王，魔法妙，能變矮來能變高。高，高……」

隨著這聲音，山魔王真又漸漸變得高大起來。高山當機立斷，接著山魔王的聲音繼續呼喊：「高，高……」他一邊喊，一邊迅速地順盤道朝山上攀登。

隨著高山這一連數聲的呼喊，山魔王越變越高大。不一會兒，他就高過了盤道兩邊的山峰，擠滿了盤道下面的深谷。疼得山魔王叫著求饒：「別喊了，高山呀別喊了！你再喊就把我擠死了。別喊了……」

等高山的喊聲聽不到了，山魔王才又由高變矮。但是，這高山卻早已跑遠了。山魔王羞慚地自歎：「枉習魔法上千年，鬥不過小小一高山。哇呀呀，慚愧啊。」

一連闖過了三關，高山終於來到了泰山後石塢蓮花洞前。這時，他聽到洞中傳出了有節奏的、十分悅耳的叮咚之聲。高山知道，這是洞中有名的叮當泉的滴水聲，他沒顧得細聽，忙取出火種，點起火把進了山洞。

蓮花洞大不過一間屋，高也不過一人高。高山很快就找了一個遍。洞中除了泉水和石頭以外，一無所有。高山失望地朝石壁上一靠，火把掉進了腳下的泉水中，頓時四下一片漆黑。

猛然，只聽一聲巨響，洞後上方的石壁上閃出一道耀目的亮光。接著，石壁猶如兩扇門，漸漸地向兩邊打開。高山二話沒說，毫不遲疑地縱身躍進石門。

找來尋去，高山驚喜地發現，在一塊光滑的岩壁上，一溜長著四棵巴掌大小，似草非草、似木非木，有點近似蘑菇的東西。高山細看時，只見一棵是潔白的，一棵是焦黃的，一棵是墨綠的，一棵是紫紅的。一棵棵閃光耀彩，爭芳

鬥豔。高山斷定，這就是靈芝仙草。他舉起板斧就想砍那棵潔白的。

「住手！」突然一聲大喝，一個手持青龍寶劍的童子出現在高山面前。不容分說，他的寶劍閃著寒光直衝高山腦門劈來。高山閃身躲在一旁，並不還手，還連聲央求：「神童息怒！請聽我解釋。」

「大膽狂徒，竟敢來盜我主仙草，豈能饒你。」說著，神童又揮劍向高山砍來。高山躲閃不及，驚叫一聲：「我命休矣！」仰面朝天地跌坐在地上。就在此刻，只見一道金光從洞外飛來，「噹啷」一聲，童子寶劍被擊落了。接著，一位慈眉善目的老太太飄然進得洞來。童子忙從地上揀起一柄拂塵和青龍寶劍，迎上前去，恭敬地把拂塵捧給老太太，說：「啟稟主人，這狂徒竟敢來盜取仙草。」

「知道了。」老太太說：「叫他上前來。」高山急忙上前，跪在地上，感謝老太太救命之恩。老太太和藹地問道：

「高山，你為何來盜仙草？照實講來。」高山不由得流出淚來，他把為什麼上山採仙草，一路之上遇到的艱險，詳細地說了一遍。老太太聽罷，點了點頭，自言自語地念叨：「潔白的是千年長生草，焦黃的是八百年延壽草，墨綠的是六百年除病草，這些都不宜讓榮占岳那種人得去！你把那紫紅的四百年顯真草，送給他吧。」

說罷，老太太把手中的拂塵指向那棵紫紅色的顯真草，口中念念有詞：「辛勤育你四百載，濟世活人苦安排。今日命爾到人世，顯真顯形顯爾材。來，來，來。」隨著這三個來字，就見那棵顯真草閃著霞光，飄落到老太太的手裡。老太太對高山說：「念你和玉梅一片真心，就賜你這棵仙草。千萬記住，往後不可再來。」她把仙草遞給高山，催說：「天色不早，快走吧。」說罷，用拂塵輕輕向高山一擺，高山不由騰身出洞，跌落在蓮花洞外的荒坡上。又聽一聲巨響，石門閉合，立時四下又是一片漆黑。

卻說高山回到榮府，一手拿著仙草，一手拿著字據，和玉梅一同來到大廳。這時，榮占岳和小老婆端坐在上，奴婢等人分列兩旁。高山先把仙草交給榮占岳，說：「員外已有言在先，我和玉梅告辭了。」

　　榮占岳此時心想，仙草雖已到手，但是真是假，尚不可知。於是三角眼一瞪，說道：「大膽高山，你竟敢採來毒草，以假冒真！妄想毒死員外和太太，該當何罪？」

　　高山聽了十分氣憤，爭辯道：「你血口噴人，有啥憑證？」這時，小老婆綠豆眼一轉，忙從仙草上折下一小枝，說：「一個說仙草，一個說毒草，何不當場驗來。」說著，她走近玉梅，巧聲怪氣地說：「你不是愛高山嗎？就替他吃了吧。」

　　玉梅知道財主是不會讓長工丫鬟出頭的，她氣憤之下，接過仙草就吃。高山氣極，把腳一跺：「真是欺人太甚！」說著，奪過玉梅吃剩的仙草，也吃了一口。不一會工夫，就看在高山頭上顯出一隻鴛，在玉梅的頭上顯出一隻鴦。兩人一邊喊著：「出頭了，自由了！」一邊手拉起手，隨著鴛鴦騰空而去了。

　　看了這番情景，榮占岳和小老婆一看果然是仙草，於是兩個人爭吃起來。不一會兒，眾人都驚叫著朝大廳外逃命。原來，榮占岳變成了一隻張牙舞爪的惡狼，小老婆變成了一隻擠眉弄眼的狐狸。惡狼和狐狸在地上撕咬滾打，各不相讓。

　　就這樣，高山、玉梅結成恩愛夫妻，白頭到老，傳為千古佳話。而榮占岳和他的小老婆顯出兇殘本相，最終成了萬代唾罵的對象。從此，泰山顯真草——泰山靈芝草的一種，也就被人們傳頌開了。

捨身崖易名愛身崖

　　話說在岱頂，與日觀峰相連，有一座突出的懸崖，三面陡峭，下面是深不可測的山澗。人站在崖邊，頭暈目眩，往下扔下塊石頭，好久才聽到落地的聲音，這就是愛身崖。愛身崖是現在的名字，在過去它卻叫捨身崖。怎麼後來又叫愛身崖了呢？

　　相傳在明朝，江南有個叫何孝梓的人，這人是遺腹子，沒等出生父親就去世了。母親從年輕守寡，盼望兒子長大成為孝子，所以起名叫「孝子」。後來上私塾念書的時候，老師覺得「孝子」這個名字太直白，就把「子」字改成了「梓」。

　　何孝梓沒有辜負他母親的期望，長大後，真的很孝順，每頓飯總是親手把飯碗端在母親面前。冬天讓他娘坐火炕頭，夏天讓他娘在樹蔭下乘涼，生怕他娘凍著熱著。可是越不讓他娘幹活，他娘的身體越不好。

　　這一年他娘又生病了，心口疼，吃不下飯。何孝梓請了許多大夫也沒治好。後來他聽說泰山聖母能給人祛災除病，就到泰山來燒香。一年來了兩次，二年來了四次，他母親的病照舊不見好轉。到了第三年，他又到泰山上來燒香，跪在泰山聖母像前，許願說：「泰山聖母有靈，如果叫俺娘好了病，我何孝梓願到捨身崖捨身！」

　　說來也巧，也不知泰山聖母真的見他心誠顯了靈呢，還是他母親吃了什麼藥，這一年真的心口窩不疼了，也能吃下飯去了。何孝梓見他母親的病好轉了，心中很高興。

　　到了應該還願的時候了，他把許願的事情告訴了母親。不料母親一聽他要為母捨身，放聲哭起來，說：「兒啊，我已經是五十多歲的人了，身體還有病，本指望你給我養老送終，你卻要去捨身。你捨了身，我怎麼辦？還不如你不去許那個願，讓我早死了的好。」

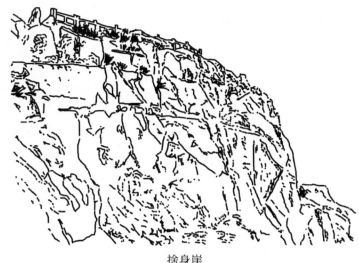

捨身崖

　　何孝梓聽他母親這麼一說，沒了主意。他心想：母親說得對，生子盼養老，我死了不要緊，母親靠誰養老送終呢？這不是想行孝反倒成不孝了嗎？可是，我已經對泰山聖母許下願了。不還願，泰山聖母怪罪了，再降下更大的災難來怎麼辦呢？他想來想去，想不出解決的辦法來，只是暗暗流淚。

　　這時，他三歲的兒子起鳴跑進屋裡，見他爸爸在哭，不知出了什麼事，便伸出小手去給爸爸擦淚。

　　何孝梓把兒子攬在懷裡，撫摸著他的頭說：「乖孩子，聽話，到外邊玩去。」

　　孩子起鳴乖乖地走了。

　　何孝梓看著孩子的背影，忽然想起了「二十四孝」中郭巨埋兒的故事。心想，郭巨為孝敬母親，把親生的兒子埋了，我何不以子代身，替我還願呢？這樣既還了願，又能對母親盡養老送終之孝。他主意已定，悄悄做了安排。

　　陽春三月，風和日暖，各地來泰山燒香的、逛山的、許願的、還願的人很多，又趕上有廟會，泰山腳下非常熱鬧。何孝梓帶著三歲的兒子來到泰山腳下，住在一家小客店裡。這家店主人姓徐，名叫徐大用，年齡比何孝梓小一歲，對人十分熱情。何孝梓前幾次來的時候就是住在他的店裡，因為兩人談得

來，三來兩往地交成了朋友。

何孝梓一進店，徐大用就問：「大哥，這麼遠怎麼還領著個孩子來燒香啊？」

何孝梓一路上心裡就怪難過的，眼裡老含著淚水，現在經徐大用這一問，心裡更覺得不是滋味，鼻子一酸，眼淚就像斷線的珠子，「噗嗒噗嗒」落了下來。

徐大用見這光景，更覺得蹊蹺，追問道：「大哥，出了什麼事了？」何孝梓擦了把淚，強打精神，把捨身還願的事訴說了一遍。徐大用見何孝梓這樣糊塗，就想勸解勸解。

徐大用說：「大哥，我是本地人，從小就在這泰山上轉悠。小的時候在山上砍過柴，也在山上採過藥，後來又在山下做小買賣，這幾年才在這裡開店，可以說天天看見燒香拜佛的人。可是沒見過哪個窮人因為燒香拜佛富了的，也沒見哪個富人因不燒香拜佛窮了的。到頭來，窮的還是窮，富的還是富。說句到家的話吧，這種事情，大家都燒香叩頭也隨和著，風俗習慣嘛，但不可太認真了。」

何孝梓說：「兄弟，你這話就不對了。『信神神在』嘛，都信還有心誠心不誠的區別。前幾次來，因為我光燒了燒紙，燃了燃香，就不靈。去年我許了捨身的願，聖母見我心誠了，母親的病就好了。既然應了驗，就不能欺騙聖母，所以這個願非還不可。」

徐大用見說不服他，就不勸他了，想了想說：「你這次來正趕上廟會，城裡很熱鬧，捨子以前儘量爺兒倆在一塊多玩玩，親熱親熱，畢竟父子一場。」說完就去忙他的事情去了。

屋裡只剩下何孝梓和三歲的兒子起鳴，起鳴說：「爸爸，我們上街看熱鬧去吧！」

何孝梓心情沉重，哪還有心思去逛大街、趕廟會。就悠悠地說道：「天快黑了，不上街了，明天我領你上山去玩。」

起鳴說：「爸爸，我不上山，山上有老虎，我害怕。」何孝梓心一酸，兩

手抱住兒子，瞅著孩子的臉說：「孩子，爸爸不好，你恨爸爸嗎？」

起鳴搖搖頭說：「爸爸好，我不恨爸爸。」何孝梓看著幼稚天真的兒子，再也忍不住內心的疼痛，說：「好孩子，我的好兒子，你爸爸不好，爸爸對不起你啊。」話沒說完何孝梓就忍不住放聲哭了起來。起鳴見爸爸哭，也陪著爸爸哭。爺兒倆抱著，哭成了一團。

徐大用聽見他爺倆的哭聲，又跑進屋裡，趁機勸解說：「你聽我剛才說的有道理吧？你覺得有道理，就抱著孩子回去。」

何孝梓沉默了半天說：「我在家已經說好了。捨子代身已經降了一格，連子都不捨，我對不起泰山聖母，也對不起生病的母親。」

徐大用見他還是堅持捨子還願的念頭，就不再勸他了：「既然你已經拿定了主意，我也不好再說別的了。不過，看你爺兒倆哭成這個樣子，就是到了山頂，你能忍心親手把孩子扔下山崖嗎？」

何孝梓聞聽此言，又沉默了。他一想到那個情景，心就像撕碎了一樣，渾身酸軟。

徐大用說：「大哥，我看出你的為難，難做的事又非做不可。這麼辦吧，你把孩子交給我，我到山頂代你捨子。按說幫人家做這種事情有些缺德，可誰叫我們是知己的朋友呢，為了朋友，我也不管那些了。」

何孝梓非常感激，說：「你真是我的好兄弟，你就像鑽到我心裡看了一樣。剛才我就有這個想法，又怕你不願意做這種事情，所以一直沒有開口。既然你現在說出來了，那我就把孩子交給你吧。」

第二天，徐大用抱著孩子上了山，直到天黑才一個人回到店裡。何孝梓見他一人回來，知道已經把孩子捨了，痛哭了一場，謝過了徐大用，又住了一晚，便起程回家去了。說話間，十七年之後，徐大用的次子進京趕考，中了頭名狀元，接著朝廷又委任他為駐江南四省的巡撫。徐巡撫要赴江南上任了，順路到泰安州省親，事先派人到家裡報信。

徐大用得到喜訊，高興勁兒就不用提了，在高興之餘也想起了他的老朋友何孝梓。於是便寫了封信，派專人騎了匹快馬晝夜趕路，去請何孝梓，叫他務

必在三天之內趕到泰安。

三天之後，何孝梓急火火來到了泰安徐家。徐大用對何孝梓說：「你也好幾年沒來泰安了，今天孩子做了大官，近日來家省親。這是個天大的喜事，兄弟我一時高興，特邀老朋友來玩幾天。」

何孝梓很感激他的邀請，說：「賢侄做了大官，這是兄弟你積下的陰德。過去我來住店就看出你是有福分的人。今天你當了老太爺，還不忘舊友，愚兄更敬佩你的為人了。」

他們正在說話，忽聽一陣人喊馬叫地喧嘩聲，接著有人來報：「老太爺，徐大人到了。」徐大用和何孝梓趕忙迎到門外。新任江南巡撫徐起鳴在前呼後擁的人群中下了轎。泰安縣官、大小地方官員也來迎接。門前張燈結綵，衙役列隊護衛，場面莊嚴熱鬧。徐起鳴拜見了父母雙親及八十多歲的老奶奶，敘了一會兒家常，就回縣衙暫時休息。

第二天清晨，徐大用跑到縣衙裡對徐起鳴說：「兒啊，過去我天天在泰山上轉，那是為了養家糊口，沒心思觀景。今天你做了大官，我太高興了，聽說你來省親，我特別邀請了江南的老友一塊來逛山散心。今天天氣晴好，你無論如何也要隨俺老哥倆上山玩玩。」徐起鳴聽父親一說，覺得老人受苦大半輩子，過窮日子供自己念書也不容易，哪能掃了老人的興呢，就痛快地答應了。這天，徐大用和何孝梓各坐著一乘山轎，徐起鳴由差役抬著，另外還有地方官員、隨從等陪同，一齊上了山。到了山頂，徐大用叫轎夫抬到捨身崖。在捨身崖下了轎，徐大用說：「兒啊，你知道今天為什麼叫你到這裡來嗎？」

徐起鳴回答：「孩兒不知。」他又問何孝梓：「大哥，你知道嗎？」何孝梓也摸不著頭腦，說：「不是到山頂上來逛嗎？」

徐大用又問何孝梓：「你還記得那一年，你抱著個三歲的孩子來捨子還願的事嗎？」

何孝梓說：「唉，心酸往事莫提莫提啊，是有這個事，不是你抱著孩子到捨身崖代我捨的嗎？」

徐大用說：「唉，大哥啊，要真捨了就不會有今天了。」又對徐起鳴說：「兒

啊，你本不姓徐，你姓何，叫何起鳴。」

何孝梓一怔，一下子撲到徐起鳴面前，端詳了一陣，忽然抱住起鳴說：「孩子……我不配是你的父親。你責罰我吧！」說著，「噗通」一聲，跪在地上。

一時之間，把徐起鳴也弄糊塗了，大小地方官員和眾差役也都被現場的一切驚呆了。

原來，十七年前，徐大用抱著起鳴從東路上山後，到了中天門就拐了彎，又從西路下山了。其實，徐大用城西還有一個家，家中還有一位六十多歲的老母親和一個四歲的兒子。他把起鳴抱到家裡，對他母親把事情原原本本說了一遍，就把孩子交給了他母親看管。

起鳴長到六歲，和徐大用的兒子一塊到私塾裡念書。起鳴很聰明，智力過人，念過的書，過目不忘，很受老師的器重，同學們也很喜歡他。徐大用見他聰明，就讓自己的親生兒子退了學，留在店裡幫他幹活，專供起鳴讀書。起鳴念到十五歲，什麼《詩經》《易經》《春秋》《禮記》《資治通鑑》全部通達。到了十七歲，就能寫一手好文章。十七歲那年在本縣考上了秀才，十八歲到府裡中了舉人，二十歲進京中了狀元。

徐起鳴明白了是怎麼回事以後，忙把何孝梓扶起來。這時他心中七上八下，如亂刀絞心，說不清是個什麼滋味。面對這個可憐的老人不知道該說些什麼。呆立了半天，他的視線慢慢轉向這個害人的懸崖。他立即命人沿捨身崖修了一道石牆，並在石牆旁立下一塊石碑，上刻「愛身崖」三個字。

從此，捨身崖就改成了愛身崖。「二十四孝」裡的郭巨埋兒也好，泰山上的捨身祈福也好，那都是害人的封建迷信，是傳說文化的糟粕。人只有自愛自強，才能更好地去愛別人，去服務社會。

這就叫：

> 綱常生死重千鈞，何事無端說捨身？
> 一道短垣圍絕險，不教愚父再迷津！

會我泉的古老傳說

話說在很久以前，在泰山西麓，現在龍潭水庫的水底下，原來有一個挺大的泉，叫「會我泉」。過去，在泉邊兒上立著一塊石碑，上刻「會我泉」三個大字。其實在很早以前，這個泉根本就沒有名字，那為什麼後來叫這個名字呢？這裡頭其實有一段美麗的傳說。

相傳，泰山腳下泮河沿兒上住著母子二人，兒子叫鄒興，靠打柴為生。鄒興長得五大三粗，渾身是勁，挑起一二百斤的柴火擔子，就像挑著兩個燈籠那麼輕鬆。

有一天，鄒興起了個大早，扛著扁擔來到無名泉這個地方，天還沒亮，綠瑩瑩的泉水，「咕嘟咕嘟」往上泛著白沫兒。他加快了腳步，不知不覺來到黃西河，已經是跑了一身汗。他覺得有點口渴，捧起一捧山水剛要喝，就聽到身後有人喊他：「鄒大哥。」

他聽著像個女子的聲音，但瞅瞅四周，卻不見一個人影兒，只有山澗流水，「嘩啦嘩啦」地從他眼前流過。他心裡犯了嘀咕，便扛起擔子，趕緊離開這裡，心想：自己從小打柴，過著這種貧賤日子，有誰家女子能理睬自己呢？莫不是耳朵聽邪了？他無精打采地來到九女寨，天已經亮了。他望著山崖上有片密紮紮的黃草，就把扁擔放在崖下，帶著鐮刀朝崖上爬去……真怪！爬到崖上的時候，別說黃草了，連根草棒兒也沒了。他又瞧瞧腳下的山溝，見那裡有一片荊柴，他又朝那山溝奔去……真糟，到了那裡，連片荊柴葉兒也沒有……就這樣，他奔到哪裡，那裡的柴火就光了。不覺已經是太陽偏西了，這鄒興連一把柴火也沒拾到。他索性也不拾了，回到了放扁擔的地方。

沒承想，他竟然發現崖下放著兩捆柴草，一捆兒黃草，一捆兒荊柴。他再仔細一瞧，見那捆柴的繩子是他的，那插起的擔子也是他的。這到底是怎麼回事呢？他正在納悶兒，只聽身後有個女子格格地笑。他回頭一看，卻不見人影兒，光聽著那笑聲順著山路遠去了。鄒興覺得奇怪，便挑起柴草奔下山來。

他一口氣追到水泉邊，卻還是沒有追到一個人影兒。剛要走，忽然一個千嬌百媚的女子從石頭後面轉了出來，攔住他的去路。鄒興抬頭一看，呀！人世間怎麼還有這麼俊的女子啊！他不敢正眼去看她，低著頭訥訥地說：「你攔俺幹什麼啊？」

姑娘笑嘻嘻地問：「你走這麼急幹什麼？」鄒興說：「俺趕快下山去，賣了柴，好養活老母。」姑娘說：「你別急，這挑柴我要了，賣多少錢？」鄒興不由犯疑，這山泉附近又沒村舍，一個年紀輕輕的姑娘買柴，她有什麼用？大概是故意戲耍於他。於是便順口要了個高價：「賣一吊錢，你要嗎？」

沒想到那姑娘也不還價兒，掏出一個錢包遞給鄒興說：「你把這擔柴留下吧。」

鄒興這下可沒法反口了，只好把柴放在泉邊，扛著空扁擔，慢吞吞地下了山。他走出去了百十步，越想越不對，於是停住腳，打開錢包想數一數。呀！這哪裡是一吊錢，分明是一包白花花的銀子。他心想：一定是那姑娘粗心，把錢弄錯了，我不能黑心昧財。想罷他便立即返回泉邊找那姑娘，可是跑到泉邊一看，那姑娘早不在原地，一擔柴草也沒了。他向四處望瞭望，連個人影兒也沒有。他心想：這擔柴足有一百多斤，小夥子挑它還得累出一身汗，更別說是個鮮花嫩草一般的姑娘。她能帶著柴飛了？她又是什麼人呢？

第二天，鄒興照例進山去打柴。真怪，這一天和前一天遇到的情景一模一樣。可是這一次他長了個心眼，當那姑娘交給他錢包的時候，他當面把包打開來，見還是白花花的銀子，就問那姑娘：「昨天你買柴給我一包銀子，今天你又給我一包銀子，是不是弄錯了？」

那姑娘笑著說道：「一點也不錯。往後，你別再進山打柴了。沒了錢糧，就到這裡來會會俺，俺就給你一包銀子。」

鄒興問她家住哪裡，姓啥名啥，她只告訴他，她叫阮小翠，別的話什麼也沒說。他們在這泉邊坐了許久，眼看太陽落山了，鄒興才又拿著一包銀子回了家。

這兩包銀子，可不是三天五天就能花完的，要等花完再去會那女孩，得多

少日子呢？就是一天見不到，他的心也難熬呀。於是，他就瞞著母親，還是裝著天天去打柴，天天在泉邊約會那女子。不過，只有錢花完了，他才會又拿一包銀子回家。

日久天長，鄒興的母親見家裡不斷銀子，兒子也不像打柴的樣子了，而且這魂兒像是被什麼勾了去一樣。她懷疑兒子在外邊發了不義之財，便責問起兒子來。鄒興就一五一十地把女子贈銀的事給母親說了。他娘一聽犯了疑：「這一帶山區地又薄，人又窮，既沒『員外』，也沒什麼姓阮的人家啊。」想到這裡，母親就對鄒興語重心長地說道：「孩子啊，我看她不像個凡人，興許是個帶仙氣兒的。你可別受了哄騙呀！」

這一說，鄒興左掂量右掂量，心裡反復嘟念著：「阮小翠、阮小翠……」就在這時，他忽然想起一件事來。五年前，鄒興的母親生了一場大病，差點兒死了，身子很虛弱，吹風就倒。一天，鄒興賣了一擔柴，在集上想給娘買點好吃的東西，補養補養身子。忽然見一個賣魚的漢子，挑著一對筐走過來。但見一個筐裡是魚，一個筐裡是個像面籮大的黿。鄒興本來想只買幾條魚，可那漢子指著那黿說：「這玩意兒，營養最好，大補元氣。」

鄒興心一動，就蹲下來看那隻黿。他正看著呢，那隻黿向他翹翹頭，眼裡撲簌簌地流淚。鄒興覺得怪可憐，心想：這小生靈怎麼還通人性呢？便問那賣魚的是從哪裡捉來的。那漢子說：「是從山上一個大水泉裡網來的。」

於是，鄒興花了一擔柴錢，買了幾條魚，也把這黿買下了。他回到家裡，讓娘把幾條魚吃了。第二天，他進山打柴的時候，抱著那隻黿，又把牠放回到水泉裡。五年過去了，他也早忘記這件事了，難道阮小翠真有什麼仙氣兒？

可是，他轉念又想，仙也罷，人也罷，那女孩不但人長得好，心眼也好。他越想越耐不住了，越想越急著去問個明白。等母親睡了覺，深更半夜，他就跑到了山泉邊，去等那女孩。他剛坐在一塊石頭上，就聽泉水「咕嘟」一聲響，只見水面上漂來一隻彩船，船上站著的正是那個俊姑娘。鄒興又喜又驚，那姑娘飄飄地走上岸來，問鄒興：「你為什麼深更半夜就跑來了？」

鄒興說：「我們倆相好這麼久了，你為什麼不和我說實話？我幾次求你成親，你也不答應。」

　　姑娘歎了口氣說：「今天，我從泉裡冒出來，也讓你看清楚了。事情的緣由想必你也猜到了。我實說了吧，五年前，我還沒有修煉期滿，不慎被那打魚的網了去。你好心救了我。現在，我可以脫化成人形了。可是，我還沒脫胎換骨，把身上的濁氣完全消除。若是和你成了親，會傷害你的身子，所以還得過些時日。」

　　鄒興一聽，急著追問：「還得過多長時間？」女子歎了口氣說：「還得九九八十一年。」鄒興一聽，不覺掉下淚來。那女子也是兩眼簌簌地落淚。

　　那姑娘又說：「你別傷心。我多給你些銀兩，回去置辦置辦家業，娶個好老婆吧。」

　　鄒興說：「什麼錢財我也不要，就要和你好。別說等九九八十一年，就是等到死，我也等你。不過，我只求你一件事兒。」

　　姑娘問：「什麼事兒？」鄒興說：「你只要讓我天天來會你，我就心滿意足了。」姑娘想了想說：「好吧，你等著！」她轉身走進泉水裡，連人帶船沉沒了。一眨眼的工夫，那姑娘又浮上來，走到鄒興身邊，遞給他一片碧綠碧綠的水草葉，讓他吃下去。鄒興照她的吩咐吃了下去，覺得渾身清爽。從此，許多年過去了，鄒興還是那麼年輕健壯。

　　鄒興天天來到這泉邊會那女子。他們和和美美，就一直等著成親的日子……

　　後來，有個姓毛的知縣，好遊山玩水，又好吟詩舞墨。一天，大雨過後，他到百丈崖看瀑布，路過這無名泉時，有人向他講了這個傳說故事。毛知縣頗有感慨，命隨從拿來筆墨，當即寫了「會我泉」三個大字，並立了一個石碑。現在，這個水泉早就不在了，而石碑也不知所蹤，只有這動人的故事一直流傳至今。

泰安龍王禿尾巴老李

「禿尾巴老李」的名號，在老泰安可以說是無人不知，無人不曉。他是泰安人，也是泰安自己的龍王爺。

話說在東平城東，有一條河叫匯河。匯河的下游有個村叫席橋。在很早的時候，村裡有個叫李善常的，夫妻倆靠打魚過日子。後來這妻子生了個男孩，取名叫李龍。李龍十歲的時候，李善常死了，他就把父親的漁網接過來，繼續在匯河上打魚。

卻說這匯河下游有口深潭，一到六月的雨季，潭子裡就噴出水柱子，弄得這一帶常鬧水災。

這天黑夜，李龍打魚回家晚了，走到水潭邊，就看到一個怪物從潭裡伸出頭來，大嘴裡噴出一團火球，一下就升到了空中，然後又回到牠的嘴裡，再噴再落，一會兒就不見了。連著幾個夜晚，李龍都在潭子邊看到怪物噴火球。李龍就犯了嘀咕，這玩意兒能呼風喚雨，不知道是個什麼精靈，牠嘴裡的那個火球，說不定就是個寶貝，我得想辦法得到它。

第二天的夜晚，他又見到那個怪物在噴火球，這次李龍可是有備而來。他看準時機就把漁網張開撒了過去，剛巧就把那火球給網住了。那怪物受到驚嚇轉眼就不見了，李龍趕忙拽回漁網，說來也怪，那個火球竟越來越小，最後變得跟個棗子差不多大小。他心想：這准是個寶貝，那怪物把它放在嘴裡，那我就吃了它吧。想到這裡，李龍就把火球吞到肚子裡了。

李龍回到家把吃火球的事和娘一說，隨即就覺得心裡燒得難受，母親慌忙給他找水喝，用碗喝根本不濟事，接著就用水桶喝，用水桶也不解渴，李龍就跑到那個水潭裡泡著去了。

起初，母親還都是給他送飯吃。可慢慢地，他的頭上長出了犄角，身上也長滿了鱗片，變成了一個大怪物，嚇得他娘再也不敢來給他送飯了。李龍就住在了這個水潭裡，後人也管這裡叫李龍潭。據說李龍吃的這個火球是個「龍

丹」，吃了龍丹就變成龍了，能行雲布雨。他本來就是窮人出身，於是就給窮人辦好事，只要這一帶旱了，他就行雨，年年都給鄉親們帶來好收成。

結果李龍私自行雨的事被上天知道了，玉皇大帝便命張天師下界來捉拿李龍。

張天師來到潭邊，手持拂塵輕輕一點就降服了李龍。李龍被張天師捉拿以後，這裡就鬧了旱災，三年一滴雨都沒下。老百姓只能到潭邊來求雨。到今天當地還流傳著一首歌謠：「天大旱，也不怕，有李龍，把雨下，保佑窮人種莊稼。」

此情此景被張天師看在了眼裡，他見百姓們求雨心切，於是就把李龍放了回去。李龍一聽說讓他回家太興奮了，一激動，出來的時候，他連風加雨帶霹靂就把張天師的二角門子給震倒了，一時三刻沒掌握住火候，又淹了三個縣。張天師勃然大怒，就把李龍囚禁了起來，再也不讓他回家了。

李龍在張天師那裡被囚禁了不知多少年，正趕上乾隆皇帝下江南路過這裡，也就到了李龍該得正果的時候了，張天師命他回家，等候乾隆爺的賜封。卻說這乾隆皇帝來到了匯河邊，河水上漲，河上沒有橋，水上也沒有船隻，正發愁如何渡河。就見有一個老人來說：「萬歲過河不用發愁，用七十二領蘆席鋪在水面上，就能保萬歲爺平安過河。」乾隆皇帝聞聽犯了疑惑，蘆席鋪在水面上能過河嗎？不過轉念一想，朕是當今的皇帝，誰敢在朕面前撒謊啊？於是就傳旨讓官兵備了七十二領蘆席扔在了水面上。說來也怪，扔在水面上的蘆席就像平地一般，人馬轎夫從蘆席鋪的水面上穩當當地都走了過去。乾隆皇帝的龍輦也平安無事地過去了。

不過過河之後，轉頭一看，河水通紅，就見蘆席下面有一條金龍馱著蘆席，尾巴被龍輦軋去了一截。轉眼工夫這條龍就不見了，就見那老人出現在乾隆面前行了個大禮，說道：「李龍向萬歲討封。」

乾隆皇帝見李龍渡河有功，就說：「就命你管轄上不過席橋，下不過草橋的地方吧。」李龍感覺皇上封的地盤太小，就又向皇帝提要求，乾隆思索片刻說道：「長江、黃河都有鎮守的了，就是黑龍江自打小白龍在那裡鎮守以後，年年鬧災，你去換了他吧。」李龍忙拜謝皇帝隆恩。因為被龍輦軋去了一截尾

巴，所以後來老百姓就叫他禿尾巴老李了。因為皇帝過橋是過的用蘆席鋪成的橋，那個村子就叫席橋村了。

　　卻說這李龍受了皇帝的賜封以後，就往東北黑龍江去了。在那裡和鎮守黑龍江的小白龍打了三天三夜沒分勝敗。李龍自感單身一人很難戰勝小白龍，就請在東北的山東老鄉幫忙。老鄉們說：「你在水裡，俺們在旱地上，怎麼幫你啊？」

　　李龍說：「我只要你們給我弄兩件東西。幾千斤的饅饅還有幾千斤的石灰就行。我和小白龍打起來以後，你們見江裡泛黑花的時候，就往江裡扔饅饅，泛白花的時候，就往江裡扔石灰。」

　　山東老鄉把李龍要的東西都準備好了，李龍就又和小白龍打起來了。李龍覺得肚子餓了就泛了個黑花，老鄉們一看是黑花，就趕緊往江裡扔饅饅。小白龍一看李龍泛了個花就有東西吃，其實他也餓了，於是他也泛了個花，不過是個白花。老鄉們一看是白花，就趕緊往江裡扔石灰，小白龍和蝦兵蟹將吃了石灰心裡發燒，越戰越不行，而李龍吃了饅饅渾身有勁，越戰越勇，最終就把小白龍打敗了。

　　李龍鎮守黑龍江以後，為了報答山東老鄉，每年他都要回家一趟，回席橋看看，每次回家都帶著喜雨來。在黑龍江上若是有山東老鄉過江時，船到江心就會有一對鯉魚蹦上船來，那就是李龍在表示謝意。山東人就說了：「龍王爺的心意我們領了。」再把一對鯉魚放回江中，這樣就平安過江了。

　　據說，這船過江的時候，要是沒有山東人，趕上風浪到了江心就會出事。後來艄公開船前先問有沒有山東人。有山東人，這才起錨開船，如果船上有泰安人的話，即使再大的風浪，船隻過江也會平安無事。

禿尾巴老李和龍母墳

　　關於禿尾巴老李，在泰安還流傳著另外一個傳說。相傳，在現在新泰市龍廷鄉附近的小栗峪有個李寡婦。這年夏天，她和妹妹桂香到龍池廟燒香趕會，在回來的路上，忽然刮起了大風，來了塊黑雲彩，下起了雷暴雨，這姊妹倆只好躲在了小廟裡避雨。誰知一陣電閃雷鳴，把李寡婦給嚇暈了，這雷雨過後，她才甦醒過來，和妹妹桂香趕緊回了家。

　　過了沒幾天，這李寡婦就光想睡覺，也不想吃飯。再後來，就感覺身懷有孕。時間一長怕被外人看出來，嚇得她門也不敢出，人也不敢見。一天夜裡，她正睡著覺，突然一陣肚子疼，把她給疼醒了，然後就只覺得身子瞬間輕鬆了許多，她這才意識到是孩子生下來了。等她起來看時，連個人影也沒有，這孩子剛下生能跑到哪裡去啊？李寡婦也很是納悶。

　　第二天夜裡，在睡夢中她就覺得有個小東西鑽到她懷裡來吃奶，醒來一摸，覺得乳頭上還濕漉漉的，點上燈一看，還是什麼也沒有。這可就奇了怪了，以後竟然是天天如此。李寡婦心想：這到底是個什麼東西？我得想辦法看看。

　　於是，她就和妹妹桂香商量了一個辦法，用水瓢扣住燈，晚上讓妹妹桂香在門後邊等著，李寡婦在炕上假裝睡覺，就等著那東西半夜三更來吃奶。

　　到了夜半三更，果然，那東西又來吃奶了。正吃著呢，李寡婦猛地一下把燈給掀開了，就看見一個「花狸狐貂」的頭正在她懷裡吃奶，一條長長的尾巴就盤在房梁上，怎麼看也看不出來是個什麼東西，嚇得李寡婦「啊」了一聲。一聲驚叫把那東西給驚著了，抽頭就跑。妹妹桂香急關門，正好把那東西的尾巴給擠住了。桂香咬了咬牙，照著尾巴上狠狠砍了一刀，那東西就一溜火光地朝東北方向去了。

　　此時，桂香忙去看李寡婦，這李寡婦早已經不喘氣了。桂香趕忙把鄰居都喊了來，把事情的經過告訴了大家，有位老者看了看地上的尾巴說：「這是一

截龍尾巴，李寡婦生了個龍羔子，她自己擔不起就死了，快把她埋了吧！」鄰居們就把李寡婦用席捲起來，抬到村南頭埋了。大家知道寡婦也沒人給她上墳，就給她堆了個高高的墳頭。第二年，又是這個時候，天上忽然來了一塊黑雲彩，接著就刮起了大風，

下起了冰雹。不一會，雨過天晴，有人路過李寡婦的墳，發現墳頭上壓了墳頭紙，墳前還有沒著完的紙錢和香，以後年年如此。

後來，每逢下冰雹，大家就說，禿尾巴老李又來給他娘上墳來了，趕緊往外扔刀啊。因為禿尾巴老李最怕刀剁祂的尾巴，於是，這種扔刀的辦法能把禿尾巴老李趕走，冰雹也就停了。

到今天，新泰龍廷鄉附近的小栗峪南邊，還堆著一個大大的墳頭，墳前立著一個石碑，刻著「龍母墳」三個大字。

餓狼寺的傳說

　　話說在泰山的山後有個叫三岔的地方有座寺廟。在這個古寺之中有一位叫志清的老和尚。因為山後這個地方少有人來，香火不旺，也養不了多少和尚，就只有他自己在那裡管理著寺院。

　　有一天，志清正在打掃寺院，突然聽見外面有人哭。他急忙出來一看，卻見一個衣衫襤褸的人在樹底下哭泣，就問道：「施主，你為什麼在此哭泣啊？」

　　「老師傅，你不必問了，你也幫不上忙。」

　　「你別這麼說，興許我能幫上點忙啊。」

　　那人就說：「我是個窮教書的，叫李俊，後來人家不用我當先生了，我就到泰安城想找個活幹，可到這裡幾個月，也沒人用我。現在我是一沒錢，二沒地方安身，家裡還有幾口人等著我掙錢回去吃飯。我實在是沒辦法了，倒不如死了的好啊。」

　　志清聞聽，說道：「哪能這樣想啊，人來到世上本來就不容易，怎麼能輕易尋死呢？再說，你家人不是還在等著你嗎？」

　　「那我不死又有什麼辦法啊？」

　　志清想了想，說道：「泰安城裡我有個熟人，也是個教書的，你在我這裡先住幾日，我叫人捎個信給他，看能不能給你找個事兒做。」

　　李俊聽了，只好先在廟裡住下了。在山上住了兩天，一天早上，他下山幫志清和尚挑水，猛然間見一匹狼竄了過去，把他嚇了一跳，回去後就跟志清和尚說：「剛才我看見一匹狼竄了過去，以後你一個人在山上住，可要當心啊。」志清微微笑了笑：「出家人，本就與飛禽走獸做伴，我無傷牠之心，牠怎能生害我之意呢？」志清和尚並沒有把這件事放在心裡。

　　又過了幾天，山下有人捎信來了，說是給李俊找到了教書的地方。於是，志清和尚就送李俊下山，李俊依然不是很放心，臨走時又囑咐志清說：「您千

萬要小心，狼本來就是吃人的，千萬不要和這種畜生講慈悲之心啊。」

　　志清又是微微一笑：「你放心走吧，不要管我的事了。」李俊下山教書去了，但他經常會想起志清和尚，對志清很不放心。轉眼過了兩個多月，有一天夜裡，李俊突然感到心神不寧，便看了會兒書就睡覺了。剛睡著，依稀看見志清和尚血淋淋地走了過來，含著眼淚對他說：「我後悔沒聽你的話，今天被狼害死了。我希望你能把我的事兒告訴別人，永遠不要對狼發善心。」

　　李俊一個激靈醒了過來，感到非常奇怪。第二天，他就請假上山了。到了寺門外，看到寺門緊緊閉著，叫門也沒人給開，他只好爬上樹跳進了寺院。到了志清和尚住的房門口，看到門也關著，他推了半天也沒推開，叫門也沒人回應。他一著急，就撿了塊石頭把窗戶給砸開了。伸進頭這麼一看，

　　嚇得李俊渾身一哆嗦。只見滿地血肉模糊的，有一條大灰狼直挺挺地死在了地上，狼的身子底下是一個大坑，好像是狼用爪子刨的。

　　原來志清和尚對狼發了慈悲之心，把狼關在了屋裡，結果被狼給吃了。狼吃完了和尚，自己也出不去，想著在地上刨個洞鑽出去，最終還是餓死在了房子裡。

　　從那時起，再也沒有和尚敢在這個寺院裡住了。天長日久，這個寺廟也就荒廢了。從此，人們就管這個寺廟叫「餓狼寺」。

靈岩寺的柏樹

　　從前，在泰山附近的一個村子裡，有個叫石柏的青年。因為爹娘去世早，他跟著哥兄嫂子一起過日子。

　　石柏生性忠厚老實、勤勞善良。他哥哥卻為人奸懶饞滑，對待親弟弟還不如對待一個小長工。他見弟弟一年年地長大了，心裡便犯了嘀咕：石柏長成小夥子得說親娶老婆，到時候還得分去我一半的家產，不如趁早想辦法除了他。

　　一天，石柏砍柴回家，哥哥就對他說：「你今年已經十五歲了，也該自己過日子了。我也養活了你十多年，光吃飯穿衣的錢，算也算不清。至於現在的田產宅院，那都是我操心費力置辦的，不然早荒蕪了。我看在兄弟情義份上，送給你一根扁擔、兩條繩子，你就自己謀生去吧。」

　　石柏一聽又氣又難過。他知道，爭也沒法和兄嫂去爭，在這個家裡也沒法過了，於是第二天就扛著扁擔走出了家門。

　　石柏走到一座山崖前，只見這山崖又陡又峭，上面長著一簇一簇的花草和灌木，還有許多的鳥兒。再看看山崖下面，有個不大的石洞，他心想，就在這裡安身吧。

　　山洞裡有一塊非常光滑的大石頭，蒲團那麼大，恰好可以當枕頭。晚上他就躺在山草上，頭枕著那塊石頭睡覺。

　　這一夜，他睡得十分香甜。山草變得像棉絮一樣柔軟溫暖，那塊光滑的石頭竟然還熱乎乎的，腦袋枕在上面，溫熱從頭頂傳遍了全身，暖和極了。天亮了，他也捨不得起來，因為他長這麼大，還從來沒睡過這麼舒服的覺。他的腦袋在石頭枕頭上得意地轉來轉去，忽然，他耳邊響起了潺潺的流水聲，「嘩啦嘩啦」，似遠似近，清脆悅耳。他睜開眼睛，坐起身，向洞裡的四周望瞭望，可什麼也沒看到。他又把耳朵貼到那光滑的石頭上，潺潺的流水聲又響了起來。

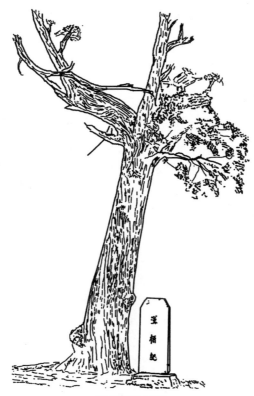

靈岩寺的柏樹

　　他一骨碌爬了起來，雙手把那塊石頭掀了起來。原來石頭下面有一個月亮般的泉眼，泉水吐著珍珠般的水花兒，並不斷冒上地面，彷彿是地皮下面流淌著一條小清河。他再看看那塊翻過去的光滑石頭，也變樣了。原來這塊石頭竟然是個光潔漂亮的石槽。他非常高興，正好可以用它來盛東西了。

　　這一天，他上山砍了一擔柴，挑到山下集市上賣了。他買了一些米，就把米和剩下的幾個銅錢就都隨手放進了石槽裡。結果沒想到，這個石槽可神了，看得石柏連眼皮都不敢眨，就看著那米和錢慢慢地漲滿了石槽。

　　石柏認為自己是花了眼，伸手就把石槽裡的米和錢全捧了出來。他往槽外邊捧了一捧又一捧，累得滿頭都是汗，可是他無論怎麼向外捧，那石槽裡的米和錢一點也沒減少。這下他可高興壞了，心想：這是個神槽啊，難不成這就是傳說中的聚寶盆嗎？以後有了它，吃不愁了，穿不愁了，再加上自己一雙勤勞

的手，准能過上好日子了。

　　說來也快，三年過去了，石柏在山崖前蓋起了一座漂亮的小宅院，在山窪裡開墾出一片黑油油的土地。他養的牛羊滿山跑，騾馬也「嗚兒嗚兒」地叫。十里八村的媒婆都聞訊來給他說媒，可石柏都沒答應。

　　卻說這石崖上有一隻長著五彩羽毛的小鳥，天天衝他叫：「十八，十八，成家，成家......」石柏聽著心裡很熱，也很心煩，就衝著那鳥兒說：「催呀，催呀，你跟我成家啊？」誰知，話音剛落，就看那小鳥「嗖」地一聲從石崖上飛下來，落在石槽裡，打了個滾，變成了一個大姑娘，看著比天仙還漂亮呢。石柏看呆了，魂兒也跟著飛了。於是，他和這姑娘就成了親，小日子也越過越好。

　　這件事很快就傳到了石柏兄嫂的耳朵裡。這一天，哥哥來到弟弟的家裡，花言巧語地說：「弟弟呀，你就原諒了我和你嫂子吧。全怨我一時糊塗，沒有眼力，你是個有福之人，我們是親兄弟，應該有福同享啊！」

　　石柏見哥哥一副可憐後悔的樣子，以為哥哥是真心悔過，就對哥哥說：「哥，你和嫂子有什麼難處就儘管說吧！」

　　狡猾的哥哥眨巴了眨巴眼睛，想了想，說道：「弟弟，你就把你富起來的法子告訴我吧。」

　　石柏是個老實人，見哥哥問到這了，就把石槽的事兒一五一十全告訴了哥哥。這時候他哥才全明白過來，敢情是弟弟走了運，得到了一個聚寶盆啊。石柏他哥裝作沒事人一般，告別了弟弟慢悠悠地回了家。一路上就尋思上了，我得把這個聚寶盆弄到手啊。到那時候，我就有花不完的金銀財寶，穿不盡的綾羅綢緞，吃不完的山珍海味了。他越想心裡越急，越想眼睛也就越紅。

　　到了三更半夜，石柏他哥就偷偷地摸進了弟弟的家裡，用繩子捆起了石槽背著就朝山下跑。

　　他跑到山窪裡，那石槽越來越重，他一步也走不動了。沒辦法，只好把石槽扔在了地上。他喘了一陣粗氣，再想去搬那石槽，卻怎麼也搬不動了。他心想，看來今天是搬不動了，只能明天再來搬了。可是，這個石槽就這麼擺在地

上，還是會被弟弟給找回去，要是被路過的行人背走了就更麻煩了。於是，他用手挖了個坑，把石槽埋了起來。埋好了石槽又順手拔了棵小柏樹插在上面，做了個標記。

第二天，石柏的兄嫂趕到了埋石槽的地方。結果到地方一看，二人大吃一驚。原來，隨手插在土裡的小柏樹，已經長成了一棵大樹。夫妻倆狠勁地搖晃也晃不動，拔也拔不動。夫妻倆急紅了眼，找來斧頭要把柏樹砍斷，可剛砍倒，就見樹樁的周圍立刻冒出很多綠芽來，又一眨眼的工夫，綠芽就變成了好幾棵大樹。石柏的兄嫂就像著了瘋魔一樣，發瘋地砍。可是砍倒了一片，又長出了一叢。越砍越多，後來，這漫山遍野就都變成了柏樹林，原來埋石槽的地方就再也找不到了。而貪心成瘋魔的石柏兄嫂也就累死在了這片柏樹林裡了。

再到後來，一個老和尚雲遊到這裡，見山石、樹木、花鳥都靈秀無比，好一塊風水寶地，就在這山裡建起了靈岩寺。因為過去這是埋聚寶盆的地方，所以這一帶的柏樹也很奇怪，砍掉以後，殘留的樹根依舊發芽，很快就能長成大樹。

採參鳥的傳說

　　如果到了夏夜，在山深谷幽的靈岩寺附近，依稀會聽到一種奇怪的聲音「王干閣、王干閣」。乍一聽，就像一個柔弱的女子呼喚自己心上人的名字。但是仔細辨別，原來是夜鳥的啼鳴。每當「王干閣」叫聲響起來以後，在遠山幽谷還會聽到另一隻鳥合鳴「劉五、劉五」。這究竟是一對什麼鳥呢？這對鳥兒又有怎樣一個傳說呢？

　　傳說在很久以前，泰山的山前住著一對年輕的夫妻。男的名字叫王干閣，女的名字叫劉五。兩人本是一個莊的人，從小青梅竹馬，結婚以後感情也特別好，兩個人對王干閣的母親也非常孝敬。

　　這一年，王干閣的母親生了一場大病，面黃肌瘦，半年多也不見好轉。請了許多的醫生也沒給治好。這一天，來了個牽駱駝賣野藥的，夫妻二人把老人攙扶出門外，請這個野郎中看病。野郎中給老人相了個面，對夫妻二人說：「病久入裡，傷了元氣。要想治好，還得求寶。」說完，寫了「萬年參」三個字。

　　這可把小倆口愁壞了，到哪裡去找萬年參啊？如果是一般的人參，砸鍋賣鐵也能買到。可這萬年參有錢也沒地兒買啊。王干閣就對劉五說：「我從小就沒了爹，娘親要飯乞討把我拉扯大很不容易，只要娘的病有法子治，就是跑遍千山萬水，也得把這個萬年參找到。你就在家好好伺候娘，我上山去找。不管找著找不到，三天後我就回來，省得你和娘都牽掛我。」劉五點了點頭，給丈夫包上了三天的乾糧，就送王干閣進山找萬年參去了。

　　卻說王干閣進了山，一條溝、一道梁地四處仔細尋找。從東山到西山，找了整整兩天也沒找到。第三天他又到山後去找，在山後一直找到日頭偏西也沒發現，他就有點猶豫了。再往前找吧，怕是天黑之前回不去，劉五和老娘在家裡掛念；回去吧，萬年參沒找到，娘的病治不好。他正在左右為難，忽然間看到在他面前不遠的地方，有一個小胖娃娃，頭頂上用紅頭繩紮著個朝天小辮，在草叢和野花之間蹦來蹦去地玩耍。

　　王干閣心頭一動，這是誰家的小孩子跑到深山裡來了？如果是走丟的孩子，他怎麼不哭不鬧，反而蹦蹦跳跳這樣高興呢？過去曾聽老人家說過，人參長到了千年、萬年，會變化成人形，莫非這就是自己要尋找的萬年參？

　　想到這裡，他心中一陣高興，直奔胖娃娃走去。但是走著走著，忽然胖娃娃不見了。他站住腳步，揉了揉眼睛，再向前看看，又看見胖娃娃在前面晃動了。他看準了又一路緊跟，不知道過了幾條溝，翻過了幾道梁，追著追著，前面出現了一座古老的寺院。寺院的周圍是樹木森林，蔽山障目，再也看不見剛才的胖娃娃了。

　　王干閣剛走下山梁，就見從寺院裡走出來一位老和尚。他忙上前施禮問道：「老禪師，您可曾見一個胖娃娃從此經過啊？」

　　老和尚雙手合十，眯著眼問道：「是什麼樣的胖娃娃啊？」王干閣就把看到的情形講了一遍，老和尚心想：哎呀，這是萬年參啊。

　　追到這裡不見了，那一定就是生長在我寺院的附近。想到這裡，這個老和尚就生了壞心。和尚對王干閣說道：「剛才的確是有個紮著紅頭繩的胖娃娃由此經過，順著這條溝向北邊的仙人洞去了。」

　　王干閣聞聽大喜，謝過了和尚就順著山溝向北去了。找到北山坡，也沒看見胖娃娃的蹤影，只見山上有個朝南的山洞，這莫非就是老和尚所言的仙人洞？王干閣心想：萬年參既然是寶物，一定長在不容易被人發現的地方，說不定就在仙人洞裡藏著，於是他就向洞口走去。

　　他走近洞口探身向裡一瞧，有個黑乎乎的東西趴在裡面，兩隻眼睛就像兩盞燈。王干閣嚇了一跳，知道是受了老和尚的詭騙，正要轉身逃跑，只聽「嗖」地一聲，竄出來一隻猛虎。王干閣見狀拔腿就跑，老虎就在後面緊緊追趕。跑著跑著，突然面前出現了一條山澗，山澗的兩邊都是懸崖峭壁。他一看，更慌了，但是又不能停下腳步，於是王干閣心一橫，眼一閉，從山澗上跳了下去。誰想他竟一下子變成了一隻小鳥。

　　老虎沒撲到王干閣，在山澗邊上兜了兩個圈子，看見石頭後面人影一閃便又撲了過去。原來這人正是剛才的那個老和尚，他就躲在大石頭後面，見老虎

追趕王干閣，正揚揚得意，沒想到轉眼自己卻成了老虎的口中之食。再說劉五，她在家裡一邊伺候著老人一邊焦急地等待著丈夫。等到第三天也不見丈夫回家，她就再也坐不住了，像丟了魂一樣，又等了一晚上也不見丈夫回來，就在家裡待不住了。

天一亮，她給老人備好了三天的乾糧，和老人道別去山上找自己的丈夫。等她找到靈岩寺附近的時候，天也已經全都黑了，她站在山頂上，向北瞭望。只見樹木蒼蒼，夜霧朦朧，黑森森的什麼也看不清，於是她就高聲呼喚：「王干閣、王干閣——」

正當她喊累了停下換氣的時候，從對面山上隱隱約約傳來聲音：「劉五、劉五——」劉五聽出來這是自己丈夫的聲音，高興極了，不顧一切地跑向對面的山坡。等走到近前一看，只見在一個山洞邊上，一隻鳥在樹上叫著「劉五」。她不敢相信自己的眼睛，就像掉了魂一般，突然一頭栽在地上，「撲棱」一下也變成了一隻鳥。這鳥叫著「王干閣、王干閣」地向大樹上飛去。

從此，在靈岩寺的上空，便飛翔著這樣一對夜鳥，圍著山峰轉，穿越松林飛。他倆飛呀，飛呀，終於飛到了一個四周都是懸崖峭壁的地方，他們在峭壁上發現了萬年參。只見那萬年參莖葉碧綠，開著鮮豔的紅花，就像胖娃娃頭上的紅頭繩一樣，在微風中輕輕地擺動。這開過花的花蒂上結著一粒粒紅潤潤的圓豆子，這就是人參果。兩隻鳥兒立即飛下去，叼起萬年參的果實，銜在嘴裡，飛越泰山的山頂，飛回到山前王干閣的家裡。

老母親靠坐在床上，手裡捧著飯碗正盼著兒子和兒媳婦回家。一抬頭忽然看到一對小鳥飛到屋裡，一個胳膊上落了一隻，每隻鳥的嘴裡都銜著一個豆子，湊近她的飯碗把豆子放在了飯碗裡。老母親似乎知道了什麼，忙把豆子都吃了下去。立刻，她就覺得渾身輕鬆，三天之後就下床了，病也就慢慢好了。可是從那以後她就再也沒見到過自己的兒子和兒媳婦。

這對鳥兒又飛回了靈岩寺的山上，在這裡長期住了下來。多少年來，他們白天棲息在懸崖峭壁上，夜晚就互相呼喚著對方的名字。因為他們只在夜晚鳴叫，人們白天很難看到他們，就更說不清他們長什麼樣子了。

天書觀的來歷

話說在泰山的西溪之上有一座石橋——汶陽橋，橋的北邊有一座乾元觀。古代的泰安有東嶽神州之稱，像這樣的道觀、佛寺、庵廟比比皆是。到宋真宗時代，人們又將乾元觀改名為天書觀。為什麼要改成這樣的一個名字呢？接下來就說說這個天書觀的來歷。

話說這宋真宗趙恆，既無太祖趙匡胤的武威，又少太宗趙匡義的文功。後來，遼軍頻犯中原，威逼宋氏江山，他竟一籌莫展。景德元年澶淵之役，他聽了宰相寇准之計，親臨前線督戰，雖獲大勝，他卻苟安言和，演了一場賠錢送禮的醜劇，引得朝廷上下議論紛紛，萬民唾罵。

面對朝野之言，王欽若一夥奸佞之徒便上書真宗，聲稱昔帝王征討奏凱必封泰山，禪社首。如今聖上英明果斷，慈儉為治，海內咸寧，正是封禪泰山的大好時機。真宗聽後大喜，他想借助神的威力，以壓眾口，哪裡還聽得進逆耳忠言，隨即命王欽若為封禪使，先行安排封禪事宜。

卻說王欽若身材矮小，脖子後還長了一顆大瘊子，當時人們都叫他瘊相。這瘊相雖其貌不揚，卻有一肚子的壞水，專會察言觀色、阿諛奉承，很是得真宗寵信。

王欽若來到泰安，好不得意，他心想：這可是千載難逢的良機，一則事成龍顏大悅，說不定就會扶搖直上；二來我這朝廷命官到這裡，誰敢怠慢？就是收點小意思，少說也得千金萬貫。他越想越高興，彷彿這千金萬貫已經裝進了自己的口袋。

話說這一天，幾個小孩在乾元觀北面的田裡挖土嬉戲，忽然挖到幾枚生鏽的銅錢，孩子們便互相追逐爭搶了起來。有的銅錢被爭落在田邊乾枯的石泉裡，他們又競相挖石取錢。這群孩子搬動了也不知道多少塊石頭，泉眼竟有清清的泉水湧了出來，趴下一嘗，甘甜甘甜的，孩子們玩了半天早已經口乾舌燥，見了泉水，趴下便喝。孩子們撿到銅錢，又發現了這麼好的泉水，這消息

不脛而走，很快就傳到了癭相的耳朵裡。他那陰沉的臉上掠過一絲冷笑，把隨身的一個親信叫到身邊，如此這般地耳語了一番，親信領命而去。

第二天一大早，幾個小孩又來到了泉邊，不禁個個目瞪口呆。原來泉水裡游動著幾條小魚，水底還沉著許多古錢，水上還漂著一個叫不上名字的果子。這可是個怪事，一個孤零零的小泉，一夜之間怎麼會有魚？這奇聞一傳十，十傳百，不多久，前來觀看的人就把泉眼圍了個水泄不通，人們都在議論紛紛，說什麼的都有。

忽然，有人大喊：「王大人駕到。」人們一聽癭相來了，都好奇地回過頭去，因為人們還從來沒目睹過王大人的尊顏呢。王欽若面對眾人詫異的目光並未發怒，他笑眯眯地來到泉邊，巡視一周，問眾人是否看到有人往泉水裡投放這些古錢和小魚，眾人紛紛搖頭不語。

王欽若又撈起泉水裡的果子，讓一個擠在前面的人品嘗。那人起初不敢接受，最後無可奈何地啃了一口，隨後便大口大口啃食了起來。癭相問道：「味道可好？」那人興奮地答道：「謝大人賞賜，果子香甜可口，好吃得很啊！」

王欽若聽後，轉身對眾人說：「這可是盛世祥瑞的吉兆，人傑地靈，物華天寶，必是聖上要來泰山封禪，泰山之神靈應所致。」說完又親自舀起泉水喝了幾口，贊道：「真乃靈液聖水，如玉液瓊漿一般啊！」王欽若當即奏明聖上，真宗也就順水推舟，下令在泉水旁邊建造起了一處「靈液亭」。

說來也巧，就在這一天，有個叫董祚的樵夫在山裡砍柴時，撿到了一條金黃色的帶子，他見上面有許多稀奇古怪的文字，就把它拿給皇城使王居正看。王居正不看則已，看後欣喜若狂，他心想，這下鴻運到了，便迫不及待地趕到王欽若館舍。

王欽若見他跑得上氣不接下氣，就開口問道：「皇城使何故這般慌張啊？」王居正忙拿出金色帶子：「回稟大人，適才樵夫董祚從山中的樹上撿得一條絹帶，上有蝌蚪樣的文字，似有聖上御名，想是吉祥之物。」沒想到王欽若卻屬聲問道：「絹上既有聖上御名，必是天書無疑，你一個小小草民竟敢偷看天書，該當何罪？」這王居正原本是急功近利才來稟告，聞聽此言，頓時嚇得渾身哆嗦，不住地磕頭求饒。癭相見他怕成這個樣子，微微一笑說道：「也罷，本官

念你事出無意，不加罪於你，速去將天書請來。」王居正這才如釋重負，慌忙走出館舍，這才真是乘興而來，敗興而歸。

王欽若接到天書，便火速送到朝廷。宋真宗更是不敢怠慢，親自出迎。朝中那些趨炎附勢之輩，更是奉迎不休。其實，宋真宗比誰都明白這天書為何會降於泰山，此時他就是假戲真唱，一本正經地下了聖旨，將乾元觀改名為「天書觀」。

大中祥符元年七月二十七日，宋真宗率文武群臣登封泰山，還親筆撰寫了《登泰山謝天書述工聖功德碑》，隨後又在泰山修宮築殿。岱廟的天貺殿就是在這個時候修建的。

天書觀醴泉

聶政復仇刺韓王

　　話說在戰國時代，韓國有個人叫聶政。他的父親是一個有名的鐵匠，刀槍劍戟、盾牌鎧甲無所不鑄，而尤其以善於鑄劍而聞名遐邇。他鑄的劍，削鐵如泥，砍石如灰，京城內外，但凡會武功的人，誰不想到聶家去打造件趁手的兵器呢？

　　有一天，韓王派人來請聶父，說要鑄造兩柄寶劍，三年交工，不得有誤。國王下令，莫敢不從。聶父回到家裡，閉門不出，潛心盡力，整整花了三年的工夫，鑄成了兩把雌雄寶劍，如期獻給了韓王。可誰曾想，這韓王是個奸詐殘忍的惡棍，他得了這天下無雙的寶劍，卻擔心聶父以後再給其他人鑄成更好的寶劍，便下令將他活埋了。

　　聶政是個遺腹子，父親死的時候，他的母親才懷孕五六個月，出生以後，母親含辛茹苦把他撫養成人，到了十七歲，聶政已經是個身長八尺、英姿魁偉的男子漢了。

　　聶母眼見自己的兒子已經長大成人，便把丈夫死的經過一五一十地告訴了聶政。聶政性情剛烈，聞聽如此，按捺不住怒火，提起菜刀就要去找韓王算帳。聶母急忙拉住他的衣襟，哀求地說道：「好孩子，你知道為父報仇，說明我這十七年來的辛苦沒有白費。可是，你這樣去報仇，不是等於羊入虎口，白白送死嗎？」

　　「難道這殺父之仇就這樣罷了不成？」聶政把刀一扔，一屁股坐在了地上。過了一會，聶母見兒子心情稍微平復，便又對兒子說：「聽說在泰山大觀峰上有個桃花洞，洞裡住著一位隱者，精於音律，擅長古琴，我看你還是先去找他，學會琴藝方能靠近韓王，到那時再下手也不遲，現在可千萬不能貿然行事啊！」聶政望著歷盡滄桑的母親，深深地點了點頭。

　　不久，聶政就來到了天下聞名的泰山。只見那泰山之上，林巒秀異，山水清奇；大觀峰上攀蒼穹，雄偉壯觀。而這個桃花洞就坐落在大觀峰的西側，靠

近洞口是一眼望不到底的深潭，俯身傾聽，能聽到汩汩的水聲，周圍山石崢嶸、山花爛漫，好一派秀麗的風光，著實讓人有點陶醉。聶政走近洞口，看到洞口旁的岩石上還題刻著這樣的詩句：

　　蒼松翠竹玉洞新，桃花紅勝武林春。

　　仙舟直泛逢壺裡，何日聶郎怪問津。

原來，這洞裡的隱者叫琴高，年近九十，耳不聾，眼不花，鶴髮童顏，豐神飄逸。他是古琴的名士，而且能未卜先知，桃花洞前的詩句，正是琴高預知聶政前來學琴而題寫的。

聶政拜見行禮之後，說明了來意。琴高笑道：「我的琴非一年半載可以學成，必須七年苦學方能成功，如若你急於報仇，還是另請高明吧！」聶政聞聽，七年就七年，並未皺眉。因為他知道，這七年中，不僅要學會高超的琴藝，更要磨煉自己的意志。

寒來暑往，冬去春來，聶政在琴高的悉心調教下，勤學苦練，琴藝日漸純熟。他的琴聲，既像昆山碎玉那樣清脆，又像天上的雲雀一樣輕快。他彈奏快樂的曲子，蛟龍聽到會在水中翩翩起舞；他彈奏哀傷的音樂，天上的仙女也會為之流淚。真是皇天不負有心人，聶政終於七年功成。在他拜別師父下山的時候，琴高還送他一架六尺十三弦的桐木鳳凰琴。

卻說此時的韓王已經是老態龍鍾。一天，他吃得酒足飯飽，百無聊賴。一名門衛前來報告，說有一位琴師求見。韓王心想，近日來心緒不寧，聽聽音樂或許能擺脫內心的煩躁，不妨讓他進來彈奏一曲。

不一會兒，門衛領著聶政來到韓王面前，韓王打量了一下聶政，只見他個頭高大，目光冷峻，不像個樂師的模樣。韓王畢竟是老奸巨猾，命左右搜身。結果，除了古琴之外，沒有發現任何東西，韓王這才把心放寬：「你會彈什麼曲子啊？」

「古韻今聲無不通曉，不知大王想聽什麼？」

「揀好的隨便彈來。」

於是，聶政從容地彈起了《白鶴之操》。只見他瀟灑自如，神情自若，隨

著一串串響亮的音符，一隻隻白鶴從天而降，伴著輕快的旋律，在宮殿上空盤旋起舞。因為白鶴是吉祥的預兆，韓王大喜，覺得心情豁然開朗。

一曲終了，韓王興致不減，又要聶政彈奏清徵之曲。聶政回道：「清徵之曲不如清角之曲，但清角之曲恐怕大王聽後會害怕。」

「胡說，寡人乃一國之君，殺幾萬人都不帶眨眼，聽聽曲子有何可怕？只管奏來。」

聶政聞言不語，重新又操起琴來。曲聲乍一響起，只見天空中烏雲翻騰。片刻間，狂風四起，暴雨驟至，宮殿上的瓦片也被大風刮得漫天飛舞，把韓王嚇得面如土色，倉皇爬到殿廊後面去了。聶政見時機已到，便從琴身裡抽出一把匕首。眾人見狀大驚失色。韓王的隨身衛兵正欲上前擒拿聶政，說時遲那時快，聶政一個箭步提起韓王，把匕首深深插進了他的胸膛。聶政被韓王的隨身衛兵團團圍住，眼見無法逃脫，便仰天大笑，拔出韓王的佩劍自刎而死。

眾人被聶政的舉動驚呆了，只見聶政倒地後，他刺殺韓王的匕首直飛雲天，隨後天上出現了一道絢麗的彩虹。據說，那就是聶政的靈魂所化。

小安子泰山被擒記

清朝同治八年七月，在泰山腳下的窪子街發生了一件轟動全國的要聞。慈禧太后寵信的大太監安德海被抓了。

窪子街是泰安城一條古老的街道，是泰安南路各縣通往北京城的御道。路南有個驛站，那時候叫三合店，是進出京城官員的客棧。在城西郊還有一座接官亭，京城裡、省城裡來的官員，或者是朝廷下旨都要先到接官亭，府縣地方官員再前往迎接。

安德海是晚清咸豐、同治時期的太監，直隸南皮人，深得慈禧太后的寵信。當時同治皇帝年紀還小，由慈安、慈禧兩位太后垂簾聽政。慈禧野心勃勃，把持朝政。而安德海則仗著慈禧之勢，干預朝政，籠絡勢力，胡作非為。後來，同治皇帝年齡漸長，漸通世故，對小安子非常厭惡，便私下與慈安太后商議，伺機誅殺安德海。

同治八年盛夏的一天，安德海在皇宮遇到了同治帝，叩頭請安後，拿了一把白紙扇求請皇帝題字。同治帝接過扇子，提筆寫了一個「女」字。安德海見皇帝肯親筆題字，歡喜非常，拿著摺扇在慈禧面前炫耀。慈禧太后一看這個「女」字，大吃一驚，說道：「這是皇上要殺你啊，趕快逃命去吧！」

安德海聞聽，一臉茫然，慈禧趕緊解釋道：「你姓安，安字若去了頭，不正是個女字嗎？」

安德海聽後，面如土色，趕忙跪下磕頭，口稱太后救我。於是，慈禧就命安德海以到江南辦龍衣為名，借機離京出逃。隨後，為了保險起見，她還下了一道懿旨，令沿途各州府一路放行。同治帝得知此事之後，也下了一道聖旨，按當時「太監私出皇城殺無赦」的規定，責令沿途各州府，若發覺安德海蹤跡，立即就地正法。

安德海自恃有慈禧太后這個護身符，並沒把皇家的法律放在眼裡，他帶著金銀細軟，一路上遊山玩水，尋歡作樂。不覺就來到了泰安城，住進了窪子街

的三合店，心想不如在此休息幾日，也好遊覽一下聞名天下的泰山。

他剛住下的第二天，就出事了。卻說這泰安知府何毓福正在府衙之內，聽門外傳令「太后懿旨到」，何毓福剛剛來到接官亭，官轎還沒下，又聽聞聖旨也到了，何毓福對宮中的鬥爭也是早有耳聞，對安德海的專橫也很憤恨，這小安子來泰山他也早已知曉，自然也就意識到這懿旨和聖旨之間的奧秘。於是當即對周圍的官吏說道：「聖旨事關緊要，應先遵聖旨辦理後方可再接懿旨。」

接了聖旨，何毓福立刻回府，集合了兵卒，包圍了三合店。面對何毓福和一隊官兵，安德海根本不放到眼裡，竟然大喊大叫：「我是奉了皇太后之命出京辦事的，你這小小的知府不要命了？」

可這何毓福哪裡聽他這一套，命左右將安德海打入囚車，押解前往濟南。濟南巡撫丁寶楨按聖旨，立即將安德海正法於濟南。

何毓福等到押走了安德海以後，才去接官亭接懿旨，也不過是走了個過場。接旨之後，他寫了一份奏摺，報知慈禧，安德海已經先按照聖旨處理了。何毓福此舉深得民心，也被百姓們稱為「青天大老爺」。卻說這安德海伏法後的幾十年，在三合店舊址出現了兩個暴發戶，一個是中醫張伯源，一個是屠夫展傳法。他們二人之前都很貧窮，竟然一下子成了泰安城聞名的大財主。據說是安德海就擒之前，暗地裡將所帶的金銀細軟都扔在井裡，後來遇到大旱，井水下降，張、展兩家在挖井時挖到，而一舉成了暴發戶。

王羲之逛泰山的故事

　　王羲之，字逸少，是東晉時期著名的書法家，有「書聖」之稱。他是琅琊（今屬山東臨沂）人，後遷往會稽山陰（今浙江紹興），晚年隱居剡縣金庭。王羲之歷任秘書郎、寧遠將軍、江州刺史，後為會稽內史，領右將軍。其書法兼善隸、草、楷、行各體，精研體勢，心摹手追，廣採眾長，備精諸體，冶於一爐，擺脫了漢魏筆風，自成一家，影響深遠。其風格平和自然，筆勢委婉含蓄，遒美健秀。王羲之代表作《蘭亭序》被譽為「天下第一行書」。在書法史上，他與其子王獻之合稱「二王」。

　　大書法家王羲之名滿天下，他在泰山上卻留下了一個至今都讓山民津津樂道的傳說故事。話說有一年，王羲之和他的一個朋友來逛泰山，到泰山一看，果然是山清水秀，名不虛傳。於是，兩個人坐在一塊大石頭上談天說地。王羲之說：「泰山的風景的確很美，就像我的名字一樣，四海聞名啊！」

　　可誰曾想到，此時正趕上泰山老奶奶碧霞元君巡山到達此處，不經意聽到了王羲之的大話，生氣地說道：「這王羲之竟敢在泰山誇下海口，我一定給你打個『知』字。」

　　卻說這泰山老奶奶落下雲頭，來到半山腰的一處平地，對著石壁畫了兩間小草屋，中間又畫上了一道大牆，然後吹了一口仙氣，只見房子和大牆都變成了真的。碧霞元君變化成山間老太太的形象，又吹了口氣變出了另一個老太太。就這樣，她和那個變化出的老太太大牆兩邊一邊一個，一個擀餅，一個烙餅。

　　不多一會兒，王羲之和他朋友一起走了過來，抬頭一看，只見兩個老太太隔著大牆在甩餅。牆這邊的老太太擀好一張餅，用擀麵杖挑起來往上一甩甩過牆去，「啪嗒」一聲，正巧落在了牆這邊烙餅的鏊子上。而那邊那個老太太烙熟了一張餅，用翻餅的鏟子挑起來往上一甩，「啪嗒」一聲也恰好就落在了牆那邊的蓋墊上。王羲之就跟著兩邊飛來飛去的餅來回地看，等一塊大面都擀出

來了，也沒見出一點兒差錯，蓋墊上烙好的餅更是摞得整整齊齊。王羲之覺得真是太神奇了，不禁讚歎道：「妙啊，真是太妙了。你們的餅為何扔得如此巧妙啊？」

甩餅

老太太頭也不抬地回答說：「這有什麼妙的？不過是王羲之的字——熟了而已。」

王羲之聞聽，知道自己剛才錯說了大話，羞愧不已，這是泰山老奶奶給他打「知」字呢！[1]

---

[1] 打「知」字：泰安話，提醒，警醒的意思。

泰山神碗的傳說

很久以前，泰山上有一個孤苦的孩子，名叫山蛋兒，他很小就失去了父母，是年邁的爺爺把他拉扯成人的。

山蛋兒的爺爺是個老羊倌，在泰山上放了五十多年的羊，憑著多年的經驗，他認識許多能給羊治病的草藥。不管什麼時候，羊要是有個生病的，老人家不花分文，採些草藥，就能給羊治好病。山蛋兒從四歲就跟爺爺上山放羊，等他長到十歲的時候，凡是爺爺認識的草藥，他也都認識了。凡是爺爺能給羊治好的病，他也都能治了。可是就在這年冬天，爺爺冒著風雪上山放羊，不幸摔死在了深山陡澗裡。爺爺去世後，財主便把羊都收回去了。從此，山蛋兒就成了無依無靠的孤兒了。

為了生活下去，山蛋兒用從爺爺那裡學來的醫道，在泰山上採了草藥到處給別人家的羊兒看病。但是，他也只能是掙點剩飯充饑，討點破衣服禦寒。天長日久，經山蛋兒的手治好的羊也越來越多。慢慢地，他的名聲也就傳開了，鄉親們也親切地稱呼他為「小羊仙」。

在山蛋兒十三歲那一年，泰山周圍傳開了羊瘟病。好端端的一群羊，要是染上這個病，一夜工夫就能全部死光。這樣一來，可就全虧了這個小羊仙，一天到晚地忙個不停。

卻說這泰安城內有個大草藥店，名叫普救藥店。掌櫃的姓趙，叫趙生金。這個人是個只要能掙錢，親娘都敢賣的主。他眼見四鄉八鄉傳開了羊瘟，自然是喜不自勝：「好了，好了，這下可好了。財神爺這是要給我送錢來了。」但是他萬萬沒想到，剛要進門的財神爺，卻被這個小羊仙給堵回去了。趙生金非常惱火，但是一時又想不出什麼辦法來對付小羊仙。

這一天，趙生金正在大廳中犯愁，他的帳房先生，一個尖嘴猴腮的小矮子走了過來，對趙生金說道：「恭喜掌櫃的，只要能把小羊仙弄到手，就算有了搖錢樹、聚寶盆啊！」、「說著輕巧，那小羊仙若是不從可如何是好？」

「那也好辦！」帳房先生陰笑著說道：「只要把他的名聲給弄臭了，老百姓都不信他了，那自然就會給我們送錢來了。」說完又悄悄地跟趙生金耳語了幾句。

趙生金聞聽兩眼放光，連聲說好。一邊叫帳房先生去做好準備，一邊差人去請小羊仙。

傍晚時分，山蛋兒來了。趙生金挺著個大肚子迎到門口，兩眼早就眯成了一條線：「小羊仙啊，好不容易把你請到寒舍，快，快請到屋裡上座！」

「趙掌櫃的羊是生病了嗎？」山蛋兒直截了當地問道。

「是啊，是啊。」趙生金忙裝模作樣地說：「唉，真是太不幸了。快到中秋節了，前天買了十隻山羊，本打算過節吃肉，誰料想，今天突然病了，實在無法，只好勞煩小羊仙啊！」

山蛋兒讓趙生金帶他去羊圈一看，果然，羊圈裡的十隻山羊都病了。他忙把隨身帶來的草藥浸了水，給羊灌了下去。然後對趙生金說道：「行了，趙掌櫃，半天就會好了。」說完就要走，趙生金急忙攔住：「哎呀，小羊仙留步，收了錢再走啊！」

「我醫羊不要錢。」

「不要錢？」趙生金故作驚訝，伸出大拇指連連稱讚：「果然是美德可嘉啊，既然不要錢，那就在我這裡吃了晚飯再走。」說完，硬把山蛋兒拽進了客廳。

飯菜還沒上桌，帳房先生突然闖進了大廳：「不……不好了！掌櫃的，那十隻山羊吃了小羊仙的藥全死了。」

山蛋兒也是大吃一驚，急忙趕往羊圈，趙生金和帳房先生也緊跟而來。來到羊圈，果然見十隻山羊都躺在地上不動了。還沒等山蛋兒反應過來，趙生金可就翻臉了：「山蛋兒啊山蛋兒，你小小的孩兒家，怎能如此狠毒？我有什麼對不住你，你竟要下如此狠手？」

這一吵鬧，全藥店的人都圍過來了。趙生金不容山蛋兒分辯，一口咬定要山蛋兒賠他十隻羊錢。山蛋兒怎知是個陰謀，只得說：「掌櫃的，我分文沒有，

如何賠你羊錢啊？」

見山蛋兒左右為難，一旁的帳房先生嘿嘿一笑：「趙掌櫃一向寬宏大量，既然山蛋兒賠不起錢，那就讓他擺一桌酒席，當著鄉紳名流的面，把事情說清楚就算了。」

趙生金聞言，也裝模作樣地說道：「也好，那就看在先生的面上，讓山蛋兒在三天內請客把事說清楚算了。不過若三天內不請客，那就別怪我趙生金翻臉無情了。」

這三天，山蛋兒可真是度日如年。第三天，眼看請客的期限已到，山蛋兒卻是一點辦法也沒有，他一個人在山上呆坐著，想想受的無妄之災，不覺仰面朝天地哭訴起來：「老天啊老天，我該怎麼辦啊？」

「小羊仙，莫為難，無錢請客借神碗。」聞聽有人說話，山蛋兒扭頭一看，一個和自己差不多大小，胖乎乎的小姑娘正在面前笑眯眯地看著他。山蛋兒急忙行禮問道：「小姐姐，剛才你說什麼？」

「莫著急，莫為難，無錢請客借神碗。」

「借神碗？去哪裡借啊？」小女孩微微一笑：「泰山腳下黑龍潭，黑龍潭裡有神碗。」

山蛋兒聞聽不覺精神一振，可是轉念一想，又搖了搖頭：「我一無錢買菜，二無錢置酒，縱然借得神碗，又有何用啊？」

「只要你能借到神碗，要啥酒菜任你點。」

「要啥酒菜任我點？」山蛋兒搖了搖頭：「小姐姐，你就別拿我開心了。天下哪有這等便宜事，請不要戲弄我這苦命人了。」

聽完山蛋兒的話，小姑娘不由咯咯笑了起來：「不是戲言是真言，勸你快去借神碗。」

山蛋兒聽了這話，喜出望外，趕忙施禮問道：「敢問小姐姐，怎樣才能借得神碗？」

「黑龍潭邊把香燃，借碗緣由細細談。對天盟誓不說謊，用過神碗定時還。」小姑娘話音一落便消失得無影無蹤。山蛋兒知是有仙人指點，心中非常

高興，二話沒說就直奔黑龍潭去了。

來到黑龍潭，山蛋兒以草代香，虔誠地跪在地上，把借神碗的緣由細細說了一遍，最後又起誓道：「我用過神碗以後，一定準時如數奉還。如有半句謊言，將我碎屍萬段。」

話音剛落，奇跡真的發生了。只見從黑龍潭的最深處，漂出了一件件的盤啊、碗啊、杯子、調羹啊，一件件白瓷素花，全都是泰山的景色。山蛋兒仔細地打撈上岸，不多不少，正好是一桌酒席的餐具。

回到自己的小草房，山蛋兒把神碗一件件地擺在石桌上，對著神碗祈禱了起來：「山蛋兒求神碗，請出酒菜莫遲延；魚肉香，青菜鮮，酒滿杯來湯滿碗。」

隨著山蛋兒的祈禱，就只見滿桌的杯、盤、碗、碟立刻就盛滿了美酒佳肴，熱氣騰騰，香氣撲鼻。

也就在此時，趙生金帶著他一幫狐朋狗友也進了門。他明知道山蛋兒擺不起酒席，就是來找麻煩的。可當他看到滿桌豐盛的酒菜，他是又驚又饞。這一夥吃貨二話不說，坐下就吃。可吃著吃著，趙生金可就注意到這套餐具了，這一看就是上好的瓷器，自己家祖祖輩輩都沒見過這麼好的，這要是弄到手那得多好啊！

等趙生金等人酒足飯飽以後，他就發話了：「山蛋兒啊，我們店有個多年的老規矩，你知道嗎？」

山蛋兒搖了搖頭。

「不知道不要緊，現在我就來告訴你。今天你請客賠罪的餐具瓷器，得一併歸我所有才行。」

「啊？」山蛋兒一聽大驚失色，忙哀求道：「掌櫃的，萬萬不能啊，這些餐具是我借來的。」

「借來的？」趙生金賊眼一睞縫，陰笑地說道：「我看你這不是借的，你這是偷來的吧！」

天真誠實的山蛋兒被趙生金逼得沒法，只好把怎樣借神碗的事說了一遍。

趙生金聽完，嘿嘿一笑，假惺惺地說：「既然如此，我也不難為你了。快把神碗送回去吧。這可是寶物，萬萬不能出了差錯啊。」說完，他就裝作若無其事地揚長而去。而山蛋兒則仔細把神碗洗刷乾淨，連夜送回了黑龍潭。

第二天是中秋節，趙生金起了個大早，換了一身嶄新的衣服，用包袱包上了香燭，獨自悄悄地奔了黑龍潭。

來到黑龍潭邊，他就按山蛋兒說的，先燃上香燭，然後跪在地上胡編亂造了一大套借碗的緣由，又燒了紙，一邊磕頭，一邊發誓：「我用過神碗之後，一定如數準時奉還。常言說得好，好借好還，再借不難。如有半句謊言，天誅地滅，不得好死。」

說來也真是神奇，果然，潭子裡又漂來了神碗。趙生金帶上神碗興高采烈地溜回了藥店。回到家中，趙生金就把神碗在大廳的桌子上擺開了，一邊祈禱美酒佳餚，一邊肚子裡的壞水可就出來了：倘若這神碗果真靈驗，我就神不知鬼不覺地把那個山蛋兒弄死，到那時，這神碗可就是我的傳家寶了。

等著，想著，想著，等著。足足過了一頓飯的工夫，這神碗裡還是空空如也，這可就奇怪了。趙生金趕緊又燒上香，假惺惺地祈禱。但不管他禱告什麼，這神碗裡仍然是空的。難道是神碗不靈驗了？其實不是，原來這神碗妙就妙在這裡，凡是心術不正的人，絕對求不來酒菜。面對這空盤子空碗，趙生金既無計可施，又不甘心，只好差人去找山蛋兒。

趙生金逼著山蛋兒要酒菜，山蛋兒怎能願意。眼見山蛋兒如此倔強，趙生金狠狠地說道：「你小子今天要不給我求出酒菜來，我就把這些破碗都砸幹淨了。」山蛋兒為了保住神碗，只好禱告起來：「被逼無奈求神碗，不出酒菜難保全。美酒斟滿杯，佳餚盛滿碗……」

話音剛落，就見空碗裡盛滿了佳餚，空杯內滿是美酒。趙生金看了哈哈大笑，自以為是得到了求酒菜的秘訣。一邊得意揚揚地命人去請他那幫狐朋狗友來喝酒，一邊對帳房先生吩咐道：「先把這小子關到羊圈裡去，等我吃飽喝足再來收拾他。」

山蛋兒被關進羊圈，立刻感覺大事不好，於是，他趁著無人注意，偷偷翻

牆逃了出去。山蛋兒逃出藥店，走在路上，越想越是生氣。不由憤憤地詛咒了起來：「有錢人，壞心眼，拿著窮人亂糟踐。神碗若是真靈驗，山蛋兒求你請照辦。美酒變成山羊尿，佳餚變成驢屎蛋。變，變，變！」他一邊咒念，一邊加快腳步，直奔泰山深處逃命去了。

再說這趙生金，一幫狐朋狗友入席之後，對美酒佳餚無不垂涎，對精美神碗更是連連讚歎。可就在推杯換盞、狼吞虎嚥的時候，突然一個個哇哇地嘔吐了起來。仔細一看，美酒變成了羊尿，佳餚也變成了驢屎蛋。

貪得無厭的趙生金豈肯甘休，他叫人把神碗刷乾淨，又重新擺上了，也顧不得保密不保密了，當著眾人開始祈禱，可是無論如何祈禱，這碗裡都是空空的。狐朋狗友們看到這番情景，紛紛恥笑趙生金是個騙子，一個個不辭而別。

趙生金落了個丟人現眼，一怒之下，掀翻了桌子，把神碗全都摔了個粉碎。這時再看趙生金「哇哇哇」地連吐了三口鮮血，當場就一命嗚呼去見閻王了。

從此以後，黑龍潭的神碗就再也借不出來了。只留下這麼一段發人深省的故事來警示後人。做人不能貪心，更不能有惡念，否則最後必然會應到自己的誓言上，不得善終。

東斜碑的傳說

岱廟裡的碑刻大都是帝王將相所立，大家名人所書，就像李斯碑、張騫碑、衡方碑，還有武則天巧立名目所立的鴛鴦碑，人們都慕名而來，前往觀賞。可是也有一塊不是名家高手的石碑，格外引人注目，吸引著八方遊客，因為這裡流傳著一個頗為有趣的故事。

相傳，北宋時候，文壇上的兩顆巨星——王安石、蘇東坡一道來泰山遊玩，望泰岱拔地通天之勢，觀齊魯九點齊煙之景，賞秦松漢柏之挺秀，聽溪水麗鳥之長鳴，所到之處，吟詩作賦，遊興不減。

卻說兩位文豪來到岱廟，先到天貺殿拜見了泰山神，又開始賞字觀碑，無意中發現一塊石碑向東微微傾斜，引起了二人的興趣。隨行人員也都議論紛紛，有的說是歷經數百年後，下面的贔屭吃不住勁了；也有的說贔屭欲往東海，以此示人，眾說不一。

這時，王安石興致勃勃地問蘇東坡：「蘇兄，睹此碑有何感想，是否也賦詩一首呢？」

蘇東坡想起當年王安石和他開了個玩笑，把他「貶」到黃州，雖說解開了「秋花不比春花落」之謎，卻也受了不少苦，他便想借此捉弄一下王安石，就若有所思地說道：「恨當年安石不正。」說完示意王安石續接。

王安石才思過人，也非等閒之輩，一聽「安石不正」，就知道這傢伙在算計自己，便若無其事地吟道：「到如今仍向東坡。」結果王安石以其人之道，還治其人之身，引得眾人大笑一場。蘇東坡聞聽，也是不得不嘆服啊。

漢柏之死

　　岱廟之內，古柏蒼鬱，黛色參天，鐵杆銅枝，似虯龍盤旋，千姿百態，堪稱絕奇，實屬岱廟內的一大景觀。單就形狀而言，有的如猴子翹首，有的如灰鶴展翅，有的像群鷹爭食，有的似巨手擎天，真是無奇不有，歎為觀止。但是，在這些古樹名木當中，最引人注目的當屬漢柏。

　　漢柏在岱廟東南的漢柏院內，有五株。相傳是漢武帝封禪泰山的時候親手所植，雖然距今已經兩千一百餘年，卻仍然是枝茂葉盛，蒼勁挺拔。有詩贊之：

> 東封玉輦不聞音，柏樹猶能慰訪尋。
> 一代精神看翠靄，千年物色在蒼林。
> 水簾洞口風偏急，禦帳亭邊雪正深。
> 到底凌寒誰與共，老松鬱鬱是同心。

　　可正是這千代瞻仰、萬人讚頌的古柏，卻有一株不幸死於小人之手。話說在 1928 年軍閥混戰的時候，國民黨山東省主席孫良誠曾率部駐紮在泰安。他把岱廟當作了他的大本營，而把富麗堂皇的天貺殿當作了馬廄。這個傢伙在規模浩繁的壁畫之上鑿孔打眼，安梁架木，設置馬槽，拴驢喂馬。他這一折騰，把好端端的岱廟弄得亂七八糟，不成樣子。

　　卻說有一天，有個士兵聽說當年赤眉軍想砍伐漢柏，一刀下去只見大樹血流不止，於是就不敢再砍了，至今那刀疤猶在。這士兵非常好奇，於是就拿了把刀想親自試驗，看看到底是不是真的，結果正巧趕上這岱廟裡的道士從此路過，忙上前勸阻。

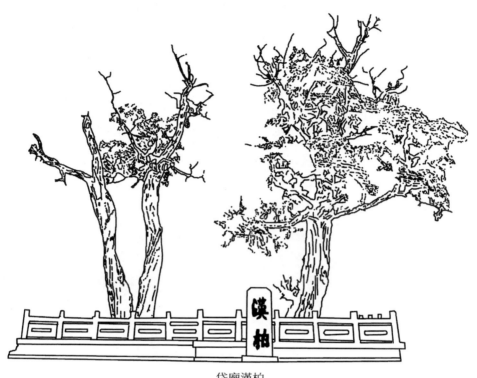

岱廟漢柏

　　道士不勸則已，這一勸可勸出了麻煩，這士兵不但不聽，反而動手打了道士幾個耳光。一邊打還一邊罵罵咧咧：「你這個賊種，吃鹽不多，管閑（鹹）事倒是不少。你要惹急了軍爺，今天就讓你的腦袋搬了家。」說完拿刀在道士的面前晃了幾晃，惡狠狠做了個砍人的樣子，就甩袖而去。

　　這可把道士氣壞了，他本是好心相勸，卻不料反遭一頓打罵，這口窩囊氣實在咽不下去。於是，這道士就一狀告到了孫良誠那裡。孫良誠對漢柏的傳說也略知一二，他心想，這赤眉軍伐樹的傳說能流傳到今天，說明這棵樹著實不一般。如果我今天出面制止，說不定民間也會流傳我護樹有功，說不定我也能流芳百世。

　　於是，孫良誠為了顯示他愛護文物，保護古跡，便對道士說：「道長且放寬心，如此膽大妄為，我明日一定要親自查問，嚴加懲處。」然後又安撫了道士幾句，就打發他回去了。

第二天一大早，孫良誠把部隊集合了起來，先是訓話，然後讓道士出來辨認。這道士挨了打，還險些挨了刀，自然對那個士兵記得十分真切，上去就指認出來了。於是，孫良誠就下令打了這個士兵幾十軍棍，而後又關了禁閉。

這孫良誠把岱廟折騰得不成樣子，現在反倒以愛護文物的名義懲罰士兵。這士兵心裡本就不服氣，這不是只許州官放火，不許百姓點燈嗎？再說道士告了這一黑狀，讓他又受了一頓皮肉之苦，實在太不甘心。越想心裡越憋屈，但是又不好再對這個道士進行報復，便在漢柏上打主意，畢竟都是因為這棵樹引來的麻煩，所受的委屈都怨這棵樹。

於是，就在一天夜裡，這個士兵將一團沾有汽油的棉花塞進樹洞點著了火。當人們發現的時候，這樹已然是燒焦了。千年的古柏，就這樣死在了一個小人的手裡。

望吳勝蹟

　　話說有一年的五月初五，孔子帶著弟子們又一次登上了泰山。由於一路風塵，徒步而上，他們來到山頂的時候已經是腿脹腳酸，體力不支。於是一行人便在山頂的一家客店喝茶歇息。

　　孔子品著金色的香茶，觀賞著雲海翻滾的無邊美景。不由想到大美泰山以它特有的風姿、非凡的氣勢，吸引著多少文人墨客、帝王將相流連忘返，不禁心潮澎湃、浮想聯翩。登高望遠的心思也促使著他們繼續往玉皇頂前行。

　　他們一邊拾級而上，一邊觀賞美景，不覺來到玉皇頂下西南一座陡峭的山峰前。這個時候，只見雲開霧散，天氣突然變得晴朗起來。於是，孔子便站在峰頂，盡觀這齊魯山河的壯美。只見這周圍青山疊翠，仙霧繚繞。山上山下，落英飛花，蒼松倒掛，飛瀑流水，綠樹生煙，奇山異水。這無邊的景色讓眾人陶醉不已。突然，孔子的目光停留在了南邊，他看到在遙遠的南方，一座華麗的宮廷門外，一棵大樹下拴著一匹白馬。看到此情此景，聖人不覺心頭一震，他連忙喚顏回向南觀望。

　　果然，在孔子的指點下，顏回也隱隱約約看到了那匹白馬。當即，孔子命顏回打開了書箱，拿出了筆墨，工工整整地記錄下了五月初五這個值得紀念的日子。

　　孔子和顏回遊覽泰山往南眺望，看到白馬和宮城的事情很快就傳了出去。有人就親自往南去查詢實情，原來這看到的宮城是吳國的城門，在五月初五的那一天，恰好在宮城門外的大槐樹下，拴過一匹白馬。後來，孔子和顏回得知此事，也不過是相視一笑。

　　這個事慢慢就傳開了，人們都驚歎孔子和顏回的確非同凡人，為了紀念這段往事，人們就將他們所在的山峰取名「望吳峰」。至今，在泰山頂的文廟，還有一座「望吳勝跡」的石牌坊。

汶河倒流的傳說

　　古往今來，大江小河的水大都是自西向東奔流不息，因為我國的地勢西高東低，這是正常的自然現象。不過，在泰山之南卻有「汶河倒流」的奇觀。登上巍峨挺拔的泰山，放眼南望，汶河就像一條銀白色的綢帶，隨風輕輕地抖動，熠熠發光。黎明和夕照的時候，滿天的雲霞染透了清涼的河水，汶河又像一條絢麗的彩虹沉降於大地之上，更是輝煌壯美。古老的汶河有過痛苦，也有過歡樂，它流淌著歌，流淌著火，還流淌著一個不朽的傳說。

　　話說在很久以前，汶河清澈的河水直接流入西王母的瑤池內，專供西王母沐浴之用。東海龍王得知此事，非常生氣。他心想：長江、黃河這樣的大江大河都要乖乖地向我東海流淌，偏你一條小小的汶河，怎能背著我偷偷去討好王母？於是，這龍王就把管轄汶河的小青龍召來，恨恨地訓斥了一番，責令他馬上將汶河改道東流。

　　小青龍心裡一百個不痛快，在龍王面前又不敢說半個不字，只好輕聲應諾。龍王見小青龍心有不甘，怕他回去之後拒不從命，便命自己的三女兒隨後前去督查。

　　三公主來到了汶河之濱，見這汶河的河水依舊是浩浩蕩蕩向西流去，便氣不打一處來。果然不出父王所料，於是就質問小青龍為何不執行龍王的指令。小青龍面帶愁色地回稟：「稟報三公主，汶河兩岸全是肥沃之地，膏腴之鄉，多少黎民百姓在此安居樂業，繁衍生息。倘若這汶河改道，河水氾濫，捲走這一片沃野，百姓豈不是無家可歸？豈不是會有好多的人畜死於非命？三公主，我們掌管河道，受百姓的香火，又怎能忍心目睹這悲慘的場面？」

　　女人的心本來就軟，何況這三公主還是菩薩一樣的心腸。經小青龍如此一說，三公主才知道是事出有因，心中的怒氣也就煙消雲散了。她對小青龍說道：「原來你是心繫百姓，是我錯怪你了。」說完，她又沉思了片刻，對小青龍說：「這樣瞞著也不是辦法，我還是速速回去跟父王說清詳情。」可是這東

海龍王剛愎自用、獨斷專行，哪裡能聽得進去女兒的勸告。再說，讓汶河改道的事，早就傳揚了出去，倘若就這樣甘休，豈不是讓王母笑話？想到這裡，龍王便惡狠狠地勒令女兒：「三天之內，若不將這汶河改道東行，寡人也要拿你治罪。」說完，便把三公主趕出了龍宮。

卻說這三公主回到汶河之後，把父王的命令置於腦後，日夜與小青龍奔走於汶河兩岸，為老百姓下雨降露。天上的三日，便是下界的三年。這三年來，汶河兩岸風調雨順，五穀豐登。黎民百姓無不感激三公主的厚恩，便在汶河下游修建了一座精巧的小廟，取名「三娘廟」。現在肥城的三娘廟村也就是因此得名。

此後，三公主就常年鎮守在汶河兩岸，儘管龍王幾次發大水，想讓汶河改道，卻最終沒能得逞。因為她是龍王心愛的女兒，龍王最終也沒有對她治罪。儘管三娘廟就修在河灘上，每次洪水卻都沒有沒過廟的門檻。所以到今天，汶河依然源源不斷地向西流淌著。

金牛灣的傳說

　　話說在泰山東面有個劉家莊，莊頭有個方圓三十多畝的大灣，名叫金牛灣。傳說在很久很久之前，劉家莊住著一個姓劉的老漢，長年累月靠著大灣邊上的三畝瓜地維持生活。由於家境貧窮，劉老漢到了四十歲上才娶了老婆，五十歲那年，老伴才生了個兒子，取名叫寶山。這寶山打小長得又白又胖，老夫婦也是十分的寵愛，把這個兒子當作掌上明珠。

　　寶山長到十八歲，老夫婦因為積勞成疾，先後染病去世。寶山含淚埋葬了雙親，開始了他孤苦伶仃的生活。老夫婦生前勤勞節儉，儘管沒有什麼大的積蓄，倒也給寶山留下了兩間茅草屋、三畝瓜地，日子雖然清苦，他倒是也能過得下去。只是由於以前老兩口對寶山太過溺愛，看起來這寶山長得膀大腰圓，但要真正下起力來，卻真是吃不了苦。

　　這一天，月亮初上，寶山獨自在大灣邊的瓜地裡翻地，剛刨了沒兩壠地，就累得氣喘吁吁、精疲力竭。他坐在地頭，不由長歎一聲：「唉，我要是有頭牛就好了。」誰知話音剛落，就聽大灣裡「嘩啦啦」一陣水響，從灣底下鑽出了一頭牛來。你看這頭牛，長得渾圓粗壯，四條腿就像四根小柱子，一身金黃色的細毛，亮閃閃的，更令人奇怪的是，牛身上還馱著一張犁耙。寶山一見，又驚又喜，揉了揉眼睛，莫不是我在做夢？

　　只見這頭金牛上得岸來，走到寶山面前，竟然開口說話了：「寶山啊，從今天起，我來幫你耕田。不過，你要答應我一個條件，無論到什麼時候都不能忘了勤勞的本分。」

　　寶山喜出望外，只要能幫著耕田，別說是一個條件，就是十個八個條件也不多啊，於是就一口答應了。從此，每到夜幕降臨，金牛就來幫著寶山幹活。每天干完活，金牛就鑽到灣底下去，從來不跟著寶山回家，也從來不用餵養。

　　轉眼幾年過去了，在金牛的幫助下，寶山種瓜發了家，蓋起了一座小四合院，又娶了一個年輕貌美的老婆。誰知道，隨著生活慢慢變好，寶山的心也漸

漸地變了。日子好了，他開始講究吃喝了，每頓飯離不了雞鴨魚肉；他開始講究穿戴了，衣服一破就隨手一扔再也不穿了。慢慢地，他又學會了賭博，哪裡還有心思下地幹活。

這天晚上，寶山來到了地頭，裝出一副痛苦的樣子，對金牛說：「金牛啊，我有病在身，不能下地了，你就自己幹吧！」金牛望了寶山一眼，也沒吭聲，轉過身去，用尾巴扶助犁耙，默默幹了起來。寶山看著金牛幹了活了，就快步回到了家裡，揣上錢就奔賭場了。

幾個月過去，瓜也熟了，個個長得溜胖滾圓。晚上，寶山又來到了地頭，對金牛說：「金牛啊，我又生病了，你幫我把瓜摘了，運到城裡去吧。」金牛還是一聲不吭，轉身就往地裡走去。第二天一早，寶山來到城門口，只見瓜都排得整整齊齊放在那裡了。寶山心想，這金牛可真是頭寶牛啊。我若是把牠拴住賣了，準能賣個好價錢。可是，沒了金牛誰替我幹活呢？不管了，有錢能使鬼推磨，我可以雇長工，也省得我每天往地裡跑了。

主意一定，等他賣完了瓜，回到家裡，寶山就準備了一條又粗又長的繩子。等到月亮剛一露頭，他把瓜刀別到腰間，就向瓜地走去。寶山拍了拍金牛的背說：「金牛啊，這幾年你幫了我不少忙，真不知道怎麼感謝你才好。來，今天，我們不幹活了，歇一會吧。」

金牛轉身瞪了寶山一眼，彷彿是看透了他的心思，但是仍舊一聲不吭，溫順地聽任寶山的擺佈。寶山高興極了，一邊撫摸牛背，一邊偷偷繫好了繩扣，猛然間就套在了牛脖子上，轉身就往家里拉。

可是他拉了半天，汗都下來了，金牛卻紋絲不動。寶山可急了，從腰間抽出瓜刀，回身就衝著牛刺了過去。金牛猛一低頭，瓜刀正刺在了牛角上，只聽「噹啷」一聲，瓜刀被彈出去幾丈遠。再看那金牛掙脫繩索，把寶山摔了個嘴啃泥，轉眼間，就跑回了灣裡，再也不見了。

過了好半天，寶山才從地上爬起來，鼻子也青了，臉也腫了，看看這金牛是再也不出來了，無奈垂頭喪氣地回家了。結果到家一看，壞了！嶄新的四合院不見了，就看見自己的老婆衣衫襤褸，正站在過去的兩間茅草屋跟前，痛哭流涕。這個時候，劉寶山後悔已經來不及了，夫妻倆在破房子前面抱頭痛哭。

萬丈碑上的車轍溝

　　話說在泰山朝陽洞以上，慣稱為泰山的「坦區」。站在朝陽洞上北望泰山，山上怪石嶙峋，奇峰突起，點綴以蒼松異草，真乃氣象萬千。峰下由西北往東南，溪水淙淙，彎曲而下，名山綠水，真是大自然的奇景。

　　相傳，乾隆皇帝登泰山至此，望見了朝陽洞以上的禦風崖，真是石壁萬丈，下臨絕澗。崖上石隙、古松蟠郁，龍翔鳳舞，儀態萬千。令乾隆爺驚歎不已，於是題詩一首：

> 回巒抱深凹，曦光每獨受。
> 所以朝陽名，名山率常有。
> 是處辟雲關，坦區得數畝。
> 結構寄幽偏，瀟灑開牌牖。
> 萬險欣就夷，稍息複進走。
> 即景悟為學，無窮戒株守。

　　據說乾隆一生寫詩四萬多首，文史專家都不願多提他的詩句，可見他這詩寫得也真是一般。當然，這首詩也不例外。詩雖然寫得一般，乾隆卻有鑒賞風景的藝術才能。當初，乾隆站在朝陽洞前，北望對松山，只見青山疊翠，鬱鬱蔥蔥，不禁驚歎：「真乃一副絕妙的山水畫，可惜缺了一方印章。」

　　於是，乾隆便別出心裁，把他這首詩刻在了石壁之上，就像是在山水之間加蓋了一枚印章。不過，乾隆還有更深的想法，因為中國的山水畫所加的印章都是作者的標誌，所以，他便以在自然山水上加印章來彰顯他天子的身份。

　　現在這塊石壁依然在朝陽洞東面的山崖上，現在也被稱為清摩崖，俗稱萬丈碑。仔細看，在這塊光滑的峭壁石刻上，還有一條直上直下的車轍溝。

　　那這個車轍溝又有什麼來歷呢？相傳，在朱元璋打天下的時候，他有個軍師叫劉基，號伯溫，此人頗有點道業神通。為大明王朝的建立立下了汗馬功勞，也是開國功臣之一。但是朱元璋得了天下，當了皇帝之後可就不一樣了。

他擔心這些能臣幹將功高蓋主，於是就把幫他打天下的功臣，全都找點由頭給殺掉了。劉伯溫因為能掐會算，看出了苗頭，於是就逃脫了。

萬丈碑

劉伯溫雖然學了仙家的法術，但是要成仙卻還差一個條件，那就是一定要得到真龍天子的親口御封，否則就不能飛升成仙。因為他是逃跑的，所以明朝歷代皇帝都不會封他，他自然也不敢出來討封。等到改朝換代，乾隆爺乃是真命天子，洪福齊天。劉伯溫就想找機會在乾隆爺面前賣弄個神通，討個封。

先是乾隆游西湖，劉伯溫變作仙女坐在荷花上彈琵琶，結果被乾隆爺龍眼看穿，沒有討成。但是劉伯溫並不甘心，從此這個乾隆皇上走到哪兒，他就跟到哪兒。屢屢表演絕技，可每次都被乾隆看穿了。而且，乾隆爺還給他起了個外號叫「跑腿子劉基」。

這一年，乾隆皇帝登泰山，走到十八盤下面，本來想看看自己親自題刻的清摩崖，結果卻看見懸崖峭壁上有個老漢推著輛小車子直陡陡地往上爬。仔細一看，車輪子正軋在禦制銘文的當中。乾隆很是驚奇，如果這個時候乾隆爺來一句：「真是個神仙啊！」那劉伯溫就可以謝主隆恩，飛升成仙了。可偏偏乾隆皇帝仔細看了半天，指著老漢說：「這又是跑腿子劉基在搞鬼吧？」

那老漢正是劉伯溫變化的，聞聽乾隆說了這麼一句話，長歎一聲，化作一道金光不見了。只是在這萬丈碑上，卻留下了一道車轍溝。

河神大王智淹十百村

話說在很久以前，河神大王掌管著所有的大小河流。這個河神大王是誰啊？傳說中他原來姓展名雄，也被稱為柳展雄。傳說他的外祖母就住在今天泰山以南的北集坡，每年的八月十五，泰安小滂河下游上魚，就傳說是柳展雄在給外祖母送魚。

卻說有一年，玉皇大帝和碧霞元君鬧彆扭，竟然讓她命令河神大王柳展雄把泰山周圍大小一千個村莊全淹了，一個寨子也不留。碧霞元君一聽說要淹一千個莊，一個也不留，非常難受，就把河神大王找來商議。河神大王聽罷就大哭了起來。因為泰山下的泉林莊就是他姥姥家，怎麼能淹呢？

兩人商量對策，最後還是碧霞元君想出了一個辦法。泰山下有一個大莊，有一個小莊，還有個莊叫十百，十百就是一千，這樣加起來不就是「大小一千個莊子」嗎？那麼「一個寨子也不留」怎麼辦呢？原來山下還有個莊叫寨子。好吧，只要把大莊、小莊、十百和寨子這四個莊給淹了，不就是「大小一千個莊子淹了，一個寨子也不留」了嗎？

按此計策，河神大王淹完了這四個莊以後，同碧霞元君一起到玉皇大帝那裡去覆命。玉皇大帝此刻早就已經消氣了，也就不再難為碧霞元君和河神大王，聽完彙報哈哈大笑：「好！你們幹得不錯啊！」

後來，山下的老百姓知道了這個事，紛紛來感謝泰山老奶奶，老奶奶就對百姓們說：「不要感謝我，你們就感謝河神大王柳展雄吧。他最愛聽戲，你們要感謝他，就搭個戲臺給他唱個戲就行。」於是，老百姓就湊錢請來了戲班子，在汶河北岸的舊縣這個地方搭了個戲臺。百姓們在一個小紅盤裡放上紅紙，把他放在汶河邊上，就有一條小水蛇，頭頂上一個「王」字，爬到盤子裡來了。大家再端著盤子放在戲臺後面蓋了紅布的桌子上，小水蛇就在那裡聽了三天的戲。等到戲演完了，牠也就不見了。

烏金山的傳說

　　從泰山向西行，就是舉世聞名的「肥桃之鄉」。在一片片桃林的綠色波濤中，環抱著一座烏金山。

　　傳說在很久以前，在這座蜿蜒連綿的烏金山下，有一個村莊叫武柳溝。村裡有一個年過半百的瓜農叫武玉寶，他家祖祖輩輩都擅長種黃瓜，種植的黃瓜鮮嫩可口，四裡八鄉無人不知，無人不曉，於是有人就送他外號「瓜王」。

　　這一年，瓜王在菜園內精心種植了一片黃瓜，天天在瓜田裡鬆土、施肥、除草、澆水。

　　不久，黃瓜花展蕊怒放，蜜蜂在花叢中忙碌。瓜王看到瓜架上掛滿了翠綠的小黃瓜，心裡像吃了蜜一樣，甜滋滋的。

　　可是，正在黃瓜生長旺盛的季節，百年不遇的旱災降臨了。天炎熱得像發了狂，太陽像發瘋似的，火辣辣的，猶如熊熊燃燒的火焰。人們的嘴唇乾得裂了紋，騾馬的鼻孔張得特別大，狗趴在地上伸長了舌頭。樹葉在枝上打著卷兒，樹枝無精打采地低垂著。

　　兩鬢已經霜白的瓜王，眉宇間升起了愁雲。他心裡像被刀割，充滿血絲的雙眼望著蒼天。

　　一天，東北方突然飄來一片濃密的黑雲，呼嘯的大風挾著雨點抽打著乾涸的田野河谷，電閃雷鳴，風、雨、冰雹從天而降。一夜之間，黃瓜園被砸得面目全非。令人驚訝的是，唯獨有一株黃瓜，根深葉茂，莖肥瓜綠，未受任何損傷。

　　瓜王撫摸著這唯一的一株黃瓜，抬頭望著蒼天，長長歎了一口氣，傷心的淚珠從眼裡簌簌落下……

　　卻說這一日，武玉寶遠遠望見一個郎中趴在地上匍匐而行，趕忙過去攙扶。一問才知，郎中是被鄉紳武忌唆使惡犬咬傷。玉寶覺得這郎中很可憐，就

把他攙扶到家中療養。

第二天，武忌聽說瓜王武玉寶收留了郎中，勃然大怒，拿了根棍子前往玉寶家。到了玉寶家園子外，聽到園內有人竊竊私語，武忌趕忙停下腳步，偷偷從籬笆孔隙中往裡偷窺。他看見那郎中圍著一株黃瓜轉圈，一邊轉一邊讚不絕口。瓜王見郎中連連誇讚，忙追問其故。郎中見四周無人，便對瓜王悄聲說道：「我觀此瓜乃異物也，能否以高價賣給我？」瓜王聞聽，也沒多尋思就回答道：「可以。」

郎中見瓜王為人老實、善良、忠厚，又如此爽快，就對他說：「你有所不知，此瓜乃開山鑰匙，待某年某月某夜子時，持瓜至烏金山峭壁下，用瓜擊壁三響，石門自開，內藏金銀珠寶。雖有財寶但不足貴，你只牽一頭烏金牛出來，其糞便即金銀，切記萬勿回首。」

言畢告辭，郎中化一縷青煙而去。這郎中是何人？原來天宮王母七十壽辰，在瑤池宴請眾仙，財神趙公明駕祥雲前去赴宴，行至烏金山上空，忽見一道金光直沖雲霄，阻斷雲路，低首視之，見肥子國地下烏金成片，於是下凡化為郎中指點世人。

從此，瓜王早出晚歸，披星戴月，給這株黃瓜施肥澆水。數日後，瓜越長越大。再後來，深秋落霜，其他黃瓜死枯一片，獨有這瓜碧綠可愛，生機盎然。

卻說武忌偷聽到郎中和瓜王密談後，便悄悄等待時機。到了某年某月某日，子時未到，武忌就在家坐不住了，唯恐到手的金牛、金銀珠寶失掉，便迫不急待地翻牆溜入瓜園，竊取了這開山鑰匙，來到了烏金山懸崖下，以瓜擊崖。因為他貪財心切，只擊打了兩次，黃瓜就被砸破。

可誰曾想到，突然之間，「呀嚓」一聲，一束束金光似箭簇般地射向天宇，烏金山「轟隆轟隆」地響了起來，山搖地動，峭壁斷裂，現出一個幽深石洞，洞內放射出燦爛奪目的光芒，果然藏了無數的金銀珠寶。武忌往裡望去，只見裡面真有一頭烏金牛面門而臥。

武忌歡喜若狂，跨入洞內，一手牽牛，一手揀地下的金銀珠寶。正得意忘

形之時，突然間，峭壁又傳來「唭唭」的驚響，洞門竟然慢慢閉合。武忌大驚失色，急忙轉身欲跳出寶洞，結果雙腳被夾在石中……卻說瓜王武玉寶在睡夢中聽到轟雷般巨響，預感大事不妙，趕忙飛奔到瓜地，見奇瓜不翼而飛，立即呼喚鄉民入山。最後，在峭壁懸崖下，發現狼狽的武忌夾在石中呼救連連。

事到如今，武忌不得不說出了實話，人們見狀都捧腹大笑。武忌在笑聲中慢慢低下了頭，一陣青煙過後，竟然化為一棵低頭彎腰的枯樹。人們笑聲未息，卻不見了瓜王武玉寶的蹤影。

原來武玉寶看到在大旱大災之年，將要到手的烏金牛卻化為泡影，村民都處於饑寒交迫之中，心中極度悲傷，便獨自跑回茅屋嚎哭，面對烏金山疾呼不已。他最後只給後代留下了一句話：「一定要把烏金牛挖出來！」說完，便離開了人世。

時光如水，歲月如梭。烏金山下的村民始終過著講金牛、盼金牛，不見金牛、見人愁的生活。

瓜王的子孫按照老人的遺願，發誓要找到金牛。他們爬過了數不盡的山丘，跨過了數不清的河流，不分白天黑夜地奔走，最後終於發現了烏金礦，找到了人們久久盼望的烏金牛。

從此以後，這烏金的光和熱，也給肥桃之鄉送來了溫暖、繁榮和歡樂。

石門洞的傳說

　　話說在徂徠山裡有一條深溝叫石門溝。這條溝的東面有一塊綠色的絕壁，約有兩丈高，一丈寬，中間有一道直上直下的石縫，這就是傳說中的石門。這裡的山峰和石頭都是黑色的，唯有這石門是綠色的，更顯得它特殊了。那麼這道石門究竟能不能打開呢？

　　傳說在很久以前，徂徠山下有一個孤兒，姓張叫張成。他七歲沒了爹，八歲沒了娘，無依無靠地住在一間破草屋，靠討飯過日子。由於常年飽一頓饑一頓，他又黑又瘦，個子又矮，因此，沒人叫他的姓名，都叫他張黑子或張矮子。張成十六歲時就不再討飯了，靠著自己的力氣上山打柴，靠賣柴度日。

　　這一天，張成又來到徂徠山裡打柴，剛剛走到石門洞的對面，只聽得「嘩啦」一聲。他吃了一驚，趕忙躲在草叢深處，悄悄抬頭一看，只見石門大開，裡面走出來了一對老夫妻和一個十七八歲的女孩子。這對老夫妻看樣子有六十歲的年紀，一看就知道身體很結實，走起路來「咯噔咯噔」的，就像兩個年輕人一樣。三人出了門，頭也沒回，直奔山上走去。張成好生奇怪，也沒敢吱聲，便隔著條山溝，悄悄地跟在他們後面。

　　他三人來到山頂上，就聽老漢說：「秀姑，你不可去了，我和你娘去。」那個叫秀姑的姑娘說：「不，爹爹，我出來一次不容易，我也去，一則看看風景，二則看看元君奶奶。」老太婆趕忙說：「秀姑，你可得聽你爹的話。你去了，如果元君奶奶看著你好，把你留在身邊，當她的侍女，你就永遠撈不著見我們了。聽話吧，好孩子。」秀姑聞言，也擔心就此回不來了，於是點了點頭，也不吱聲了，就站在那裡乖乖地等著。

　　原來這個老漢正是石門洞的洞主，他接到玉帝的聖旨說今天早上碧霞元君下凡選擇佳境居住，各路神仙都前去迎接，就急忙帶著老婆孩子上山迎接。

　　且說碧霞元君帶著十幾名金童玉女，前呼後擁地來到徂徠山，看到這裡景色迷人，山清水秀，山多高水多高，山頂的泉水向上冒，真是座寶山，就想

在這裡居住。她來到山下，順著盤道往上走，一直來到徂徠山的頂峰——太平頂。至今太平頂的這段路還叫盤路，傳說碧霞元君曾經走過。

元君來到太平頂，各路神仙早已到齊，都來慶賀。有仙童搬過寶椅，元君往椅子上一坐，整個徂徠山矮下去了三尺。元君一看此處不行，就轉過太平頂，來到另一座山峰上，在這裡洗了臉，梳了頭，打扮完畢，見旁邊有一秋千就坐在秋千上，一下子盪到泰山上。至今徂徠山裡還有梳粧檯、秋千架等景致。

就在元君這一坐的時候，秀姑可就遭了殃。她好奇心太強，站在山頂上，一心想看看元君長什麼樣，眾人一擋，她看不見，就踩上了一塊大蘑菇石，這石頭很高，好似一間屋那麼大。她站在上面還有點看不見，就踮著腳、張著嘴、瞪著眼使勁往遠處看。她這裡只顧著看，沒料想元君一坐，整個山沉下去三尺。這一下沉，一時間地動山搖，她站立不穩，跌下石頭來，順著山溝向下滾去。

張成看著這姑娘踮著腳直向太平頂上看，他也想上去看個究竟，還沒有動腳，就覺得身子晃了兩晃，只聽得「哎呀」一聲，秀姑已經從山上滾了下來。她這一滾帶動了一些小石頭，小石頭碰大石頭，連人帶石頭一齊向山溝裡滾來。張成一看，說了聲「不好」，抬腳奔向山溝救人。他跑到秀姑跟前，只見姑娘的頭也磕破了，腿也碰傷了，幸而落在兩塊大石頭縫下，連摔帶嚇，已經昏過去了。張成連忙把她扶起來摟在懷裡，又脫下自己的破褂子擦拭掉她身上的血。等了好一會兒，秀姑才慢慢地甦醒過來。張成一看，總是在這裡待著也不行，反正知道她是從石門洞裡出來的，就背起她向石門洞走去。

眾神見元君一走，不歡而散，各自回家。石門洞主來到女兒站的石頭上，發現女兒不見了，心中著急，向下一看，見一小夥子背著秀姑在急走，於是老兩口在後面緊緊追趕。

追著追著來到了洞口，老兩口一見秀姑成了個血人，十分心痛，又對張成表示感激，將他請進洞裡，引到秀姑的臥室，將秀姑放在炕上。石門洞主連忙拿出自己的寶葫蘆倒出一粒仙丹，交給夫人，讓她給秀姑調治。

接著，洞主把張成引到了待客廳裡。張成的褂子上到處都是血漬，也不能

穿了，就乾脆光著膀子。洞主讓他坐在椅子上，張成看了看自己身上的好幾處血跡，又看了看淨明剔亮的椅子，怕弄髒了椅子，就沒有坐。洞主也看出了他的心思，心中不覺喜歡上了這個樸實的小夥子，就說道：「你先到後面洗個澡去吧。」

張成跟著洞主來到後院，見有一石池，石壁上寫著「仙人塘」三字。池塘只有一個人的身高那麼長，山上來的水從塘的一端流入，從另一端流出，水清澈透底。張成連忙脫了衣服進到池塘裡，卻發現這水不涼不熱很舒服。

張成洗完澡往岸上一站，簡直不敢相信自己的眼睛。原來他變得又高又大，渾身筋長力足。他又借著清水照了照自己的臉，發現自己已經變得又白又胖。他高興極了，連忙穿衣服，誰知這褲子好似褲衩，又小又瘦，根本穿不上了，這可把他急壞了。只見一個仙童托著一身衣服走來，笑嘻嘻地說：「恩人，換上這身衣服吧。」張成連忙接過來穿上，下身毛蘭褲，上身新布褂，不大不小正合身。他穿戴整齊，重新回到待客廳裡，分賓主落坐。此時，秀姑也打扮一新走來向張成致謝，老婆婆在一旁忙著置酒相待。酒席之間，洞主問起了張成家中的情況，張成就把自己的不幸遭遇說了一遍，老夫妻和秀姑聞聽，都非常同情。

吃罷了飯，張成就要回家，洞主拿出了很多金銀讓張成帶著，可是他說什麼也不要。這讓洞主全家很糾結，一直追問著他想要什麼。快到洞口了，只見旁邊有一盤磨，磨上有很多豆子。於是張成就說：「我家還有一塊薄地，給我一把豆子作豆種吧。」洞主一聽忙命人從屋裡扛出一大布袋豆子，足足有五十斤。張成一看忙擺著手說：「我可不要這麼多。」打開布袋，他抓了兩把就不再要了。

秀姑送他到了門口，對張成戀戀不捨。眼前的這個小夥子，憨厚樸實，為人誠懇，她心中有意口卻難開，只是不讓張成走。張成可沒有這個心，他是一個窮人，怎敢想那樣的好事。眼見到了門口，張成說：「姑娘，你回去吧，我走了。」

秀姑說：「你等一等，我還有話說。」於是，張成就停住了腳步。秀姑說道：「你願意來的時候就來。」張成回道：「你家的石門這麼厚，我怎麼能叫得

應？」

「不要緊，鑰匙就在門外」，她指著門外的一棵葛針說，「那上面有倒掛鉤的那個刺上就是」。她說著關上了石門，把葛針掰下來，這葛針有一拃多長，將它伸進石門的一個小洞裡，推了三推，拉了三拉，石門「嘩」地一聲開了。開了門以後，她又把那葛針放在枝子上，竟然又重新長住了。秀姑看著滿臉驚訝的張成說：「這是洞門的一棵寶，六百年才長成這把鑰匙。因此，我也就是六百年才出來一次。」她又從頭上拔下了一支金簪遞給張成說：「給你這個當做信物，想我的時候你就來。」說完紅著臉跑進了洞裡，洞門「嘩」地一聲又關上了。

張成回到家裡，把金簪拿出來看了又看，高興得合不上嘴，心想：看來她真有心嫁給我，我得好好種種那塊地，攢下點東西，以後好娶她過門。他又從口袋裡掏出豆子一看，不由大驚失色。這哪裡是什麼普通的豆子啊，分明就是一把金光燦燦的金豆子！他高興極了，心裡想著趕緊重新修理這間破屋，再買上一塊地，馬上接秀姑過門好好過日子。

就在他準備修理房子的時候，他的舅舅李老大來了。李老大一見張成，差點認不出來了，這還是自己那個又黑又矮的醜外甥嗎？現在長得又高大又魁悟，臉也比以前好看多了，從裡到外透著一股英氣。張成連忙把舅舅讓到屋裡，李老大也趕忙問他到底是怎麼回事。張成是個直性子的人，就把上山打柴遇到石門洞主以及救人的事一五一十地說了一遍，唯獨就是沒提金簪的事，因為他也害羞。最後他還拿出了那兩把金豆子讓李老大看，並把石門的開法也一股腦地跟舅舅說了。

實在的外甥遇見了黑心的舅舅，這李老大把外甥所說的一切都記在心裡。回到家裡，李老大把這些事同他的妻子說了一遍。他妻子一聽說，高興得不得了，忙對李老大說：「既然石門能開，為何不去扛幾布袋金豆回來？」

李老大悠悠地說道：「對啊，怎能有便宜不沾？我也得去沾沾這個光。」於是，夫妻倆叫著兒子一起去。原來李老大有個兒子叫小辮子，和張成同年同歲，兩個人的個子也差不多，模樣也差不離，就是心眼和德行不一樣。小辮子一聽說裡面還有個大女兒，可真高興壞了。

　　一家人商量之後，就出了家門，小辮子更是大步流星地奔向石門洞。來到洞口，按照張成說的，李老大摘下那個有倒掛鉤的葛針，插到石門的小孔裡，捅了三捅，拉了三拉。就聽「嘩」地一聲，石門就打開了。不由分說，這個小辮子一步就搶先到了洞裡面。

　　其實秀姑每天都在石磨那裡磨豆子，自張成走後，她沒有一時不想他、不盼他的。此刻她突然聽著外面有動靜，以為是張成來了，心裡禁不住激動萬分，連忙跑出來笑臉相迎。

　　小辮子突然看到這如花似玉的美人兒滿臉笑意地奔向自己，早就亂了手腳，說不清是叫娘子、大姐，還是叫姑姑了。他一把拽住秀姑就說：「娘子，快跟我走吧。」秀姑還沒弄明白是怎麼回事，就被小辮子推出了洞門。

　　小辮子轉頭一看這騾子也很好，還有滿磨台的金豆子，想不清拿什麼好了，抓了兩把金豆子就來牽騾子，把騾子也牽出洞來。秀姑站在門口向外一看，只見小辮子他爹娘慌裡慌張，邊跑邊喊：「把騾子拴住，快進去再拿金豆子。」

　　秀姑這才明白是怎麼回事，趕忙轉身跑回了洞裡。這騾子一看主人回到洞裡，也轉頭向洞裡跑，可是被小辮子死拽住不放。這時，李老大老夫妻倆也跑來了，三個人拽著韁繩頭，使勁向外拉，這樣一來一往，竟把石門拉了一個碗口大的窟窿。儘管三個人費了半天勁，最後那騾子還是回到了石洞裡。秀姑「砰」地一聲就把石門關上了。

　　三個人一使勁把韁繩也拉斷了，閃了個趔趄，差點沒摔到山溝裡。回過神來，這一家子見錢眼紅的人又爬起來使勁地推石門，結果這石門一動也不動了。李老大他老婆氣得把那棵葛針一把拔起來扔在地上就走了，小辮子也悔恨不及，摸了摸口袋，裡面的那些金豆子早就掉得一個也沒有了，氣得他撿起那棵葛針下了山。

　　小辮子拿著這棵葛針垂頭喪氣地直接來到張成家，進門就把它扔向張成說：「給你的鑰匙。」說完就走了。張成拾起來一看，竟然是那棵六百年才長成的葛針，沒想到現在卻被他拔了，心知不好，急得張成三步並作兩步往山上跑去。

來到石門洞的跟前，見石門緊閉，門上還有一個窟窿。他趕緊叫門，可他叫也叫不應，打也打不開。從窟窿裡向裡一望，石磨也倒了，驟子也臥下了，金豆子撒了一地。秀姑正在那裡掩著臉哭，他連忙喊道：「秀姑，是我啊，快開門。」

秀姑以為又是壞人小辮子來了，理也不理，只是在那裡哭。張成只得拿出了秀姑的金簪說：「我是給你送金簪來了。」說著把那金簪從窟窿裡遞了進去。秀姑聞聽，忙從裡面接過簪子一看，又驚又喜。沒想到，真的是他來了。

於是秀姑連忙開了洞門，讓他進來，隨手又把門關上了。小辮子看著張成向石門跑去，他也跟在後面想看個究竟。見石門一開，張成進去了，小辮子也來到石門前大喊大叫，可是怎麼也叫不應。順著窟窿向裡一望，只見秀姑和張成正歡天喜地地說話呢。

小辮子正往裡看，想看看他倆到底因為什麼事高興，突然，洞門的窟窿裡流出錢來了。這可把小辮子樂壞了，有錢就是好啊。他連忙脫下褂子鋪在地上，拾了錢放在上面。拾了三百來錢之後，他怕拿不動，就想回家拿個布袋來裝。但是他轉念一想：不行，這流出來的錢萬一被別人拾去了可怎麼辦？這時候，小辮子看見身邊有一棵萬年松，於是，他隨手拔下來樹枝，用手團了團塞住了窟窿，拿著這三百錢急忙忙地回家去了。

張成來到洞裡，秀姑領著他見了老洞主，細說了外面的情況。秀姑又把小辮子剛才無理的話說了一遍，老洞主氣得鬍子都撅起來了。老洞主眼見張成和秀姑二人情投意合，就決定招他為姑爺。

再說小辮子回到家裡拿了個大布袋又跑到這裡來了，他爹娘拿著草褥子片在後面猛追。小辮子來到石門跟前，卻怎麼也找不到原來的那個窟窿，沒奈何，只得貼在石壁上聽聽裡面的動靜。只聽見洞裡面又是敲鑼，又是打鼓的，還有吹喇叭的聲音。原來這是老洞主正在給張成和秀姑辦喜事。過了好大一會兒，鑼鼓一停，就聽著老洞主說：「秀姑，那石門修好了嗎？」

「修好了。」

「花了多少錢？」

「花了三百錢。」

「誰修的？」

「誰弄壞的誰修的。」

「這個人心眼不好，修得不結實啊。」

「這回他又算錯賬了，修得可結實了，是用萬年松修的，一萬年以後才會壞呢。」一番話把小辮子和李老大夫妻倆聽了個目瞪口呆。至今那兩扇石門的中間還有個像碗口大的一圈痕跡，據說這就是小辮子當年用萬年松給堵住的窟窿。

何首烏的傳說

在泰安城南有個何家莊，住著姓何的父子倆，以採藥為生，在村裡大財主的藥鋪裡幫忙採藥。這一年，父親身體不好，兒子因為要照顧父親，就很少上山採藥。那財主就說：「你們再採不回藥材，我就把你們攆出莊去。」

何家父子倆沒辦法只好上山採藥，到了山腳下，父親說：「我從東路上，你從西路上，我們分兩路採。」

「好吧。」兒子答應一聲，於是他們就分開了。卻說那何老頭爬到半山腰上，突然雷電交加，雨嘩嘩地下起來了。老頭腿也軟了，肚子也餓了，頭也昏了，正想找個地方避雨，忽聽對面一座小山上有個小孩哭。老頭子心想：下這麼大的雨，怎麼還有小孩子哭呢？再怎麼難受也得救孩子！於是他冒著雨跑到對面山頭上去，一看有個小黑孩，胖乎乎的，很可愛，正在那裡哭呢。老頭很心疼，就把他抱到一個山洞裡去了。這時小孩也不哭了，老頭也昏過去了。醒來一看，小孩不見了，他手裡剩下個黑黑的、長得跟地瓜一樣的東西，聞著也很香。這個時候，何老頭也餓了，不管三七二十一就把這個東西吃下去了。

過了一會兒，他兒子找來了，拉開嗓子喊：「爹啊！你上哪去了，下這麼大的雨！爹啊，爹啊！」

何老頭聽見外面兒子的呼喚聲，就在洞裡答道：「我在這兒呢！」

他兒子進洞來一瞧，見裡頭是個頭髮烏黑的年輕人，上去就「啪啪」打了那人兩個耳光：「你敢冒充俺爹，你才多大年紀？」

「我就是你爹，你怎麼不認得我了？」

兒子再仔細一瞧，看容貌果然是父親，就半信半疑地說：「爹，你怎麼這麼年輕了呢？」何老頭就把事情的經過一五一十地講了一遍，又說：「你看這還剩了一半呢。」兒子把這東西拿下山去，找藥鋪裡的先生一看，原來那黑東西是藥。由於這藥能使人的白髮變黑，又是姓何的採的，從那以後，這個藥就叫「何首烏」了。

宋真宗封禪演化《啟蹕回鑾圖》

　　傳說，宋真宗封禪泰山以後，龍顏大悅，為了感謝「天書」祥瑞，下旨要在泰山下修一座天貺殿，並在殿內牆壁上畫一巨幅壁畫，以表現泰山神出巡的宏大場面。這幅壁畫就叫《啟蹕回鑾圖》。

　　泰安縣令接旨以後，精心組織施工，大殿很快就建好了。可是，殿中的壁畫卻讓他費盡了心思。當時，縣令把全縣有名的畫師都找來，讓他們設計出草稿請皇帝審定，結果反反復復送了五六次，宋真宗仍是不滿意，並下旨道，十天之內設計不出滿意的畫樣，就要拿縣令問罪。

　　縣令十分氣惱，下令畫師如果五天之內畫不出令皇上滿意的畫稿，將被重打八十大板，打入死牢。

　　回到家中，夫人見他一臉沮喪，便知道又遇上了麻煩事，問清原委後，對縣令說：「老爺真是糊塗，如果把那些畫師都打入死牢，你還想不想活命？」

　　「此話怎講？」縣令神情緊張地問道。

　　「你想，如果把這些畫師都打入死牢，老爺再去請誰來設計畫稿呢？以妾身愚見，作畫是需要靈氣的。這樣粗暴地對他們，他們還有什麼作畫的心情？不如以禮相待，給他們好吃好喝，讓他們安心畫畫，或許能幫老爺渡過這一關。」縣令聞聽此言，覺得有理，便又下令對畫師酒肉相待，精心侍候。

　　卻說那些畫師雖然衣食無憂，但一想到畫不好畫稿，皇帝怪罪下來就會丟了性命，早就嚇得七魂六魄都沒有了，誰還能安下心來畫畫？就在他們走投無路的時候，縣令的夫人傳出話來說：「皇上不是嫌你們畫神仙畫得不夠威風嗎？皇上來封禪的時候你們都見過了，照著那種場面畫下來，皇上准能滿意。」

　　這一句話提醒了眾畫師，他們連夜趕制，第二天便把畫稿送到了縣令手中。縣令呈給宋真宗，果然贏得了皇上的歡心。於是，在畫上模仿宋真宗泰山封禪出巡的場面，演化為泰山神《啟蹕回鑾圖》，岱廟就有了這樣氣勢宏偉的壁畫。

遊山樂的故事

　　登泰山自紅門便開始爬坡登階，一路上讓人沒有喘息的餘地。爬上中天門，登山之路卻是陡然向下，只見這裡青山四圍，下臨絕澗，翠柏流黛，百鳥齊鳴。清泉流於石上，人行柏洞之中，曲徑通幽，如入畫屏。這正是：

> 翠林轉入平如砥，一曲鳴禽韻更幽。

　　遊人行到此處，賞心悅目，煥發精神，故此地名叫「快活三里」。這快活三里既有自然勝景，也有眾多的文化古跡，其中最吸引遊人的還是一個「樂」字。但凡人們走到這裡，總要橫瞧豎品，欣賞一番。

　　其實，這個字是近代李和謙所書。李和謙，泰安山口人，當年在泰安城一家酒店當夥計。李師傅雖然整天和酒客們打趣嬉鬧，天天圍著店堂跑，可他卻是個有心之人。儘管出身貧家，時常和店主在一塊，也學習了不少的知識，斗大的字也能認識幾麻袋。每當他和酒客們攀談，就用手中的抹布在桌子上寫來寫去，這樣日久天長，竟還真就練了一手的好字。

　　這一天，店裡沒事，他便約了幾個夥計到山上去遊玩。等到爬上中天門，幾個人早已經是汗流浹背、氣喘吁吁。一來到快活三里，只見這四周圍綠樹成蔭，清幽靜雅，微風徐徐，爽快無比。真是走著快活，看著心裡也快活。幾個人有說有笑，樂樂呵呵，指指點點地一路向前走去。

　　忽然，李師傅好像想起來什麼，只見他收住腳步，從衣兜裡掏出筆墨，在路旁的一塊大石頭上揮筆書寫了起來。但見他所書之字，筆力遒勁、鋒芒畢露，狀如松鼠跳躍石上，又如遊人相嬉，妙不可言。

　　幾個同行的夥計不認識字，都過來問李師傅寫的什麼。李師傅笑了笑說道：「我們一行樂樂呵呵走了一路，難道還不知道我寫的是什麼嗎？」眾人這才明白過來，原來是個「樂」字，於是都拍手叫絕，稱讚不已。李師傅為了不讓別人誤解，便又在這個字的左邊寫了「遊山」，以示後人。

李斯碑的前世今生

在碑刻如林的岱廟裡，最珍貴、最有價值的，自然是秦代的李斯碑。它刻於西元前 209 年，雖歷經百世，而風韻猶存。

李斯碑歷來都被賦予很高的評價，魯迅先生譽之為「漢晉碑銘所從出」，堪稱是一件藝術瑰寶。其遒勁若虯龍飛動，其清秀如出水芙蓉，足見其藝術魅力。正因為它舉世矚目，被視為珍品，才引來一段非凡的經歷。

據說，此碑是秦丞相李斯奉秦二世胡亥之命所刻，立於岱頂玉女池上，為其歌功頌德。明代嘉靖年間，為防止風蝕雨淋，將碑移於碧霞祠。到了清代乾隆五年，碧霞祠突然遭火，火借風勢，越燒越旺，把碧霞祠燒了個一塌糊塗，李斯碑也因之不翼而飛，下落不明，許多人都為之歎息。

到了清代嘉慶二十年，泰安知縣汪汝弼是個喜文弄墨的人，他早知李斯碑的珍貴，一直為不能親睹而感歎。他來到泰安以後，便下決心要把它找到。於是他四處散貼告示，有告知其下落者，懸賞重金。

不久，一位九十余歲的趙氏老翁，由家人攙扶來到縣衙，對汪知縣說：「知縣大人，在下是個瓦匠，以前在山頂修玉女池時，見過一截殘碑，不知是否為大人所尋之物。」趙氏老翁把碑的形狀、字跡等一一告知，說：「石碑當時被人扔進玉女池，望大人差人前往查視。」

汪知縣聽了趙翁的介紹，已知十有八九是李斯碑，自然喜不自勝，也不怕山高路險，便邀前任知縣蔣因陪同上山。他們果然從玉女池中找到一截殘碑，沖洗後，「臣斯臣去昧死請」等字歷歷在目，確是李斯真跡。於是汪知縣大加慶賀，在山頂造房興宮，於東嶽廟西築起精美的小亭，取名曰「寶斯亭」，以後又改為「讀碑亭」。安入之時，還舉行了隆重的儀式，重賞了趙氏老翁，算來，從失而復得，已有七十五年。

光陰似箭，歲月如梭，一晃又過了十七個年頭。到了道光十二年，東嶽廟因年久失修，西牆在一場暴雨中倒塌，此禍殃及「讀碑亭」，碑亭被砸塌。新

任知縣徐宗淦得知，忙差人從瓦礫中找出殘碑，將碑移到山下，放置於岱廟道院壁間。

　　到了光緒十六年，有一個小偷看到人們將此碑視若珍寶，想必此物定值千金，便在一個風雨之夜將此碑偷走。事發以後，即任知縣毛蜀雲下令全城戒嚴，搜索十日，終於在北關的石橋底下發現，重新置於岱廟。真可謂千載碑文能歷世，失而復得不尋常。

　　現在李斯碑存於岱廟東御座內。我們今天能一飽眼福，目睹此碑，確是三生有幸。所以說，游泰山定要睹此碑，不睹乃一大憾事。

宣和碑的故事

　　話說岱廟裡最大的石碑就是「宣和碑」了，碑高 9.25 公尺，寬 2.1 公尺，重達四萬斤。據說這是宋朝宣和年間，為了紀念重修岱廟而立的。當時的皇帝宋徽宗諭旨，要求這個碑必須是岱廟中最大的，無論是高度、厚度或重量，都要超過岱廟中所有的石碑，並且，他給泰安的知縣規定了石碑的規格和竣工的時間。

　　眼看工期就要到了，忽然有一天夜裡，知縣做了一個奇怪的夢，夢中有一個碩大的烏龜爬到他的身邊，對他說：「我有辦法為你找到石料，但有個條件。」都到了火燒眉毛的緊要關頭了，知縣已經顧不上那麼多了，於是就問烏龜：「你說，什麼條件？」烏龜接著就對知縣說：「皇上是真龍天子，你得讓皇上恩准我重見天日。」

　　原來，這是曾為報復西天取經的唐僧而在通天河將師徒四人坑下河的那隻烏龜。烏龜因為弄濕了經書，而被壓在泰山腳下。知縣答應了烏龜的請求，烏龜告訴他，在大汶河的某個地方就有一塊合乎規格的碩大的石料。

　　知縣醒來卻是一場夢。其實他從接到聖旨就開始做準備工作，挑選了最好的石匠作為碑刻的工匠，可就是選不到合適的石料，為找到巨大、完整的石料，他整天愁眉不展，夜不能寐。

　　事已至此，他想起那個夢，於是立即派人去尋找。到了那個地方還真的找到了那塊石料，知縣聽了真是喜出望外啊。

　　可是接下來的事情怎麼辦啊？於是他苦思冥想，想出了一個龜馱碑的辦法[1]，就是找一塊大的石料，鑿一個烏龜，讓石碑立在烏龜的後背上，這樣，既增加了石碑的高度，使石碑更加雄偉壯觀，也兌現了知縣對烏龜精重見天日的許諾。

---

[1]　古人通常將馱碑的神獸叫作「贔屭」或「霸下」、「龜趺」，因其形似烏龜，經人們口口相傳，以訛傳訛，有時會被誤稱為烏龜。此處所講的「烏龜」在《西遊記》中實際是黿。

　　因為烏龜是長壽的象徵，又具有負重的能力，這樣更可彰顯石碑永立世間、千秋永存的深刻意義。宋徽宗聽了知縣的想法大加讚賞，欣然提筆書寫了「萬代瞻仰」四個蒼勁有力的大字，刻在了石碑上，從此一座碩大無朋的石碑就傲然屹立在岱廟裡了。

泰山靈軌，傳奇的山神之謎：
神話、傳說與真實的異體組成

編　　著：夏照軍
發 行 人：黃振庭
出 版 者：崧燁文化事業有限公司
發 行 者：崧燁文化事業有限公司
E-mail：sonbookservice@gmail.com
粉 絲 頁：https://www.facebook.com/sonbookss/
網　　址：https://sonbook.net/
地　　址：台北市中正區重慶南路一段六十一號八樓 815
　　　　　室
Rm. 815, 8F., No.61, Sec. 1, Chongqing S. Rd., Zhongzheng
Dist., Taipei City 100, Taiwan
電　　話：(02)2370-3310
傳　　真：(02)2388-1990
印　　刷：京峯數位服務有限公司
律師顧問：廣華律師事務所 張珮琦律師

-版權聲明-

定　　價：375 元
發行日期：2023 年 12 月第一版
◎本書以 POD 印製

國家圖書館出版品預行編目資料

泰山靈軌，傳奇的山神之謎：神
話、傳說與真實的異體組成 / 夏照
軍 編著 . -- 第一版 . -- 臺北市：崧
燁文化事業有限公司 , 2023.12
面；　公分
POD 版
ISBN 978-626-357-870-8(平裝)
1.CST: 民間故事 2.CST: 中國
539.52　112019878

電子書購買

臉書

爽讀 APP